전세사기 피해예방!
주택임대차 문제!

이 책에서 모두 해결해드립니다

김영만 편저

법문북스

머 리 말

최근 주택시장의 불안정 속에 주택가격이 답보상태가 되면서 전세가격이 급상승하여 월세로의 전환이 빨라지고 주택 임대료가 상승함에 따라 임차가구의 주거 불안과 주거비 부담이 가중되고 있습니다. 이에 따른 분쟁이 심해지고, 이를 극복하기 위해서 과도하게 은행대출을 받거나 전월세를 끼고서 주택을 구입하고 있는 실정입니다.

그런데 이런 시장을 이용하여 전세사기가 급증하여 사회적인 문제가 되고 있으며, 이에 따른 경매·공매 등으로 퇴거 위기에 처한 전세사기 피해자가 속출하여 전세입주가의 주거불안을 해소할 필요가 절실하므로 정부에서는 한시적인 법을 제정하여 국토교통부장관이 전세사기피해지원위원회를 통해 전세사기피해자를 결정하고, 이들에 대하여 경매·공매 절차, 조세 징수 등에 관한 특례를 부여함으로써 피해자의 주거안정을 도모하기 위하여 「전세사기 피해자 지원 및 주거안정에 관한 특별법」을 제정하였습니다.

이 법에는 전세사기피해지원위원회의 심의·의결을 거쳐 국토교통부장관이 결정한 임차인을 "전세사기 피해자"로, 전세사기 피해자가 임차인인 임대차 목적이 되는 주택을 "전세사기피해주택"으로 정의하였으며, 전세사기 피해자로 인정받고자 하는 임차인은 「주택임대차보호법」 제3조에 따라 주택의 인도와 주민등록을 마치고 확정일자를 갖출 것, 임대인의 파산·회생절차 또는 임차주택의 경매·공매가 개시되었거나 임차인이 집행권원을 확보할 것, 다수의 임차인에게 임차보증금반환채권의 변제를 받지 못하는 피해가 발생하였거나 발생할 것이 예상될 것 등의 요건을 모두 갖추어야 합니다.

이 책에서는 이러한 「전세사기 피해자 지원 및 주거안정에 관한 특별법」 내용과 「주택임대차보호법」에 따른 제반 문제들을 제1편에서는 전세사기 피해자에 대하여, 제2편에서는 주택임대차에 대하여 관련 서식과 함께 수록하여 누구나 쉽게 이해할 수 있도록 편집하였습니다. 이러한 자료들은 국토교통부의 자료와 법제처의 생활법령 등을 참고하였으며, 이를 종합적으로 정리·분석하여 일목요연하게 수록하였습니다.

이 책이 전세사기 피해를 당하고도 이를 잘 이해치 못해서 분쟁을 하고 있는 분이나, 주택임대차에 관하여 다투고 있는 임대인이나 임차인 모든 분들에게 큰 도움이 되리라 믿으며, 열악한 출판시장임에도 불구하고 흔쾌히 출간에 응해 주신 법문북스 김현호 대표에게 감사를 드립니다.

편저자

차　례

제1편 전세사기 피해자

제1장 전세사기 피해자법 ——————————— 3

Part 1. 전세사기피해자 지원 및 주거안정에 관한 특별법 ········ 5

1. 제정이유 ·· 5

2. 주요내용 ·· 5

3. 용어의 정의 ·· 7

4. 전세사기피해자의 요건 ··································· 8

5. 전세사기피해자에 대한 주거지원 ····················· 9

6. 임차인보호대책의 수립 ·································· 11

Part 2. 전세사기피해자 등 결정을 위한 요건 ····················· **12**

1. 4가지 요건 ··· 12

2. 지원대상 ·· 12

3. 적용제외 대상 ·· 13

4. 신청방법 ·· 13

5. 지원대상 결정 절차 ·· 14

6. 지원혜택 신청 ·· 15

7. 지원 정책 – 전세사기피해법 지원대책(신규) ············· 16

   7-1. 경매·공매 절차 지원 ·· 16

   7-2. 신용 회복 지원 ·· 17

   7-3. 금융 지원 ··· 17

   7-4. 긴급 복지 지원 ·· 18

8. 전세사기피해법 적용기간 ······································ 18

9. 전세피해확인서를 통한 지원대책(기존) ···················· 18

   9-1. 무료 법률지원 ··· 18

   9-2. LH · 지방도시공사 긴급주거지원 ······················ 18

   9-3. 기금저리대출(버팀목전세대출) ·························· 19

   9-4. 대환대출(버팀목전세대출) ······························ 20

   9-5. 무이자대출 ·· 20

   9-6. 심리상담 지원 ··· 21

10. 지자체별 접수창구 및 담당자 연락처 ····················· 22

Part 3. 전세사기피해예방을 위한 전세계약 유의사항 ·········· 23

1. 전세계약 핵심 체크리스트 ·································· 23
   1-1. 계약전 ·· 23
   1-2. 계약체결시(당일) ·· 24
   1-3. 계약체결후 ·· 25
   1-4. 잔금 및 이사 후 ·· 25

2. 계약 체결 전 유의사항 ································· 26
   2-1. 무허가 · 불법건축물 여부 확인 ···················· 26
   2-2. 적정 시세 확인 ·· 26
   2-3. 선순위 권리관계 확인 ·································· 26
   2-4. 임대인의 세금 체납여부 확인 ······················ 26

3. 계약체결 시 유의사항 ································· 27
   3-1. 임대인(대리인) 신분 확인 ···························· 27
   3-2. 공인중개사 정상 영업 여부 확인 ··················· 27
   3-3. 주택임대차표준계약서 사용 ·························· 27

4. 계약 체결 후 유의사항 ································· 28

5. 잔금 지급 시 유의사항 ································· 28

6. 이사 후 유의사항 ······································· 29
   6-1. 전입신고 ·· 29
   6-2. 전세보증금 반환보증 가입 ···························· 29

Part 4. 전세사기 피해 방지방안(국토교통부 발표) ··············· 30

■ 전세사기 피해 예방 ··· 30

1. 임차인에게 폭넓은 정보가 제공됩니다. ···················· 30

　1-1. 자가진단 안심전세 APP 구축 ························· 30

　1-2. 선순위 권리관계 확인권한 부여 ······················ 31

2. 안전한 거래환경을 조성합니다. ····························· 31

　2-1. 임대사업자 관리 강화 ································· 31

　2-2. 공인중개사 등의 시장 감시기능 확대 ················· 32

　2-3. 신축빌라 등에 대한 공정한 가격산정체계 마련 ········· 32

　2-4. 고전세가율 지역 관리 ································· 32

3. 임차인의 법적 권리가 강화됩니다. ······················· 33

　3-1. 최우선 변제금액 상향 ································· 33

　3-2. 임차인 대항력 보강 ·································· 33

■ 전세사기 피해 지원 ··· 34

1. 피해 회복을 위한 원스톱 서비스를 제공합니다. ············ 34

2. 돌려받지 못한 보증금을 대신할 자금을 지원합니다. ········· 34

　2-1. 저리 긴급 자금 대출 ································· 34

　2-2. 전세보증금 반환보증 가입 지원 ······················ 34

3. 당장 살 곳이 없는 경우 긴급 거처를 제공합니다. ··········· 35

■ 전세사기 단속·처벌 강화 ·· 36

1. 전세사기 단속이 강화됩니다. ····························· 36

2. 관련자는 엄중히 처벌합니다. ···························· 36

부록 : 관련법령 ——————————————— 39

전세사기피해자 지원 및 주거안정에 관한 특별법 ························ 41

전세사기피해자 지원 및 주거안정에 관한 특별법 시행규칙 ··········· 55

별지 서식 ·· 59

■ 전세사기피해자 지원 및 주거안정에 관한 특별법 시행규칙 [별지 제 1호서식] ··· 61

■ 전세사기피해자 지원 및 주거안정에 관한 특별법 시행규칙 [별지 제 2호서식] ··· 64

■ 전세사기피해자 지원 및 주거안정에 관한 특별법 시행규칙 [별지 제 3호서식] ··· 65

■ 전세사기피해자 지원 및 주거안정에 관한 특별법 시행규칙 [별지 제 4호서식] ··· 66

■ 전세사기피해자 지원 및 주거안정에 관한 특별법 시행규칙 [별지 제 5호서식] ··· 67

■ 전세사기피해자 지원 및 주거안정에 관한 특별법 시행규칙 [별지 제 6호서식] ··· 69

■ 전세시기피해자 지원 및 주거안정에 관한 특별법 시행규칙 [별지 제 7호서식] ··· 70

■ 전세사기피해자 지원 및 주거안정에 관한 특별법 시행규칙 [별지 제 8호서식] ··· 71

■ 전세사기피해자 지원 및 주거안정에 관한 특별법 시행규칙 [별지 제 9호서식] ··· 72

■ 전세사기피해자 지원 및 주거안정에 관한 특별법 시행규칙 [별지 제 10호서식] ··· 73

■ 전세사기피해자 지원 및 주거안정에 관한 특별법 시행규칙 [별지 제 11호서식] ··· 74

제2편 주택임대차

제1장 주택임대차 이해하기 ──────────────── 77

Part 1. 주택임대차의 형태 및 개념 ················ 79

1. 타인 주택의 이용 형태 ···························· 79

2. 전세권과 임대차 ································· 79

2-1. 전세권 ································· 79

2-2. 임대차 ································· 79

2-3. 전세권과 임대차의 비교 ···················· 80

3. 「주택임대차보호법」의 우선 적용 등 ············· 80

Part 2. 주택임대차법의 적용 ················· 81

1. 주택임대차보호법의 보호 대상 ················· 81

1-1. 자연인 ································· 81

1-2. 외국인 및 재외동포 ···················· 81

1-3. 법인 ··································· 82

2. 주택임대차보호법의 적용 범위 ················· 82

2-1. 주택의 임대차 ························· 82

2-2. 미등기 전세 ··························· 83

2-3. 민법에 따른 임대차 등기 ················ 83

3. 주택임대차보호법의 적용 제외 ················· 83

제2장 주택임대차계약 ———————————————— 85

Part 1. 계약 전 확인 사항 ·································· 87

1. 계약 당사자 본인 확인 ································ 87
2. 부동산등기부 확인 ···································· 87
   2-1. 부동산등기부의 개념 ························· 87
   2-2. 등기부 및 등기사항증명서 ··················· 87
3. 등기부의 열람 또는 등기사항증명서의 발급 ··········· 88
   3-1. 등기부의 열람 ······························· 88
   3-2. 등기사항증명서의 발급 ······················ 88
4. 등기부의 구성 및 확인사항 ·························· 89
   4-1. 표제부 ···································· 89
   4-2. 갑구와 을구 ······························· 89
5. 등기된 권리의 순위 ································· 91
6. 확정일자 등 확인 ·································· 91

Part 2. 임대차계약 ····································· 93

1. 임대차계약의 당사자 확인 등 ······················ 93
   1-1. 소유자 ···································· 93
   1-2. 공동소유자 ································· 93
   1-3. 명의수탁자 ································· 93
2. 대리인 ··· 94
   2-1. 대리인과 임대차계약을 체결하는 경우 ·········· 94
   2-2. 주택 소유자의 처와 임대차계약을 체결한 경우 ··········· 94

2-3. 전대인(임차인) ··· 95

3. 부동산 개업공인중개사 ·· 96

3-1. 공인중개사 사무소 ··· 96

3-2. 임대인을 대리한 개업공인중개사와 계약을 체결하는 경우 임차인의
주의사항 ··· 96

3-3. 개업공인중개사에게 임대차에 관한 대리권을 주는 경우 임대인의 주
의사항 ·· 97

Part 3. 임대차계약서의 작성 ·························· 98

1. 임대차계약의 자유 ··· 98

2. 임대차계약서의 작성 ·· 98

2-1. 임대차계약서의 작성 ·· 98

2-2. 임대차 계약시 유의사항 ·································· 101

2-3. 대금지급 시 유의사항 ····································· 102

2-4. 임대차계약 후 중도금 지급 전 계약해지 ·········· 102

2-5. 임대차의 존속기간 ··· 103

3. 임대차계약 후 받아야 할 서류 ··························· 104

3-1. 주택임대차계약서 ··· 104

3-2. 중개대상물 확인·설명서 ··································· 104

3-3. 공제증서 ·· 104

4. 전·월세 실거래가 확인 ·· 104

Part 4. 부동산 개업공인중개사의 책임 및 중개보수 ·········· 106

1. 부동산 개업공인중개사의 의무 ····························· 106

　1-1. 부동산 개업공인중개사의 신의성실 및 비밀누설금지 ·············· 106

　1-2. 부동산 개업공인중개사의 설명의무 ···························· 106

　1-3. 중개대상물확인·설명서의 교부·보존 의무 ················ 107

　1-4. 공제증서의 교부 의무 ··································· 107

　1-5. 부동산 개업공인중개사의 손해배상책임 ············· 108

2. 부동산 중개보수 및 실비 ································ 109

　2-1. 중개보수 및 실비 지급 ································ 109

　2-2. 중개보수 및 실비의 한도 ······························ 109

　2-3. 한도를 초과한 중개보수 및 실비 수수 금지 ············· 110

3. 전월세자금 대출 ······································· 111

　3-1. 전월세자금 대출의 종류 ································ 111

Part 5. 주택임대차 계약 신고제(전월세신고제) ················ 112

1. 주택 임대차 계약 신고 의무 ························· 112

　1-1. 주택 임대차 계약 신고제(전월세신고제)의 개념 ············ 112

　1-2. 주택 임대차 계약 신고제(전월세신고제)의 대상 ············ 112

2. 신고절차 및 방법 ···································· 113

　2-1. 주택 임대차 계약에 신고할 내용 ···················· 113

　2-2. 주택 임대차 계약 신고 방법 알아보기 ··············· 113

　2-3. 주택 임대차 계약 신고처 ··························· 114

　2-4. 주택 임대차 계약을 미신고한 경우 ················· 114

　2-5. 다른 법률에 따른 신고 등의 의제 ················· 115

Part 6. 보증금의 보호 ··· 116

1. 대항력 ··· 116

1-1. 대항력의 개념 및 요건 ······························· 116

1-2. 주택의 인도 ··· 116

1-3. 주민등록 및 전입신고 ······························· 116

1-4. 전입신고 시 유의사항 ······························· 117

1-5. 대항력의 발생시기 ·································· 118

2. 우선변제권 ·· 119

2-1. 우선변제권의 개념과 요건 ··························· 119

[서식 예] 임차보증금반환채권 부존재확인의 소 ··········· 120

2-2. 확정일자의 취득 ···································· 123

2-3. 확정일자를 받는 절차 ······························ 124

2-4. 확정일자를 위한 임대차계약서 확인사항 ············· 125

2-5. 우선변제권의 발생시기 ····························· 126

2-6. 전세금보장신용보험 ································· 126

Part 7. 주택임대차 등기 ······························· 127

1. 주택임대차 등기 ······································· 127

1-1. 주택임대차 등기 ···································· 127

1-2. 주택임대차 등기의 효과 ···························· 127

2. 주택임대차 등기절차 ··································· 128

2-1. 등기신청인 ··· 128

2-2. 등기신청 ··· 128

2-3. 수수료 납부 ·· 129

[서식 예] 임차권등기명령신청서(다세대주택) ············· 130

제3장 이사(移徙) ──────────── 133

Part 1. 이사 전 체크리스트 ·················· 135

1. 이사업체 선정 및 관련 분쟁해결 ······················ 135
   1-1. 이사방법 결정 ······························ 135
   1-2. 사업자에 견적 의뢰 ······················· 135
   1-3. 사업자의 선정 ····························· 136
   1-4. 이사화물운송계약서의 작성 ·············· 136

2. 이사 ·· 138
   2-1. 계약금 및 운임의 지급 ···················· 138
   2-2. 이사화물의 수령을 거절할 수 있는 경우 ······· 138

3. 이사화물운송계약의 해제 및 손해배상 ············· 139
   3-1. 이사화물운송계약의 해제 ················· 139
   3-2. 사업자의 손해배상책임 ··················· 140
   3-3. 고객의 손해배상책임 ···················· 141
   3-4. 손해배상책임의 특별소멸사유 및 시효 ········· 141
   3-5. 운송사업자의 손해배상책임에 관한 분쟁조정 ······ 142
   3-6. 사고증명서의 발행 ······················ 142

4. 주소변경 및 각종 요금정산하기 ··················· 142
   4-1. 우편물 주소의 변경 ······················ 142
   4-2. 공과금 등의 납부 ······················· 142
   4-3. 관리비의 정산 및 장기수선충당금의 반환 ········· 143

Part 2. 이사후 체크리스트 ·········· 144

1. 전입신고 ··········· 144

2. 확정일자받기 ············ 145

  2-1. 확정일자의 효력 ············ 145

  2-2. 확정일자는 어떻게 받나요? ··········· 145

3. 아이 전학시키기 ············ 148

  3-1. 초등학생의 전학 ············ 148

  3-2. 중학생의 전학 ············ 148

  3-3. 고등학생의 전학 ············ 148

제4장 입주생활 ──────────── 151

Part 1. 임차료 ·· 153

1. 차임의 지급 및 연체 ····································· 153

  1-1. 임차인의 차임지급 의무 ····························· 153

  1-2. 차임의 지급시기 ································· 153

  1-3. 차임의 연체와 해지 ······························ 153

    [서식 예] 내용증명 : 주택임대차 계약해지(임대료 연체) ············· 154

2. 공동 임차인의 연대의무 ································ 156

3. 차임 또는 보증금의 증감청구 ·························· 156

  3-1. 차임 또는 보증금의 증액 ·························· 156

    3-1-1. 증액 청구 ································· 156

    [서식 예] 답변서(임차료청구에 대한 항변) ················· 157

    3-1-2. 증액의 제한 ······························ 158

    3-1-3. 증액 부분에 대한 대항력 및 우선변제권의 취득 ······· 158

  3-2. 차임 또는 보증금의 감액 ·························· 159

    3-2-1. 감액 청구 ································· 159

    3-2-2. 감액의 제한 ······························ 159

    3-2-3. 민법에 따른 전세권의 경우-전세금의 증감청구 ········· 159

    [서식 예] 조정신청서(임차보증금 감액청구) ················ 160

    [서식 예] 임대료청구의 소(임대보증금 차임증감에 따른) ········· 162

    [서식 예] 임대료 및 손해배상청구의 소 (보증금 차임 감액에 따른) ······ 165

Part 2. 당사자의 권리·의무 ······················· 168

1. 임차인의 권리 ······································· 168
   1-1. 사용·수익권(임차권) ························· 168
   1-2. 임대차등기협력청구권 ······················· 168
   1-3. 차임감액청구권 ····························· 168
   1-4. 부속물매수청구권 또는 철거권 ··············· 169
       [서식 예] 부속물매수청구서 ················· 170
   1-5. 필요비상환청구권 ··························· 171
   1-6. 유익비상환청구권 ··························· 171

2. 임차인의 의무 ······································· 171
   2-1. 차임지급의무 ······························· 171
   2-2. 임차주택의 사용·수익에 따른 의무 ··········· 172
   2-3. 임차주택의 반환의무 및 원상회복의무 ········· 172
       [서식 예] 건물인도 등 청구의 소(원상회복과 인도청구) ······· 173

3. 임대인의 권리 ······································· 175
   3-1. 차임지급청구 ······························· 175
   3-2. 차임증액청구 ······························· 175
   3-3. 임대물반환청구권 ··························· 175
   3-4. 그 밖에 임대물의 보존에 필요한 행위를 할 권리 ······· 176

4. 임대인의 의무 ······································· 176
   4-1. 주택을 사용·수익하게 할 의무 ··············· 176
   4-2. 방해제거의무 ······························· 177
       [서식 예] 누수로 인한 임대차계약 해지 통지 및 보증금 반환청구 ······· 178
   4-3. 임차보증금의 반환의무 ······················· 180

[서식 예] 임차보증금반환청구의 소 (임대차기간 1년 6월 만료, 다가구 주택)181

[서식 예] 임차보증금반환청구의 소 (임대차기간 1년 만료, 다세대 주택) ····· 183

[서식 예] 임차보증금반환청구의 소 (지하방, 누수를 원인으로 계약해지) ······ 185

[서식 예] 임차보증금반환청구의 소(계약기간 만료, 아파트) ······················ 187

Part 3. 임대차 승계 ·· 189

1. 임차권 양도의 제한 ··· 189

2. 임대인의 동의 있는 임차권의 양도 ··························· 189

2-1. 양도의 효과 ··· 189

2-2. 대항력 및 우선변제권의 취득 ····························· 190

3. 임대인의 동의가 없는 임차권의 양도 ························· 190

3-1. 임차인(양도인)과 양수인 사이의 법률관계 ··············· 190

3-2. 임대인과 임차인 사이의 법률관계(해지권의 발생) ········ 190

3-3. 임대인과 양수인 사이의 법률관계(대항력 취득 유무) ······· 191

3-4. 민법에 따른 전세권의 경우-전세권 처분의 자유 ·········· 191

4. 전대차의 제한 ··· 191

4-1. 전대차의 개념 ··· 191

4-2. 전대차의 제한 ··· 192

4-3. 임대인의 동의가 있는 전대차 ····························· 192

4-3-1. 전대차에 따른 법률관계 ······························ 192

4-3-2. 임차주택의 전대와 대항력 ····························· 193

4-4. 임대인의 동의가 없는 전대차 ····························· 194

4-4-1. 전대차에 따른 법률관계 ······························ 194

4-4-2. 임차주택의 전대와 대항력 ····························· 195

4-5. 주택 소부분의 전대차 ····································· 195

[서식 예] 건물인도청구의 소(무단전대, 주택상가 겸용) ····················· 196

4-6. 민법에 따른 전세권의 경우 - 전전세 ……………………………… 199

　4-6-1. 전전세 ……………………………………………………………… 199

　4-6-2. 전전세의 요건 …………………………………………………… 199

　4-6-3. 전전세의 효과 …………………………………………………… 199

5. 사망 등에 대한 임차권의 승계 ……………………………………… 200

　5-1. 임차권 상속 ………………………………………………………… 200

　5-1-1. 임차인이 사망하고 상속인이 없는 경우 ……………………… 200

　5-1-2. 임차인이 사망하고 상속인이 있는 경우 ……………………… 200

　[서식 예] 임차보증금반환청구의 소 (임차인이 사망하여 상속인들이, 주택) · 202

　5-2. 임차권 승계의 포기 ……………………………………………… 205

　5-3. 임차권 승계의 효과 ……………………………………………… 205

6. 임대인의 지위 승계 …………………………………………………… 205

　6-1. 임대인의 지위 승계 ……………………………………………… 205

　6-2. 임대차의 종료 후 임차주택을 양도한 경우 ……………………… 206

　6-3. 임대인의 지위승계와 임대차계약의 해지 여부 ………………… 206

Part 4. 임대차계약의 갱신 ·· 207

1. 당사자 합의에 의한 임대차계약의 갱신 ······················· 207
   1-1. 합의에 의한 계약 갱신 ······································· 207
   [서식 예] 임대차계약 갱신청구서 ······························· 208
   [서식 예] 임대차계약 갱신거절통지서 ··························· 209
   1-2. 민법에 따른 전세권의 경우-합의 갱신 ···················· 210
   1-3. 합의 갱신의 효과 ·· 210

2. 주택임대차보호법에 따른 묵시의 갱신 ························· 210
   2-1. 묵시의 갱신 요건 : 갱신 거절 또는 계약조건변경의 미통지 ······· 210
   [서식 예] 건물인도 등 청구의 소 (묵시적 갱신후 임대차 기간만료, 주택) ··· 212
   2-2. 묵시의 갱신의 효과 ·· 215
   2-3. 묵시적으로 갱신된 임대차계약의 해지 ···················· 215
   2-4. 민법에 따른 전세권의 경우 - 묵시의 갱신 ················ 215

3. 「주택임대차보호법」에 따른 계약갱신 요구 ····················· 216
   3-1. 계약갱신요구권 ·· 216

제5장 임대차관계 종료 ———————— 219

Part 1. 주택임대차계약의 종료 ·· 221

1. 주택임대차의 종료 원인 ·· 221

   1-1. 임대차 기간의 만료 ·· 221

   1-2. 계약해지의 통고 ·· 221

   [서식 예] 임대차계약 해지통지서 ································· 222

   1-3. 임차인의 파산 ··· 223

   1-4. 즉시 해지 ··· 223

   1-5. 임대차계약의 해지 방법 ·· 224

   [서식 예] : 임대차계약 해지 통지 및 보증금 반환청구 ·········· 225

2. 임대차 종료의 효과 ·· 227

   2-1. 임대차관계의 소멸 및 손해배상 ································· 227

   2-2. 임차주택의 반환 및 임차보증금의 반환 ······················ 227

   [서식 예] 임차보증금반환청구의 소(계약기간 만료, 아파트) ········ 228

   2-3. 임차권등기명령신청권의 취득 ··································· 230

   2-4. 유익비상환청구 및 부속물매수청구 ···························· 230

   2-5. 민법에 따른 전세권의 경우-전세권의 소멸사유 ·············· 230

      2-5-1. 일반적인 소멸사유 ·· 230

      2-5-2. 전세권에 특유한 소멸사유 ································· 230

Part 2. 보증금의 회수 ·········· 232

1. 임차권등기명령제도 ·········· 232

2. 임차권등기명령의 신청 ·········· 232

2-1. 신청요건 ·········· 232

2-2. 신청절차 ·········· 233

2-3. 임차권등기명령신청서 제출 시 첨부서류 ·········· 234

[서식 예] 주택임차권등기명령신청서(아파트를 임차한 경우) ·········· 235

[서식 예] 주택임차권등기명령신청서 (주택의 한 개층 중 일부만을 임차한 경우 238

[서식 예] 주택임차권등기명령취하 및 해제신청서 ·········· 241

2-4. 임차권등기명령신청에 대한 재판 ·········· 243

3. 임차권등기의 효과 ·········· 243

3-1. 대항력 및 우선변제권의 유지 ·········· 243

3-2. 대항력 및 우선변제권의 취득 ·········· 244

3-3. 소액보증금의 최우선변제권 배제 ·········· 244

4. 소액보증금 우선변제권 ·········· 244

4-1. 소액임차인의 우선변제권 ·········· 244

4-2. 소액임차인의 우선변제 요건 ·········· 245

4-2-1. 소액임차인의 범위에 속할 것 ·········· 245

4-2-2. 주택에 대한 경매신청의 등기 전까지 대항요건을 갖출 것 ·········· 245

4-2-3. 임차주택이 경매 또는 체납처분에 따라 매각될 것 ·········· 246

4-2-4. 배당요구 또는 우선권행사의 신고가 있을 것 ·········· 246

4-3. 우선변제권의 효과(보증금 중 일정액의 보호) ·········· 246

4-4. 우선변제권을 행사할 수 없는 소액임차인 ·········· 247

Part 3. 집행권원 확보 ·· 248

1. 집행권원 확보 ··· 248

2. 집행권원 확보 전 준비사항 ····································· 249

2-1. 내용증명우편의 발송 ··· 249

2-2. 가압류 신청 ··· 249

2-3. 지급명령 신청 ·· 250

2-3-1. 지급명령의 개념 ·· 250

2-3-2. 지급명령의 신청 ·· 250

[서식 예] 지급명령신청서(임차보증금반환청구의 독촉사건) ············· 251

2-3-3. 지급명령의 심리 ·· 255

2-3-4. 지급명령에 대한 이의신청 ······························ 255

[서식 예] 지급명령 이의신청서 ··································· 256

2-3-5. 소송절차로의 이행 ·· 257

2-3-6. 지급명령의 효력 ·· 257

2-4. 민사조정 신청 ·· 257

2-4-1. 민사조정제도의 개념 ······································ 257

2-4-2. 민사조정의 절차 ·· 257

2-5. 소액사건심판 제기 ··· 260

2-5-1. 소액사건심판의 개념 ······································ 260

2-5-2. 소액사건의 판단 시기 ····································· 261

2-6. 약속어음 공증 ·· 261

2-6-1. 임대인이 지급한 약속어음의 공증 ······················ 261

2-6-2. 공증 절차 ·· 261

2-6-3. 공증의 효과 ··· 262

2-7. 보증금반환청구소송 제기 ···································· 262

2-7-1. 보증금반환청구의 소 ··· 262

2-7-2. 보증금반환청구의 소의 제기 ··· 262

[서식 예] 임차보증금반환청구의 소 (묵시적 갱신 후 기간만료, 다세대주택) · 263

2-7-3. 보증금반환청구소송의 특례 ··· 266

2-7-4. 보증금반환청구소송의 확정판결의 효과 ······························· 267

Part 4. 강제경매 신청 ································· 268

1. 강제경매 신청 ··· 268

1-1. 강제경매의 개념 ··· 268

1-2. 강제집행 ·· 268

1-2-1. 강제집행의 의의 ··· 268

1-2-2. 강제집행의 요건 ··· 268

2. 강제경매의 신청 ·· 269

2-1. 강제경매의 신청 ··· 269

[서식 예] 부동산강제경매신청서(지급명령으로 토지 및 건물) ············· 270

2-2. 강제경매개시의 결정 ·· 273

2-3. 배당요구의 종기 결정 및 공고 ··· 273

2-4. 매각의 준비 ·· 274

2-5. 매각기일 및 매각결정기일 등의 지정·공고·통지 ···················· 275

2-6. 매각의 실시 ·· 275

2-7. 매각결정 절차 ··· 277

2-8. 매각대금의 납부 ·· 277

2-9. 배당절차 ·· 278

2-10. 소유권이전등기 등의 촉탁·부동산 인도명령 ························ 279

Part 5. 배당요구 ··· 280

1. 배당요구 ·· 280

2. 배당요구의 절차 ·· 280

2-1. 배당요구를 할 수 있는 채권자 ······················· 280

2-2. 배당요구의 시기 및 종기 ······························· 280

2-3. 배당요구의 신청 ··· 281

2-4. 배당 순위(민사집행법 제145조 제2항) ··············· 281

2-5. 임차인의 배당액 ··· 282

2-6. 배당기일의 실시 ··· 282

2-7. 배당표의 확정 ··· 283

2-8. 배당표에 대한 이의 ······································· 283

2-9. 배당의 실시 ··· 283

3. 대항력과 우선변제권의 유지 필요 ···················· 284

4. 대항력과 우선변제권의 선택적 행사 ················· 284

5. 임차인의 배당요구와 임대차의 종료 여부 ··········· 285

5-1. 임차인이 보증금 전액을 배당받은 경우 ·············· 285

5-2. 임차인이 보증금 전액을 배당받지 못한 경우 ········· 285

6. 임차주택의 인도 ·· 286

Part 6. 임대보증금 반환자금 및 전세자금보증 ·················· 287

1. 임대보증금 반환자금 보증제도 ································ 287
    1-1. 보증신청대상자 ···································· 287
    1-2. 보증대상주택 ····································· 287
    1-3. 보증신청시기 ····································· 288
    1-4. 보증한도 ·· 288
2. 일반전세자금보증 ··································· 289
    2-1. 보증대상자 ······································ 289
    2-2. 보증대상자금 ····································· 289
    2-3. 보증비율 ·· 289
    2-4. 보증대상목적물 ···································· 289
    2-5. 보증신청시기 ····································· 290
    2-6. 서류제출 ·· 290
    2-7. 보증한도 ·· 290
    2-8. 보증료율 ·· 290

Part 7. 투하비용의 회수 ·· 291

1. 유익비상환청구 ··· 291

1-1. 임차인의 유익비상환청구권 ···················· 291

1-2. 유익비상환청구 시기 및 기간 ················· 292

1-3. 유익비상환청구권의 포기 ························ 292

1-4. 유익비상환청구의 효과 ·························· 292

2. 부속물매수청구권 ·· 293

2-1. 임차인의 부속물매수청구권 ···················· 293

2-2. 전차인의 부속물매수청구권 ···················· 293

2-3. 부속물의 해당 여부 ····························· 293

2-4. 부속물매수청구권의 행사 ······················ 294

2-5. 부속물매수청구권의 제한 ······················ 294

2-6. 부속물매수청구권의 효과 ······················ 294

[서식 예] 부속물매수청구서 ······················ 296

3. 장기수선충당금의 반환 청구 ························· 297

3-1. 장기수선충담금의 의의 ························· 297

3-2. 장기수선충당금의 반환 청구 ················· 297

부록 : 관련법령 ──────────────── 299

주택임대차보호법 ·· 301

제1편

전세사기 피해자

제1장

전세사기 피해자법

Part 1. 전세사기피해자 지원 및 주거안정에 관한 특별법 (약칭 : 전세사기피해자법)

1. 제정이유

경매·공매 등으로 퇴거 위기에 처한 전세사기 피해자의 주거불안을 해소할 수 있도록 한시적인 특별법을 제정하여 국토교통부장관이 전세사기피해지원위원회를 통해 전세사기피해자를 결정하고, 이들에 대하여 경매·공매 절차, 조세 징수 등에 관한 특례를 부여함으로써 피해자의 주거안정을 도모하기 위하여 이 법을 제정하였습니다.

2. 주요내용

① 전세사기피해지원위원회의 심의·의결을 거쳐 국토교통부장관이 결정한 임차인을 "전세사기피해자"로, 전세사기피해자가 임차인인 임대차 목적이 되는 주택을 "전세사기피해주택"으로 정의합니다(제2조).

② 전세사기피해자로 인정받고자 하는 임차인은 「주택임대차보호법」 제3조에 따라 주택의 인도와 주민등록을 마치고 확정일자를 갖출 것, 임대인의 파산·회생절차 또는 임차주택의 경매·공매가 개시되었거나 임차인이 집행권원을 확보할 것, 다수의 임차인에게 임차보증금반환채권의 변제를 받지 못하는 피해가 발생하였거나 발생할 것이 예상될 것 등의 요건을 모두 갖추어야 합니다(제3조).

③ 이 법은 전세사기피해자의 피해 및 주거안정 지원에 관하여 다른 법률에 우선하여 적용하도록 합니다함(제5조).

④ 전세사기피해자 결정에 관한 심의 등을 위해 국토교통부에 전세사기피해지원위원회를 두고, 위원회는 전세사기피해자 결정, 경매 및 압류주택의 매각에 대한 유예·정지에 관한 협조 요청, 전세사기피해지원 정책에 관한 사항 등을 심의·의결합니다(제6조부터 제8조까지).

⑤ 전세사기피해지원위원회의 사무를 지원하기 위하여 국토교통부에 전세사

기피해지원단을 두고, 국가·지방자치단체, 공공기관, 지방공사 등에 전세피해지원센터를 설치·운영할 수 있습니다(제10조 및 제11조).

⑥ 전세사기피해자 결정을 신청하려는 임차인은 국토교통부장관에게 신청하고, 국토교통부장관은 30일 이내에 피해사실의 조사를 마쳐야 하며, 국토교통부장관은 위원회에 심의를 요청하고 위원회가 심의하여 의결한 내용에 따라 안건이 상정된 날부터 30일 이내에 전세사기피해자 결정을 하여야 합니다(제12조부터 제14조까지).

⑦ 이의가 있는 신청인은 결정을 송달받은 날부터 30일 이내에 국토교통부장관에 이의를 신청할 수 있습니다(제15조).

⑧ 전세사기피해자는 경매나 국세, 지방세로 압류된 주택에 대한 매각절차가 진행 중인 경우에는 법원, 관할 세무서장, 지방자치단체의 장에게 경매나 매각절차에 대해 유예·정지를 신청할 수 있고, 위원회는 경매나 매각절차에 대한 유예 등의 협조요청을 할 수 있으며, 법원·관할 세무서장·지방자치단체의 장은 채권자 및 채무자의 생활형편 등을 고려하여 경매 유예 등을 할 수 있습니다(제17조부터 제19조까지).

⑨ 전세사기피해주택이 경매 또는 공매되는 경우 전세사기피해자는 보증을 제공하고 최고매수신고가격 등과 같은 가격으로 우선매수하겠다는 신고 등을 할 수 있으며, 법원 등은 전세사기피해자가 우선매수신고 등을 한 경우에는 전세사기피해자에게 매각허가 등을 하여야 합니다(제20조부터 제22조까지).

⑩ 전세사기피해자는 임대인이 2개 이상의 주택을 보유하고 있는 경우 등 일정 요건에 해당할 경우 국세나 지방세를 임대인이 보유한 모든 주택에 각각의 가격비율에 따라 안분하도록 요청할 수 있습니다(제23조 및 제24조).

⑪ 전세사기피해자는 공공주택사업자와 사전협의 후 전세사기피해주택의 매입을 요청할 수 있고, 이 경우 우선매수권은 공공주택사업자에게 양도되며, 공공주택사업자는 취득한 전세사기피해주택을 공공임대주택으로 공급하되, 해당 주택의 전세사기피해자에게 우선 공급할 수 있도록 합니다(제25조).

⑫ 주택도시보증공사는 전세사기피해자의 신청을 받아 「민사집행법」 제78

조 또는 같은 법 제264조의 신청에 따른 경매나 「국세징수법」 제64조 또는 「지방세징수법」 제71조에 따른 매각절차와 관련하여 경매 및 공매의 지원 서비스를 제공할 수 있습니다(제26조).

⑬ 국가 및 지방자치단체는 전세사기피해자 및 적법한 임대권한을 가지지 않은 자와 임대차계약을 체결한 자로서 대통령령으로 정하는 임차인의 긴박한 주거안정을 보호하기 위하여 필요한 자금을 융자하거나 그 밖에 필요한 지원을 할 수 있습니다(제27조).

⑭ 전세사기피해자, 적법한 임대권한을 가지지 않은 자와 임대차계약을 체결한 자로서 대통령령으로 정하는 임차인, 또는 그 임차인(전세사기피해자를 포함한다) 등과 생계 및 주거를 같이 하고 있는 가구 구성원은 「긴급복지지원법」 제5조에 따른 긴급지원대상자로 봅니다(제28조).

⑮ 국토교통부장관의 권한 중 전세사기피해자 신청의 접수, 피해사실의 조사 등의 권한을 특별시장 · 광역시장 · 특별자치시장 · 도지사 · 특별자치도지사에게 위임합니다(제29조).

3. 용어의 정의

이 법에서 사용하는 용어의 정의는 다음과 같습니다.

① "주택"이란 「주택임대차보호법」 제2조에 따른 주거용 건물 (공부상 주거용 건물이 아니라도 임대차계약 체결 당시 임대 차목적물의 구조와 실질이 주거용 건물이고 임차인의 실제 용도가 주거용인 경우를 포함)을 말합니다.

② "임대인등"이란 임대인 또는 다음의 어느 하나에 해당하는 자를 말합니다.
   1. 임대인의 대리인, 그 밖에 임대인을 위하여 주택의 임대에 관하여 업무를 처리하는 자
   2. 임대인의 의뢰를 받은 공인중개사(중개보조인을 포함)
   3. 임대인을 위하여 임차인을 모집하는 자(그 피고용인을 포함)
   4. 다수 임대인의 배후에 있는 동일인
   5. 위 4.의 동일인이 지배하거나 경제적 이익을 공유하는 조직

6. 위 4.의 동일인이나 마목의 조직을 배후에 둔 다수의 임대인

③ "전세사기피해자"란 제3조의 요건을 모두 갖춘 자로서 제6조에 따른 전세사기피해지원위원회의 심의·의결을 거쳐 국토교통부장관이 결정한 임차인을 말합니다.

④ "전세사기피해자등"이란 다음의 어느 하나에 해당하는 자를 말합니다.

1. 전세사기피해자

2. 제3조제1항제1호·제3호 및 제4호의 요건을 모두 충족하는 임차인(같은 조 제2항 각 호의 어느 하나에 해당하는 경우는 제외)

3. 제3조제1항제2호 및 제4호의 요건을 모두 충족하는 임차인으로서 임차주택(적법한 임대권한을 가지지 아니한 자와 임대차계약이 체결된 주택을 포함)을 인도(인도받았던 경우를 포함)받고, 「주민등록법」 제16조에 따라 전입신고를 하였으며, 그 임대차계약증서상의 확정일자를 받은 자 (제3조제2항 각 호의 어느 하나에 해당하는 경우는 제외)

⑤ "전세사기피해주택"이란 전세사기피해자가 임차인인 임대차계약의 목적물인 주택(「주택임대차보호법」 제3조의3에 따라 임대차가 끝난 후 임차권등기를 마친 주택도 포함)을 말합니다.

4. 전세사기피해자의 요건

① 제14조에 따라 전세사기피해자로 결정받고자 하는 임차인(자연인에 한정한다. 이하 같다)은 다음의 요건을 모두 갖추어야 합니다. 다만, 경매 또는 공매 절차가 완료된 임차인의 경우에는 제1호 및 제3호의 요건은 제외합니다.

1. 「주택임대차보호법」 제3조에 따라 주택의 인도와 주민등 을 마치고(이 경우 전입신고를 한 때 주민등록을 한 것으로 봅니다) 같은 법 제3조의2 제2항에 따라 임대차계약증서상의 확정일자(이하 "확정일자"라 합니다)를 갖출 것(「주택임대차보호법」 제3조의3에 따른 임차권등기를 마친 경우도 포함)

2. 임차인의 임차보증금이 3억원 이하일 것. 다만, 임차보증금의 상한액은 제6조에 따른 전세사기피해지원위원회가 시·도별 여건 및 피해자의 여

건 등을 고려하여 2억원의 범위에서 상향 조정할 수 있습니다.

3. 임대인의 파산 또는 회생절차 개시, 임차주택의 경매 또는공매절차의 개시(국세 또는 지방세의 체납으로 인하여 임차주택이 압류된 경우도 포함합니다), 임차인의 집행권원 확보등에 해당하여 다수의 임차인에게 임차보증금반환채권의 변제를 받지 못하는 피해가 발생하였거나 발생할 것이 예상될 것

4. 임대인 등에 대한 수사 개시, 임대인등의 기망, 임차보증금을 반환할 능력이 없는 자에 대한 임차주택의 양도 또는 임차보증금을 반환할 능력 없이 다수의 주택 취득·임대 등 임대인이 임차보증금반환채무를 이행하지 아니할 의도가 있었다고 의심할 만한 상당한 이유가 있을 것

② 다음의 어느 하나에 해당하는 경우는 ①의 적용대상에서 제외한다.

1. 임차인이 임차보증금 반환을 위한 보증 또는 보험에 가입하였거나 임대인이 임차보증금 반환을 위한 보증에 가입하여 임차인에게 보증금의 전액 반환이 가능한 경우

2. 임차인의 보증금 전액이 최우선변제가 가능한 「주택임대차보호법」 제8조 제1항에 따른 보증금 중 일정액에 해당하는 경우

3. 임차인이 「주택임대차보호법」에 따라 대항력 또는 우선변제권 행사를 통하여 보증금 전액을 자력으로 회수할 수 있다고 판단되는 경우

5. 전세사기피해자에 대한 주거지원

① 공공주택사업자는 다음의 어느 하나에 해당하는 전세사기피해자 등에 대하여 공공임대주택을 우선 공급할 수 있습니다.

1. 전세사기피해법 제25조에 따라 공공주택사업자에게 해당주택의 매입을 요청한 전세사기피해자(공공주택사업자가 피해주택을 매수하지 못한 경우를 포함함)

2. 공공주택사업자와 공공주택사업자의 전세사기피해주택 매입 업무처리지침 제2조에 따른 사전협의가 이루어지지 못한 전세사기피해자

3. 전세사기피해법 제6조에 따른 전세사기피해지원위원회가 전세사기피해법 시행 전 공매 또는 경매가 완료되어 피해주택에서 퇴거하거나 퇴거예정인 것으로 결정된 전세사기피해자

4. 전세사기피해지원위원회가 결정한 전세사기피해법 제2조제4호다목에 따른 임차인(피해주택에서 퇴거하거나 퇴거예정인 경우에 한함)

② 공공주택사업자는 다음의 어느 하나에 해당하는 자에 대하여 공공임대주택을 긴급주거지원을 위하여 임시로 사용하게 할 수 있습니다.

1. 전세사기피해법 제2조 제4호에 따른 전세사기피해자등

2. 전세사기피해법 제11조에 따른 전세피해지원센터가 긴급한 주거지원이 필요하다고 인정한 사람

③ 공공주택사업자는 다음의 주택을 ① 제1호부터 제4호까지의 전세사기피해자등에게 우선 공급할 수 있습니다.

1. 공공주택사업자가 피해주택을 매입한 경우 : 공공주택사업자가 매입한 피해주택

2. 그 외 경우 : 피해주택과 전용면적, 소재지 등이 유사한 공공임대주택

④ ①에 따른 전세사기피해자의 공공임대 우선 입주에 대한 임대차 기간은 6년으로 하며, 임대보증금 및 월 임대료는 시세 대비 30% 수준으로 산정합니다.

⑤ ①에 따른 공공임대 우선 입주에 대한 임대차 계약이 만료된 경우, 공공주택사업자는 「주택공급에 관한 규칙」 제2조 제4호에 따른 무주택구성원인 전세사기피해자를 대상으로 시세 대비 50% 이내의 임대조건으로 최대 14년간 공공임대주택을 공급할 수 있습니다.

⑥ 공공주택사업자는 ①에 따라 공공임대주택을 전세사기피해자에게 우선 공급하거나, ②에 따라 임시 사용하도록 하는 경우에는 주택도시기금의 대출 및 상환에 대한 확인을 생략할 수 있습니다.

⑦ 공공주택사업자는 임대차 계약체결방식, 계약 해제 또는 해지 등 그 밖의 전세사기피해자 주거지원을 위한 임대조건 등에 대하여 별도로 정할 수 있습니다.

⑧ 공공주택사업자는 지역별 공급여건을 감안하여 해당 지역에 주택을 공급하는 다른 공공주택사업자에게 공공임대주택을 공급하여 줄 것을 요청

할 수 있습니다. 다만, ③ 제2호에 따른 주택을 공급하거나, ②에 따라 임시사용하도록 하는 경우에 한함)

6. 임차인보호대책의 수립

국가 및 지방자치단체는 전세사기피해자 지원을 위하여 다음 의 보호대책을 수립하여야 합니다.

1. 피해사실의 조사에 필요한 대책

2. 전세사기피해주택의 매입 대책

3. 전세사기피해자에 대한 법률상담지원 대책

4. 전세사기피해자에 대한 금융지원 대책

5. 전세사기피해자에 대한 주거지원 대책

6. 그 밖에 임차인 보호를 위하여 제6조에 따른 전세사기피해   지원위원회가 필요하다고 인정하는 대책

Part 2. 전세사기피해자 등 결정을 위한 요건

1. 4가지 요건

① 주택의 인도와 주민등록(전입신고)을 마치고 확정일자를 갖춘 경우
  ※ 임차권등기를 마친 경우도 인정

② 임대차보증금이 3억원 이하인 경우
  ※ 시도별 여건 및 피해자의 여건을 고려하여 2억원의 상한범위 내에서 조정 가능

③ 다수의 임차인에게 임대차보증금반환채권의 변제를 받지 못하는 피해가 발생하였거나 발생할 것이 예상되는 경우
  ※ 임대인의 파산 또는 회생절차 개시, 임차주택의 경매 또는 공매절차의 개시(국세 또는 지방세 체납으로 인한 임차주택이 압류된 경우 포함), 임차인의 집행권원 확보 등

④ 임대인이 임차보증금반환채무를 이행하지 아니할 의도*가 있었다고 의심할만한 상당한 이유가 있는 경우
  ※ 임대인등에 대한 수사 개시, 임대인등의 기망, 보증금을 반환할 능력이 없는 자에 대한 임차주택 소유권 양도 또는 임차보증금을 반환할 능력 없이 다수의 주택을 취득하여 매입

2. 지원대상

① ~ ④ 요건을 모두 충족한 신청 임차인
  ※ 전세사기피해법상 규정하는 모든 지원 가능

②, ④ 요건을 충족한 신청 임차인
  - 대항력은 없지만 주택을 점유하고 있는 경우(주택의 인도+전입신고+확정일자) (이중계약, 적법한 권한이 없는 임대인과의 계약, 신탁사기 등)
  ※ 전세사기피해법법상 일반 금융지원 및 긴급복지지원 가능(경·공매 특례 없음)

①, ③, ④ 요건을 충족한 신청 임차인

　- 주택을 점유하고 계약이 유효한 경우

　※ 세금체납액을 개별주택별로 안분하고, 주택 경매 시 해당 주택의 세금
　　 체납액만 분리 환수하는 전세사기피해법상 조세채권안분 지원 가능

3. 적용제외 대상

① 보증가입
　 임차인이 주택임대차보증금 반환 보증 또는 보험에 가입했거나, 임대인
　 이 임대보증금 반환을 위한 보증가입을 한 경우

② 최우선변제
　 보증금 전액이 「주택임대차보호법」 제8조 제1항에 따라 최우선변제가
　 가능한 소액임대차보증금보다 같거나 적은 경우

③ 자력회수
　 대항력 또는 우선변제권 행사를 통해 보증금 전액을 자력으로 회수 가
　 능한 경우

4. 신청방법

　 전세사기피해자 결정 신청 안내

① 신청개시
　 2023년 6월 1일(목)부터 시행

② 신청대상
　 전세사기 피해로 인해 전세사기피해법 상 피해지원 희망 임차인

③ 신청장소
　 임차인 주민등록상 거주(피해주택) 소재지 관할 시·도*

　 * 거주지를 이전한 경우 피해주택 지역 관할 시·도에서 신청 가능

④ 제출서류

아래 목록 중 ① ~ ③은 필수서류, ④ ~ ⑧은 해당 사실이 있는 자만 제출

※ 본인 확인을 위해 신분증(주민등록증, 운전면허증, 여권 등)은 반드시 지참 필요

■ 제출서류 목록

① 결정 신청서

  * 작성 서식은 시·도 또는 국토부 홈페이지, '안심전세앱'에서 다운받거나 접수처에서 제공

② 임대차계약서 사본 1부

③ 주민등록표 초본 1부(신청서 상 행정정보공동이용에 미동의한 신청인만 해당)

④ 개인정보 수집 및 이용 동의서(접수처에서 서식 제공됨)

⑤ 임대인의 파산선고 결정문 또는 회생개시 결정문 사본 1부

⑥ 경매·공매개시 관련 서류 사본(경매통지서 또는 최고서, 공매통지서 등)

  * 다만, 경매통지서 또는 최고서, 공매통지서를 분실한 경우에는 등기사항전부증명서로 대신 가능

⑦ 집행권원(판결정본, 지급명령, 공정증서 등)

⑧ 임차권등기 서류(등기사항전부증명서, 임차권등기명령 결정문 등)

5. 지원대상 결정 절차

① 신청(피해 임차인) → ② 접수·조사(광역시 · 도) 신청일로부터 30일 이내 → ③ 피해자결정 및 결과(결정문) 국토부(위원회) 임차인 안건상정 후 30일 이내(15일 연장 가능) → ④ 지원혜택신청(임차인 → 관련기관)

  * 결과에 이의가 있는 신청인은 송달일로부터 30일 이내 이의신청 가능(국토교통부는 이의신청일로부터 20일 이내에 재심의결과 통보)

6. 지원혜택 신청

① 경공매 유예 및 정지, 경매·공매 우선매수권
   (경매) 관할 지방법원

   (공매) 관할 세무서장(국세), 지방자치단체(지방세)

② 경매·공매대행 지원 서비스
   주택도시보증공사(HUG)

③ 조세채권안분
   (국세) 관할 세무서장, 관할 지방법원, 한국자산관리공사

   (지방세) 지방자치단체, 법원, 한국자산관리공사

④ 공공임대제공(우선매수권 양도)
   LH 등 공공주택사업자

⑤ 미상환금 분할상환
   전세대출보증회사

⑥ 신용정보 등록 유예 지원
   채권금융기관(보증회사, 거래은행 등)

⑦ 대출 등 금융지원
   금융회사

⑧ 긴급복지지원
   관할 지자체

7. 지원 정책 - 전세사기피해법 지원대책(신규)

7-1. 경매·공매 절차 지원

① 경매·공매 유예·정지
거주 주택의 경매·공매 유예·정지를 신청하는 경우 관계기관에서 조치

* (경매) 관할 지방법원 (공매) 관할 세무서장(국세), 지방자치단체(지방세)

② 경매·공매 대행 지원 서비스
경매·공매 절차 지원을 희망하는 전세사기피해자에게 법률상담·경매대행 등 원스톱 서비스 제공

- 피해자가 HUG에 신청하면 HUG에서 법무사 등 전문가와 연계하여 경공매 절차를 대행하고, 그 수수료도 70% 지원

③ 경매·공매 우선매수권 부여
피해 임차인이 거주 중인 주택이 경·공매될 경우, 피해 임차인에게 우선 매수할 수 있는 권한 부여

④ 기존 임차주택을 공공임대로 제공
전세사기피해자가 우선매수권을 공공주택사업자에게 양도하는 경우 LH 등 공공주택사업자가 낙찰받은 후 공공임대로 공급

⑤ 조세채권 안분
임대인의 전체 세금체납액을 개별 주택별로 안분하고, 주택 경매 시 조세당국은 해당 주택의 세금 체납액만 분리 환수, 피해자의 원활한 경매·공매 지원

7-2. 신용 회복 지원

① 전세사기 피해자의 신용 불이익 방지를 위해 미상환금 분할상환 및 신용정보 등록 유예 지원

② 기존 전세대출 미상환금을 최장 20년 간 분할상환 가능하고, 그 기간 동안에는 신용정보 등록을 유예할 수 있는 근거규정 마련

③ 이를 통해 전세사기 피해자는 신규 구입·전세자금 대출 가능(기존에는 연체정보 등록으로 신규 대출 불가)

7-3. 금융 지원

① 최우선변제금 무이자 전세대출
선순위 근저당이 있거나, 갱신 계약으로 인해 최우선변제금을 지급받을 수 없는 피해자들을 대상으로 경매·공매 완료 시점의 최우선변제금 수준을 최장 10년 간 무이자로 대출(이 경우 소득·자산 요건도 미고려)

② 구입·전세자금 지원
전세사기피해자가 거주주택을 경락받거나 신규주택을 구입하는 경우 주택구입자금 대출

요건	디딤돌 대출 內 전용상품	특례보금자리론 금리 등 우대
소득/한도	7천만원 이하 / 4억원	제한 없음 / 5억원
금리	소득별 1.85~2.70%	3.65~3.95%(우대형기준)
만기	최장 30년	최장 50년
거치기간	현행 최대 1년 → 최대 3년	현행 없음 → 최대 3년

③ 아울러, 새로운 전셋집으로 이주하거나 기존 시중은행 전세자금대출을 대환하는 경우에도 저리의 전세대출 지원(금리 : 1.2~2.1%, 대출한도 : 2.4억원)

7-4. 긴급 복지 지원

① 전세사기피해자도 '위기상황'으로 인정하여 생계가 어려워진 가구에게 긴급 생계비· 의료비 등을 지원

② 긴급복지지원(4인 가구 기준, '23년)

	생계지원	의료지원	주거지원	교육지원
원/월	162만원 (최대 6개월)	1회 300만원 이내	월 66만원 (최대 12개월)	고등 21만원 (분기별) (최대 4분기)

8. 전세사기피해법 적용기간

① 시행
전세사기피해법 공포 후 즉시 시행(일부 규정은 1개월내 시행)

② 적용기간
시행 후 2년 간 유효(통상의 임대차계약 기간을 고려)

9. 전세피해확인서를 통한 지원대책(기존)

9-1. 무료 법률지원

변호사, 법무사, 공인중개사 무료 방문·전화 상담(HUG홈페이지 – 고객지원센터 – 전세피해지원센터 – 예약신청)

9-2. LH · 지방도시공사 긴급주거지원

① 신청자격
전세피해자 중 주거지원사유가 확인되는 자

* (주거지원사유) 경·공매 낙찰 퇴거, 비정상계약으로 퇴거, 직선거리 40km 이상 이사 예정 등

② 지원기간

6개월 거주 가능(최대 2년)

③ 지원금액

월 임대료는 시세의 30% 수준(무보증금, 6개월분 또는 1개월분 임대료 선납 중 선택 가능)

④ 대상자 선정

신청자격 요건을 충족하는 자에 한하여 거주 지역, 세대 구성원 수, 기존거주지 전용면적 등을 고려하여 지자체에서 최종 심사 후 배정

9-3. 기금저리대출(버팀목전세대출)

① 신청자격

전세피해자 중 소득·자산기준*을 만족하는 무주택자

* (소득기준) 부부합산 총소득 7천만원 이하 (자산기준) 부부 합산 순자산 가액 5.06억원 이하

② 지원기간

2년(4회 연장, 최장 10년)

③ 대상주택

HUG 전세금안심대출보증 가입이 가능한 주택으로 보증금 3억원 이하

- 전용면적 85㎡ 이하, 수도권을 제외한 도시지역이 아닌 읍 또는 면 지역은 100㎡)

④ 대출한도

최대 2억 4천만원 또는 임차보증금의 80% 중 적은 금액

⑤ 대출금리

소득 및 보증금에 따라 1.2% ~ 2.1%,

※ 전세피해자 중 (1) 계약기간 종료 후 1개월 이상 지난 자, (2) 임차

물건이 경·공매 낙찰된 자인 경우 확인서 신청·발급 절차 생략 가능 ☞ 관련 증빙서류 구비하여 우리·신한·국민·하나·농협은행에 바로 대출 신청 가능

9-4. 대환대출(버팀목전세대출)

① 신청자격
계약기간 종료 후 1개월이 지난 전세피해자 중 다음 기준을 충족하는 무주택자

* (추가피해요건) 우선변제권 침탈, 임대인 사망, 형사 고소, 경·공매 개시 등
* (소득기준) 부부합산 총소득 7천만원 이하 (자산기준) 부부 합산 순자산 가액 5.06억원 이하

② 지원기간
6개월(대출보증기관의 연장 기준에 따라 연장)

③ 대출한도
최대 2억 4천만원 또는 임차보증금의 80% 중 적은 금액

④ 대출금리
소득 및 보증금에 따라 1.2% ~ 2.1%,

※ 대상자는 확인서 신청·발급 절차 생략 가능 ☞ 관련 증빙서류 구비하여 우리은행에 바로 대출 신청 가능 (신한·국민·하나·농협: 5월부터)

9-5. 무이자대출

① 신청자격
지원대상 중 기초생활수급권자, 한부모가족, 차상위계층이거나 소득기준*을 만족하는 무주택자

* 부부합산 연소득 3천만원 이하(1인 가구 포함)

② 지원기간

　　최대 25개월(임대차계약 1년 이상, 만기 일시상환) / 지원 종료 후 본인 이자 부담 하에 대출 연장 가능

③ 대상주택

　　HUG 전세금안심대출보증 가입이 가능한 주택으로 보증금 1.25억원 이하

④ 대출한도

　　최대 1억원 또는 임차보증금의 80% 중 적은 금액

⑤ 지원금액

　　- 대출금액에 대한 25개월 이자 전액(본인 부담 이자 없음)

　　- HUG 전세금안심대출보증 가입에 따른 보증료 전액(신청인 선납 후 정산 지원)

9-6. 심리상담 지원

① 대상 및 개요

　　- 전세피해 임차인(및 직계 존비속)

　　- 심리상담 전문가 3회 유선/방문 상담 실시

10. 지자체별 접수창구 및 담당자 연락처

기관명	접수처	문의전화
강원도	강원도청 건축과(신관 6층)	033-249-3464
경기도	경기도 전세피해지원센터	070-7720-4870~2
경상남도	경상남도 건축주택과	055-120
경상북도	경상북도청	054-880-4020
광주광역시	광주광역시청 주택정책과	062-613-4832
대구광역시	대구광역시청(산격청사)	053-803-4661
대전광역시	대전광역시청 토지정보과	042-270-6484
부산광역시	부산광역시청 주택정책과	051-888-4254
서울특별시	서울 전월세 종합지원센터	02-2133-1200~8
세종특별자치시	세종특별자치시청 주택과	044-300-5934
울산광역시	울산광역시청 건축정책과	052-229-4403
인천광역시	인천 전세피해지원센터	032-440-1805~6
전라남도	전라남도청 건축개발과	061-286-7721
전라북도	전라북도청 주택건축과	063-280-2365
제주특별자치도	제주특별자치도청 주택토지과	064-710-2693 064-710-2693
충청남도	충청남도청 건축도시과	041-635-4653
충청북도	충청북도청 건축문화과	043-220-4474

Part 3. 전세사기피해예방을 위한 전세계약 유의사항

1. 전세계약 핵심 체크리스트

(전세계약 체결 시 꼭 확인하세요!)

1-1. 계약전

무엇을 확인하나요?	왜 필요할까요?	어떻게 확인하나요?
주택상태	- 불법·무허가 주택 여부 확인 - 임대인에게 하자 보수 요청	- 건축물대장 열람 (세움터, cloud.eais.go.kr) - 현장 확인
적정 전세가율	- 보증금을 돌려받지 못할 위험 방지	- 국토부 실거래가 공개 시스템 (rt.molit.go.kr) - 부동산 정보 사이트(네이버 부동산, 직방 등)를 통한 적정 시세 체크 - 물건지 인근 복수의 중개업소 방문 - 지역별 전세가율 체크 (www.rtech.or.kr)
선순위 권리관계	- 보증금 안전여부 확인	- 등기부등본(갑구, 을구) 확인 [인터넷등기소 (www.iros.go.kr) 또는 인터넷 등기소 앱] - 다가구주택의 경우 선순위 보증금 확인(전입세대 열람내역, 확정일자부여현황 확인)

임대인 세금 체납 여부	- 보증금 돌려받지 못할 위험 예방	- 국세(세무서 또는 홈택스), 지방 세(주민센터 또는 위택스) 미납내 역 확인 ※ 계약체결후에는 임대인 동의 없 이 미납 국세 확인 가능('23.4 월부터)

1-2. 계약체결시(당일)

무엇을 확인하나요?	왜 필요할까요?	어떻게 확인하나요?
임대인(대리인) 신분	- 계약자 본인여부 확인	- 신분증(위임계약시) 위임장·인감증 명서
공인중개사 정상영업 여부	- 적법한 중개로 위험계 약 체결 방지	-국가공간정보포털(www.nsdi.go.kr) → 부동산중개업 조회
주택임대차 표준계약서 활용	- 권리보장 특약 명시	- 국토교통부 부동산거래관리시스템 (rtms.molit.go.kr)에서 다운로드 후 공인중개사나 임대인에게 사용 요청
권리관계 재확인	- 근저당 등 권리 관계 확인	- 등기부등본(갑구, 을구) 확인 ※인터넷등기소(www.iros.go.kr) 또 는 인터넷 등기소 앱

1-3. 계약체결후

무엇을 확인하나요?	왜 필요할까요?	어떻게 확인하나요?
임대차신고	-법적의무「부동산거래신고법」제6조의2, 계약 후 30일 이내) - 확정일자 자동부여	- (온라인) 부동산거래관리시스템 (rtms.molit.go.kr) - (오프라인) 관할 주민센터 방문(계약서 지참)

1-4. 잔금 및 이사 후

무엇을 확인하나요?	왜 필요할까요?	어떻게 확인하나요?
권리관계 재확인	- 계약체결 후 권리 변동사항 확인	등기부등본(갑구, 을구) 확인 - 인터넷등기소(www.iros.go.kr) 또는 인터넷 등기소 앱
전입신고	- 법적의무「주민등록법」 제11조,전입후 14일 이내) - 대항력 확보	(온라인) 정부24(www.gov.kr) (오프라인) 관할 주민센터 방문
전세보증금 반환보증 가입	- 보증금 미반환 위험 해소	보증기관*에 문의하여 가입 * 주택도시보증공사(HUG), 한국주택금융공사(HF), SGI서울보증 등

2. 계약 체결 전 유의사항

2-1. 무허가·불법건축물 여부 확인

① 전입신고를 할 수 없는 무허가·불법 건축물은 「주택임대차보호법」 적용을 받지 않아 보증금 보호가 어려운 경우가 있으므로 주의 하세요.

② 현장 방문 및 건축물대장 열람(세움터, cloud.eais.go.kr)을 통해 무허가·불법 건축물 여부를 확인하세요.

2-2. 적정 시세 확인

① 매매가가 하락하거나 경매 시 보증금 전액 반환이 어려울 수 있으므로 전세가율(매매가 대비 전세가 비율)이 높은 매물은 조심하세요.

② 부동산테크(www.rtech.or.kr), 국토교통부 실거래가 공개시스템(rt.molit.go.kr), 부동산정보 사이트(네_이버 부동산, 직방 등), 복수의 중개업소 방문 등을 통해 적정 매매가와 전세가 시세를 확인하세요.

2-3. 선순위 권리관계 확인

① 나의 전세보증금보다 선순위의 채권이나 보증금이 있을 경우, 보증금 전액 반환이 어려울 수 있으므로 주의하세요.

② 등기부등본 확인(등기소, www.iros.go.kr)을 통해 가등기·가압류 등의 여부, 담보권 설정 여부등을 확인하세요.

③ 다가구주택의 경우 전입세대 열람내역 및 확정일자 부여현황을 확인하세요.

2-4. 임대인의 세금 체납여부 확인

① 임대인이 미납한 세금이 있을 경우, 보증금 전액 반환이 어려울 수 있으므로 체납여부를 확인하세요.

② 국세는 세무서(또는 홈택스), 지방세는 주민센터(또는 위택스)에서 임대인의 미납내역을 확인하세요(임대인 동의 필요).

③ 계약체결후에는 임대인 동의 필요 없이도 미납국세 열람이 가능합니다 ('23.4월 부터).

3. 계약체결시 유의사항

3-1. 임대인(대리인) 신분 확인

① 임대인 본인이나 임대인의 위임을 받은 대리인과 계약을

체결해야 전세사기를 예방할 수 있습니다.

② 등기부등본 상 임대인이 계약당사자인지 확인, 임대인의 신분증 확인, 대리인의 경우 위임장·인감증명서 등을 확인하고, 보증금을 입금할 때에도 임대인 (또는 대리인) 명의의 계좌인지 확인 후 이체하세요.

3-2. 공인중개사 정상 영업 여부 확인

① 미등록 및 업무정지 중인 중개업소에서 계약을 체결할 경우, 중개사고 발생 시 보상을 받을 수 없습니다.

② 국가공간정보포털(www.nsdi.go.kr)에서 등록 및 정상 영업 여부를 확인하세요.

③ 중개대상물 확인·설명서, 손해배상책임 관련증서 등도 확인하세요.

3-3. 주택임대차표준계약서 사용

① 주택임대차표준계약서를 사용할 경우 임대인의 미납세금 여부, 확정일자 부여현황 등의 정보를 확인할 수 있어 추후 계약 관련 분쟁을 예방할 수 있습니다.

② 국토교통부 부동산거래관리시스템 (rtms.molit.go.kr)에서 다운로드하여 활용하세요.

③ 계약 후 나의 전세보증금보다 선순위의 담보권 설정을 금지하는 특약을 명시하세요.

4. 계약 체결 후 유의사항

○ 주택임대차 신고

① 「부동산거래신고법」 제6조의2에 따른 의무사항으로 계약 체결 후 30일 이내에 계약내용을 신고해야 합니다. 임대차 신고 시 확정일자가 자동 부여되어 보증금 보호에 유리합니다(계약서 첨부 시).

② 주민센터 방문 신고 또는 부동산거래관리시스템(rtms.molit.go.kr)에서 온라인 신고

5. 잔금 지급 시 유의사항

○ 권리관계 변동 확인

① 계약 체결 이후 등기부등본상 근저당권 설정 등의 변동사항이 없는지 확인합니다. 또한 이사갈 집이 비어 있거나 기존 세입자가 전출 준비가 되어 있는지 확인하고 잔금을 지급합니다.

② 등기부등본(을구) 확인 후 임대인(또는 정당한 대리인) 명의의 계좌로 입금하세요.

6. 이사 후 유의사항

6-1. 전입신고

① 주민등록법 제11조에 따른 의무사항으로 전입 후 14일 이내에 신고해야 하며, 전입신고 익일에 대항력이 발생합니다.

② 주민센터 방문 신고 또는 정부24(www.gov.kr)에서 온라인 신고

6-2. 전세보증금 반환보증 가입

① 전세보증금 반환 관련 사고 발생 시, 보증회사에서 보증금 반환을 대신하여 책임지므로 안전합니다.

② 보증기관*에 문의하여 보증상품에 가입하세요.
  * 주택도시보증공사(HUG), 한국주택금융공사(HF), SGI서울보증 등

Part 4. 전세사기 피해 방지방안(국토교통부 발표)

■ 전세사기 피해 예방

① 전세사기는 계약주체 간 정보 비대칭에서 비롯되는 경우가 많다.

② 시장 스스로 이상매물을 찾아내는 기능이 부족하고, 임차인이 안심하고 계약할 수 있는 법적 안전망도 충분하지 않은 실정이다.

③ 이에 정부는 계약주체 간 정보격차를 해소하고, 안전한 거래환경을 조성하는 동시에 임차인의 법적 권리를 강화할 계획이다.

1. 임차인에게 폭넓은 정보가 제공됩니다.

1-1. 자가진단 안심전세 APP 구축

① 임차인이 전세계약을 체결할 때, 적정한 전세가나 임대인의 세금체납 여부 등에 대한 정보를 파악하지 못하는 정보 비대칭의 상황에 놓이게 되는 경우 전세사기의 위험은 높아지는데, 현재 임차인이 위험거래를 판단할 수 있는 정보가 여러 곳에 산재해 있고, 신축빌라의 시세 또는 보증금을 상습적으로 반환하지 않은 악성 임대인 명단 등은 정보 자체가 공개되지 않아 전세피해에 대해 대비하기 어려운 실정이다.

② 이에, 전세계약 시 임차인이 확인해야 할 주요 정보들을 모아 한 눈에 확인할 수 있도록 "자가진단 안심전세 App(가칭)"을 내년 1월에 출시한다.

③ 입주희망 주택의 적정 전세가와 매매가 수준에 대한 정보와 함께 악성 임대인 명단*, 임대보증 가입 여부, 불법·무허가 건축물 여부 등에 대한 정보도 제공될 예정이다.
   * 「주택도시기금법」 및 「민간임대주택법」 개정 필요

④ 또한, 청년·신혼부부 등 임대차 계약 경험이 적은 사회 초년생을 위해 임대차 계약 시 주의사항, 계약 이후 조치 필요사항과 같은 기초 정보들도 함께 제공할 계획이다.

1-2. 선순위 권리관계 확인권한 부여

① 현재 전셋집이 경매에 넘어갈 경우 임차인의 보증금보다 우선적으로 변제되는 체납 세금 등이 얼마인지 임대인의 협조 없이는 확인할 수 없어 불확실성이 큰 실정이다.

② 이에, 정부는 임대주택의 선순위 권리관계에 대한 정보를 임차인이 확인할 수 있도록 제도를 개선한다.
   - 임차인이 계약 이전에 임대인의 체납 사실이나 선순위 보증금 등의 정보를 확인할 수 있는 서류를 요청할 경우 임대인이 의무적으로 제공하도록 한다.
   - 계약 후에도 임차개시일 전까지 미납 국세·지방세 등의 정보를 임대인 동의 없이도 임차인이 확인할 수 있도록 제도를 개선할 계획이다.
   - 이외에도, 임차인에게 선순위 권리관계를 확인할 수 있는 권한이 있다는 것을 공인중개사가 임차인에게 의무적으로 설명하도록 하고, 임대차 표준계약서에도 반영한다.

2. 안전한 거래환경을 조성합니다.

2-1. 임대사업자 관리 강화

① 등록임대사업자는 지난해 8월부터 임대보증금 보증 가입이 의무화 되었음에도 여전히 가입하지 않은 임대사업자*가 있고, 가입한 경우에도 임차인은 임대인의 보증가입 여부를 확인하기가 어려웠다.
   * 제도 시행 이후 총 101호의 미가입 사례 적발, 과태료 최대 3,000만 원 부과

② 이에, 등록임대사업자가 보증가입을 신청하는 경우 임차인이 안심할 수 있도록 HUG가 임차인에게 즉시 통보하고, 임차인이 HUG홈페이지 또는 자가진단 안심전세 App을 통해 임대사업자의 보증가입 여부를 확인할 수 있도록 할 계획이다.

③ 아울러, 등록임대사업자의 보증가입 준수 여부도 상시 점검할 예정이다.

2-2. 공인중개사 등의 시장 감시기능 확대

① 그간 전세사기 의심매물이 시장에 나올 경우 공인중개사 등 시장 참여자들의 자발적인 신고가 미흡한 측면이 있었다.

② 이에 공인중개사 등이 전세사기 의심매물 등을 발견하여 지자체에 신고할 경우 포상금(예 : 50만원)을 지급할 수 있도록 제도를 마련할 계획이다.

2-3. 신축빌라 등에 대한 공정한 가격산정체계 마련

① 그간 신축빌라 등 시세를 확인하기 어려운 주택의 경우 HUG 보증에 가입할 때 집값을 실제보다 높게 부풀리는 방법 등으로 이른바 깡통전세 계약을 유도하는 사례가 많았다.

② 이에, 주택의 적정 시세가 반영될 수 있도록 믿을 만한 감정평가사를 추천받아 가격을 산정하고, 공시가 적용을 기존 150%에서 140%로 낮추는 등 주택가격 산정체계를 개선한다.

    * 공시가 적용비율은 현실화율(71.5%)을 고려하여 개선 (150% → 140%)하고, 의뢰인과 평가사 간 결탁이 없도록 감정평가 시 감정평가사협회 추천제 활용

2-4. 고전세가율 지역 관리

① 현재 아파트나 빌라 등의 전세가율 정보는 표본 추출 방식으로 공개하고 있으며, 빌라는 시·도 단위로만 공개되고 있어 임차인이 임대차 계약시 활용하기에 다소 미흡한 실정이다.

② 이에, 정부는 매월 실거래 정보를 기반으로 아파트와 빌라 등의 전세가율을 전국은 시·군·구 단위, 수도권은 읍·면·동 단위로 확대하여 공개하고, 보증사고 현황과 경매낙찰 현황도 시·군·구 단위로 제공할 방침이다.

③ 또한, 전세피해가 우려되는 지자체는 별도로 통보하고, 지자체와 중개사 등을 통해 이상거래 및 위험매물 등에 대한 점검을 실시하는 한편, 임대차 계약 시 확인해야 하는 주의사항 등을 핵심 체크리스트, 카드뉴스 등으로 배포하는 등 홍보도 병행할 계획이다.

3. 임차인의 법적 권리가 강화됩니다.

3-1. 최우선 변제금액 상향

① 현행 「주택임대차보호법령」을 통해 임차인이 담보설정 순위와 관계 없이 보증금 중 일정 금액을 우선 돌려받을 수 있도록 최우선변제금액 제도를 운영하고 있다.
   * 최우선변제금 : 서울(5천만원), 과밀억제권역(4.3천), 광역시(2.3천), 그 외(2천만원)

② 정부는 임대차 보증금 통계와 권역별 임대차 시장 현황 등 제반여건을 검토하여 올해 4분기에 최우선 변제금액 상향을 추진할 계획이다.

3-2. 임차인 대항력 보강

① 임차인의 대항력이 전입신고 다음 날 발생하는 점을 악용하여, 집주인이 임차인의 대항력 발생 전에 주택을 매도하거나 근저당을 설정하는 등 임차인 보증금 보호가 취약해지는 사례가 많았다.
   * 대항력은 현행법상 ㉠주택 인도(이사), ㉡전입신고를 모두 마친 다음 날부터 발생

② 이에, 임차인의 대항력 효력이 발생할 때까지 임대인이 매매나 근저당권 설정 등을 하지 않는다는 특약을 계약서에 명시하도록 주택임대차 표준계약서를 개선한다.

③ 아울러, 현재 집주인이 담보대출을 신청할 때 임대차 계약 사실을 알리지 않는 경우 은행이 확인하기 어렵고, 이에 따라 금융기관이 담보권을 대항력이 발생하기 전에 설정하는 경우 임차인은 보증금을 돌려받기 어려운 상황에 처하는 경우가 있었다.

④ 앞으로, 은행이 담보대출을 실행할 때 해당 물건의 확정일자 부여현황을 확인하고, 대항력이 발생하지 않은 임차인의 보증금까지 감안할 수 있도록 시중 주요은행과 협의할 계획이다.

■ 전세사기 피해 지원

전세사기에 대한 선제적 예방조치에도 불구하고 예기치 못 전세 피해가 발생할 수 있다는 점을 고려하여 피해자에 대한 촘촘한 지원도 병행할 계획이다.

1. 피해 회복을 위한 원스톱 서비스를 제공합니다.

① 전세사기 피해자는 대부분 일반인으로 전세사기를 당했을 때 적절한 대응방법을 알지 못해 신속한 피해회복에 어려움을 겪는 경우가 많다.

② 이에 '전세피해 지원센터'를 설치하여, 전세사기 피해자를 대상으로 금융서비스, 임시거처 마련, 임대주택 입주, 법률상담 안내 등을 원스톱으로 제공한다.

③ 시범센터를 설치한 후 HUG 지사나 주거복지센터 등 지역거점을 활용하여 단계적으로 확대해나갈 계획이다.

2. 돌려받지 못한 보증금을 대신할 자금을 지원합니다.

2-1. 저리 긴급 자금 대출

① 전세사기로 인해 목돈을 잃어버린 피해자는 새로운 거처를 마련하기 위한 자금이 간절하다.

② 이를 고려하여 내년부터 주택도시기금을 활용해 전세사기 피해 임차인을 대상으로 1%대 초저리 자금대출을 지원한다.
   * (대출한도) 가구당 1.6억원, (금리) 연 1%대 수준, (기간) 최대 10년 등

2-2. 전세보증금 반환보증 가입 지원

① 전세피해가 발생한 경우 보증금을 대신할 수 있도록 HUG 보증상품을 제공하고 있으나 보증료 부담 등으로 가입률은 저조한 상황('21년 기준 18%)이다

② 이에, 전세사기에 특히 취약한 청년과 신혼부부 등을 대상으로 보증료를 추가 지원하여 보증 가입을 유도할 계획이다.

3. 당장 살 곳이 없는 경우 긴급 거처를 제공합니다.

① 전세사기 피해자는 자금 확보와 적정 거주지 물색 등 새로운 거처를 구하기까지 상당한 시간이 소요되어 주거 불안에 노출된다.

② 이에, HUG가 강제관리 중인 주택 등을 시세의 30% 이하로 임시거처로 사용할 수 있도록 제공하여 임차인의 긴급 주거불안을 해소한다.

■ 전세사기 단속·처벌 강화

악의적인 전세사기가 더 이상 시장에 발 붙이지 못하도록 단속과 처벌을 강화한다.

1. 전세사기 단속이 강화됩니다.

① 전세사기 범죄가 점차 조직화, 지능화되고 있으나, 효과적인 수사와 단속을 위한 범정부적인 공조체계는 부족했다.

② 이에, 국토부와 경찰청은 지난 7월부터 긴밀히 공조하여 '전세사기 특별단속'을 실시하고 있다.

③ 국토부는 이미 약 1만4천 건의 전세사기 의심자료를 경찰청에 제공(8.24)하였고, 경찰청은 이를 바탕으로 수사에 박차를 가하고 있다.

④ 앞으로도 분기별 자료제공, 단속·수사 진행방식 고도화 등 상시적 공조체계를 구축하여 전세사기 근절에 총력을 다할 계획이며, 9월 중에는 '전세피해 지원센터' 개소식과 연계하여 기관 간 MoU도 체결할 예정이다.

2. 관련자는 엄중히 처벌합니다.

① 전세사기를 공모한 임대사업자나 공인중개사·감정평가사 등 관련자에 대한 처벌근거가 「형법」상 사기죄 등에 국한되어 경각심을 고취시키는데 한계가 있고, 부정이익을 환수하는 시스템도 미흡한 상황이다.

② 앞으로는 전세사기에 연루된 임대사업자는 사업자 등록을 불허하고, 기존에 등록된 사업자의 경우 등록을 말소하는 등 벌칙을 강화한다.

③ 또한, 공인중개사, 감정평가사 등 자격사들을 대상으로도 결격사유 적용기간과 자격 취소 대상행위를 확대하는 등 처벌을 강화한다.

④ 아울러, 부정 이익을 빈틈 없이 회수하기 위해 악성 채무자로부터 채권을 집중적으로 회수하기 위한 HUG 내 전담조직도 운영한다.

⑤ 정부는 관계부처 합동으로 마련한 이번 「전세사기 피해 방지방안」을 토대로, 전세사기 범죄로부터 임차인의 재산을 보호하고 주거안정을 지원

하기 위해 최선을 다할 계획이다.

⑥ 전세피해 지원센터를 개소하고 국토부와 경찰청 간 업무 양해각서 (MoU)를 체결하는 것을 시작으로, 대책에 담긴 세부 과제들을 차질없이 이행해 나간다는 방침이다.

⑦ 대부분의 과제는 연내 이행하는 것을 목표로 하고, 법률 개정이 필요한 과제들은 늦어도 내년까지는 시행될 수 있도록 국회와 긴밀히 협의해 나갈 계획이다.

⑧ 국토교통부 장관은 "정부는 전세사기를 확실하게 뿌리 뽑기 위해 피해를 미리 예방하고, 부득이하게 발생한 피해는 신속하게 구제하는 한편, 범죄자에 대해서는 일벌백계한다는 원칙 하에 금번 대책을 마련하였다"고 밝혔다.

⑨ 또한, "청년층이나 서민들에게 전세자금은 전 재산이나 다름 없다"고 하면서, "더 이상 전세사기 범죄로 가정이 망가지는 비극이 일어나지 않도록 정부가 가진 모든 역량을 동원하겠다"고 밝혔다.

부록 : 관련법령

- 전세사기피해자 지원 및 주거안정에 관한 특별법
- 전세사기피해자 지원 및 주거안정에 관한 특별법 시행규칙

전세사기피해자 지원 및 주거안정에 관한 특별법
(약칭: 전세사기피해자법)

[시행 2023. 7. 2.] [법률 제19425호, 2023. 6. 1., 제정]

제1장 총칙

제1조(목적) 이 법은 전세사기로 피해를 입은 임차인에게 경·공매 절차 및 조세 징수 등에 관한 특례를 부여함으로써 전세사기피해자를 지원하고 주거안정을 도모함을 목적으로 한다.

제2조(정의) 이 법에서 사용하는 용어의 정의는 다음과 같다.

1. "주택"이란 「주택임대차보호법」 제2조에 따른 주거용 건물(공부상 주거용 건물이 아니라도 임대차계약 체결 당시 임대차목적물의 구조와 실질이 주거용 건물이고 임차인의 실제 용도가 주거용인 경우를 포함한다)을 말한다.
2. "임대인등"이란 임대인 또는 다음 각 목의 어느 하나에 해당하는 자를 말한다.
   가. 임대인의 대리인, 그 밖에 임대인을 위하여 주택의 임대에 관하여 업무를 처리하는 자
   나. 임대인의 의뢰를 받은 공인중개사(중개보조인을 포함한다)
   다. 임대인을 위하여 임차인을 모집하는 자(그 피고용인을 포함한다)
   라. 다수 임대인의 배후에 있는 동일인
   마. 라목의 동일인이 지배하거나 경제적 이익을 공유하는 조직
   바. 라목의 동일인이나 마목의 조직을 배후에 둔 다수의 임대인
3. "전세사기피해자"란 제3조의 요건을 모두 갖춘 자로서 제6조에 따른 전세사기피해지원위원회의 심의·의결을 거쳐 국토교통부장관이 결정한 임차인을 말한다.
4. "전세사기피해자등"이란 다음 각 목의 어느 하나에 해당하는 자를 말한다.
   가. 전세사기피해자
   나. 제3조제1항제1호·제3호 및 제4호의 요건을 모두 충족하는 임차인(같은 조 제2항 각 호의 어느 하나에 해당하는 경우는 제외한다)
   다. 제3조제1항제2호 및 제4호의 요건을 모두 충족하는 임차인으로서 임차주택(적법한 임대권한을 가지지 아니한 자와 임대차계약이 체결된 주택을 포함한다)을 인도(인도받았던 경우를 포함한다)받고, 「주민등록법」 제16조에 따라 전입신고를 하였으며, 그 임대차계약증서상의 확정일자를 받은 자(제3조제2항 각 호의 어느 하나에 해당하는 경우는 제외한다)
5. "전세사기피해주택"이란 전세사기피해자가 임차인인 임대차계약의 목적물인 주택(「주택임대차보호법」 제3조의3에 따라 임대차가 끝난 후 임차권등기를 마친 주택도 포함한다)을 말한다.

제3조(전세사기피해자의 요건) ① 제14조에 따라 전세사기피해자로 결정받고자 하는 임차인(자연인에 한정한다. 이하 같다)은 다음 각 호의 요건을 모두 갖추어야 한다.

다만, 경매 또는 공매 절차가 완료된 임차인의 경우에는 제1호 및 제3호의 요건은 제외한다.

    1. 「주택임대차보호법」 제3조에 따라 주택의 인도와 주민등록을 마치고(이 경우 전입신고를 한 때 주민등록을 한 것으로 본다) 같은 법 제3조의2제2항에 따라 임대차계약증서상의 확정일자(이하 "확정일자"라 한다)를 갖출 것(「주택임대차보호법」 제3조의3에 따른 임차권등기를 마친 경우도 포함한다)

    2. 임차인의 임차보증금이 3억원 이하일 것. 다만, 임차보증금의 상한액은 제6조에 따른 전세사기피해지원위원회가 시·도별 여건 및 피해자의 여건 등을 고려하여 2억원의 범위에서 상향 조정할 수 있다.

    3. 임대인의 파산 또는 회생절차 개시, 임차주택의 경매 또는 공매절차의 개시(국세 또는 지방세의 체납으로 인하여 임차주택이 압류된 경우도 포함한다), 임차인의 집행권원 확보 등에 해당하여 다수의 임차인에게 임차보증금반환채권의 변제를 받지 못하는 피해가 발생하였거나 발생할 것이 예상될 것

    4. 임대인등에 대한 수사 개시, 임대인등의 기망, 임차보증금을 반환할 능력이 없는 자에 대한 임차주택의 양도 또는 임차보증금을 반환할 능력 없이 다수의 주택 취득·임대 등 임대인이 임차보증금반환채무를 이행하지 아니할 의도가 있었다고 의심할 만한 상당한 이유가 있을 것

② 다음 각 호의 어느 하나에 해당하는 경우는 제1항의 적용대상에서 제외한다.

    1. 임차인이 임차보증금 반환을 위한 보증 또는 보험에 가입하였거나 임대인이 임차보증금 반환을 위한 보증에 가입하여 임차인에게 보증금의 전액 반환이 가능한 경우

    2. 임차인의 보증금 전액이 최우선변제가 가능한 「주택임대차보호법」 제8조제1항에 따른 보증금 중 일정액에 해당하는 경우

    3. 임차인이 「주택임대차보호법」에 따라 대항력 또는 우선변제권 행사를 통하여 보증금 전액을 자력으로 회수할 수 있다고 판단되는 경우

제4조(임차인보호대책의 수립) 국가 및 지방자치단체는 전세사기피해자 지원을 위하여 다음 각 호의 보호대책을 수립하여야 한다.

    1. 피해사실의 조사에 필요한 대책

    2. 전세사기피해주택의 매입 대책

    3. 전세사기피해자에 대한 법률상담지원 대책

    4. 전세사기피해자에 대한 금융지원 대책

    5. 전세사기피해자에 대한 주거지원 대책

    6. 그 밖에 임차인 보호를 위하여 제6조에 따른 전세사기피해지원위원회가 필요하다고 인정하는 대책

제5조(다른 법률과의 관계) 이 법은 전세사기피해자의 피해 및 주거안정 지원에 관하여 다른 법률에 우선하여 적용한다.

제2장 전세사기피해지원위원회 등

제6조(전세사기피해지원위원회) ① 제14조에 따른 전세사기피해자등 결정에 관한 심의

와 그 밖에 전세사기피해지원에 관한 중요 사항을 심의하기 위하여 국토교통부에 전세사기피해지원위원회(이하 "위원회"라 한다)를 둔다.

② 위원회는 다음 각 호의 사항을 심의·의결한다.
1. 제14조 및 제15조에 따른 전세사기피해자등 결정
2. 제17조에 따른 경매의 유예·정지, 제18조 및 제19조에 따른 압류주택의 매각 유예·정지 등에 관한 협조 요청
3. 전세사기피해지원 정책에 관한 사항
4. 그 밖에 전세사기피해지원에 관한 중요한 사항으로서 국토교통부장관이 회의에 부치는 사항

③ 위원회는 위원장 1명을 포함한 30명 이내의 위원으로 구성한다.

④ 위원은 다음 각 호의 어느 하나에 해당하는 사람 중에서 국토교통부장관이 임명하거나 위촉하되, 제5호부터 제9호까지에 해당하는 위원을 각각 1명 이상 임명하여야 한다.
1. 판사·검사·변호사의 직에 5년 이상 재직한 사람
2. 법학·경제학 또는 부동산학 등을 전공하고 주택임대차 관련 전문지식을 갖춘 사람으로서 공인된 연구기관에서 조교수 이상 또는 이에 상당하는 직에 5년 이상 재직한 사람
3. 법무사·감정평가사·공인회계사·세무사 또는 공인중개사로서 해당 분야에서 5년 이상 종사하고 주택임대차 관련 경험이 풍부한 사람
4. 주거복지·소비자보호 등 공익적 분야에 관한 학식과 경험이 풍부한 사람 중에서 해당 분야에서 5년 이상 종사한 경력이 있는 사람
5. 기획재정부에서 국세 관련 업무를 담당하는 고위공무원단에 속하는 공무원
6. 법무부에서 주택임대차 관련 업무를 담당하는 고위공무원단에 속하는 공무원
7. 행정안전부에서 지방세 관련 업무를 담당하는 고위공무원단에 속하는 공무원
8. 국토교통부에서 전세사기피해지원 관련 업무를 담당하는 고위공무원단에 속하는 공무원
9. 금융위원회에서 가계대출 관련 업무를 담당하는 고위공무원단에 속하는 공무원
10. 그 밖에 전세사기피해지원에 관한 전문지식과 경험이 풍부한 사람으로서 국토교통부장관이 필요하다고 인정하는 사람

⑤ 위원회의 위원장은 제4항제1호부터 제4호까지에 따른 위원 중 해당 경력이 10년 이상인 사람 중에서 국토교통부장관이 위촉한다.

⑥ 위원의 임기는 2년으로 한다. 다만, 공무원인 위원의 임기는 그 직위에 재직하는 기간으로 한다.

⑦ 위원회의 회의는 구성원 과반수의 출석과 출석위원 과반수의 찬성으로 의결한다. 이 경우 공무원인 위원이 부득이한 사유로 위원회의 회의에 출석하지 못할 때에는 그 바로 하위 직위에 있는 공무원이 대리로 출석하여 그 직무를 대행할 수 있다.

⑧ 제7항에도 불구하고 위원장은 심의안건의 내용이 경미하거나 그 밖에 부득이한 경우에는 서면으로 심의·의결할 수 있다.

⑨ 위원회는 업무를 효율적으로 수행하기 위하여 필요한 경우 임차인, 임대인등, 이해관계인, 참고인, 관계 행정기관, 공공기관, 법인·단체 또는 전문가에게 자료제출, 의견진술 등의 필요한 협조를 요청할 수 있다.

⑩ 위원장은 위원회의 심의·의결에 필요하다고 인정하면 관계 행정기관의 공무원, 전문가 등을 위원회 회의에 참석하게 하여 의견을 들을 수 있다.

⑪ 위원회에 출석한 위원, 참고인 및 의견을 제출한 전문가 등에게는 예산의 범위에서 수당과 여비를 지급할 수 있다. 다만, 공무원이 그 소관 업무와 직접적으로 관련하여 위원회에 출석하는 경우에는 그러하지 아니하다.

⑫ 그 밖에 위원회의 조직과 운영에 필요한 사항은 국토교통부장관이 정한다.

제7조(위원의 결격사유) ① 다음 각 호의 어느 하나에 해당하는 사람은 위원이 될 수 없다.

1. 피성년후견인, 피한정후견인 또는 파산선고를 받고 복권되지 아니한 사람
2. 금고 이상의 실형을 선고받고 그 집행이 종료되거나(집행이 종료된 것으로 보는 경우를 포함한다) 집행이 면제된 날부터 2년이 지나지 아니한 사람
3. 금고 이상의 형의 집행유예를 선고받고 그 유예기간 중에 있는 사람
4. 벌금형을 선고받고 2년이 지나지 아니한 사람
5. 법원의 판결 또는 다른 법률에 따라 자격이 상실되거나 정지된 사람

② 위원이 제1항 각 호의 어느 하나에 해당하게 된 때에는 당연히 퇴직한다.

제8조(위원의 제척·기피·회피) ① 위원은 본인 또는 그 배우자나 배우자이었던 자가 제12조에 따라 전세사기피해자등 결정을 신청한 임차인 또는 해당 임차인의 임대인 등과 친족(「민법」 제777조에 따른 친족을 말한다) 관계에 있거나 있었던 경우에는 제14조에 따른 전세사기피해자등 결정과 관련된 사항의 심의·의결에서 제척된다.

② 임차인, 임대인등 또는 이해관계인은 위원에게 공정한 심리·의결을 기대하기 어려운 사정이 있는 경우에는 그 사유를 적어 기피 신청을 할 수 있다. 이 경우 위원장은 기피 신청에 대하여 위원회의 의결을 거치지 아니하고 기피 여부를 결정한다.

③ 위원이 제1항 또는 제2항의 사유에 해당할 때에는 스스로 해당 심의 대상 안건의 심의를 회피할 수 있다.

제9조(분과위원회) ① 다음 각 호의 사항을 효율적으로 심의·의결하기 위하여 위원회에 분과위원회를 둘 수 있다.

1. 제14조 및 제15조에 따른 전세사기피해자등 결정
2. 제17조에 따른 경매의 유예·정지, 제18조 및 제19조에 따른 압류주택의 매각 유예·정지 등에 관한 협조 요청
3. 위원회에서 위임한 사항

② 분과위원회는 분과위원장 1명을 포함하여 4명 이상 10명 이하의 위원으로 구성한다.

③ 분과위원장과 분과위원은 위원회 위원 중에서 위원장이 지명한다.

④ 제1항제1호에 관하여 분과위원회가 심의·의결한 사항은 위원회에 의결을 요청하여야 하며, 이 경우 분과위원회의 의견을 첨부하여야 한다.

⑤ 제1항제2호 및 제3호에 대한 분과위원회의 의결은 위원회의 의결로 보며, 분과위원장은 회의의 결과를 위원회에 보고하여야 한다.

⑥ 분과위원회의 심의·의결 등 회의에 관하여는 제6조제7항부터 제11항까지 및 제8조를 준용한다. 이 경우 "위원회"는 "분과위원회"로, "위원장"은 "분과위원장"으로 본다.

제10조(전세사기피해지원단) ① 전세사기피해지원 정책의 수립 및 전세사기피해자등 결정 등 위원회의 사무를 지원하기 위하여 국토교통부에 전세사기피해지원단(이하 "지원단"이라 한다)을 설치한다.

② 국토교통부장관은 지원단의 원활한 업무수행을 위하여 필요한 때에는 관계 중앙행정기관의 장, 지방자치단체의 장, 관계기관·법인·단체 등에 소속 공무원 또는 임직원의 파견을 요청할 수 있다.

③ 그 밖에 지원단의 구성 및 운영 등에 필요한 사항은 대통령령으로 정한다.

제11조(전세피해지원센터) ① 다음 각 호의 자는 전세사기피해자등(제12조에 따라 전세사기피해자등 결정을 신청하려는 자를 포함한다)에 대하여 법률상담 및 금융·주거지원의 연계 등을 수행하기 위하여 전세피해지원센터(이하 "전세피해지원센터"라 한다)를 설치·운영할 수 있다.

　1. 국가 또는 지방자치단체
　2. 「공공기관의 운영에 관한 법률」 제4조에 따른 공공기관
　3. 「지방공기업법」에 따른 지방공사
　4. 그 밖에 제1호부터 제3호까지에 준하는 자로서 대통령령으로 정하는 자

② 국토교통부령으로 정하는 주택의 임차인은 제3조제1항 각 호의 요건에 해당하는지 여부와 관계없이 전세피해지원센터에 법률상담 및 금융·주거지원의 연계 등을 신청할 수 있다.

③ 그 밖에 전세피해지원센터의 설치·운영 등에 필요한 사항은 국토교통부령으로 정한다.

제3장 전세사기피해자등 결정

제12조(임차인의 신청) ① 제14조에 따른 전세사기피해자등 결정을 받으려는 임차인은 국토교통부장관에게 신청하여야 한다.

② 그 밖에 전세사기피해자등 결정의 신청 방법 및 절차 등에 필요한 사항은 국토교통부령으로 정한다.

제13조(피해사실의 조사) ① 국토교통부장관은 제12조제1항에 따른 신청이 있는 경우 제14조에 따른 전세사기피해자등 결정 등을 위하여 임차주택의 가격 및 실태, 임차주택의 권리관계, 임대인의 채무 등 필요한 정보나 자료를 조사할 수 있다.

② 국토교통부장관은 제1항의 조사를 수행하는 경우 다음 각 호의 어느 하나에 해당하는 조치를 할 수 있다.

　1. 임차인, 임대인등, 이해관계인 및 참고인에 대한 진술서 제출 요구
　2. 임차인, 임대인등, 이해관계인 및 참고인에 대한 관련 자료 제출 요구

③ 국토교통부장관은 제1항에 따른 조사를 위하여 필요한 경우에는 다음 각 호의 구분에

따라 국가기관, 공공기관, 금융기관 등에 대하여 자료 또는 정보의 제공을 요청할 수 있다. 이 경우 요청을 받은 기관의 장은 정당한 사유가 없으면 이에 따라야 한다.

1. 주택 매각 절차의 현황 및 권리관계: 법원, 「한국자산관리공사 설립 등에 관한 법률」 제6조에 따라 설립된 한국자산관리공사(이하 "한국자산관리공사"라 한다)
2. 임대인이 보유한 주택 등의 소유 현황: 법원, 국토교통부(제29조제1항에 따라 국토교통부장관의 권한을 위임받은 특별시장·광역시장·특별자치시장·도지사·특별자치도지사가 자료 또는 정보의 제공을 요청하는 경우에 한정한다. 이하 이 항에서 같다)
3. 임대인이 임대한 주택에 대한 「주택임대차보호법」 제3조의6제3항 및 제6항에 따른 확정일자 정보: 국토교통부
4. 임대인등의 「부동산 거래신고 등에 관한 법률」 제3조 및 제3조의2에 따른 부동산 거래, 해제등 신고 내역: 국토교통부
5. 「부동산 거래신고 등에 관한 법률」 제6조의2 및 제6조의3에 따른 주택 임대차계약의 신고 내역, 변경 및 해제 신고 내역: 국토교통부
6. 임대인의 미지급 임금 등의 사항: 「산업재해보상보험법」에 따른 근로복지공단
7. 임대인에게 부과되거나 납부의무가 발생한 국세 및 지방세의 부과·징수·납부에 관한 사항: 국세청, 지방자치단체, 행정안전부
8. 임대인의 산업재해보상보험료, 고용보험료, 국민연금보험료, 국민건강보험료 등의 부과·징수·납부에 관한 사항: 「산업재해보상보험법」에 따른 근로복지공단, 「국민연금법」에 따른 국민연금공단, 「국민건강보험법」에 따른 국민건강보험공단
9. 금융기관 등의 보전처분, 압류, 저당권 등 담보권의 설정 관련 권리관계: 「금융산업의 구조개선에 관한 법률」에 따른 금융기관, 「예금자보호법」에 따른 부보금융회사 및 예금보험공사, 「한국자산관리공사 설립 등에 관한 법률」에 따른 금융회사등 및 한국자산관리공사, 「대부업 등의 등록 및 금융이용자 보호에 관한 법률」에 따른 대부업자·대부중개업자 및 그 밖의 대통령령으로 정하는 법률에 따라 금융업무 등을 하는 기관
10. 임대인등에 대한 수사 개시 여부 및 피해자 현황: 검찰청, 경찰청
11. 임차인 및 임대인의 전세보증금반환보증 등 가입 여부: 「주택도시기금법」 제16조에 따른 주택도시보증공사(이하 "주택도시보증공사"라 한다), 「한국주택금융공사법」에 따른 한국주택금융공사, 서울보증보험
12. 그 밖에 임차인의 임차보증금 피해조사를 위하여 필요한 국토교통부령으로 정하는 자료 및 정보: 관련 국가기관, 공공기관, 금융기관 등

④ 제3항에 따라 제공되는 자료 또는 정보에 대하여는 사용료와 수수료 등을 면제한다.

⑤ 국토교통부장관은 제12조제1항에 따른 신청을 받은 날부터 30일 이내에 제1항에 따른 조사를 마쳐야 한다.

⑥ 그 밖에 피해사실의 조사 방법 및 절차 등에 필요한 사항은 국토교통부령으로 정한다.

제14조(전세사기피해자등 결정) ① 국토교통부장관은 제13조제1항에 따른 조사를 마치면 다음 각 호의 자료를 첨부하여 위원회에 심의를 요청하여야 한다.

1. 제13조에 따른 피해사실의 조사 결과
2. 전세사기피해자등 결정 여부에 대한 검토의견
3. 그 밖에 위원회의 심의에 필요한 자료

② 위원회는 신청인이 제3조의 요건 등을 충족하였는지 판단하여 전세사기피해자등 결정안을 심의·의결하여야 한다.

③ 위원회는 안건이 상정된 날부터 30일 이내에 제2항에 따른 심의·의결을 마쳐야 한다. 다만, 이 기간 내에 심의를 마칠 수 없는 부득이한 사유가 있는 경우에는 15일 이내의 범위에서 한 차례만 그 기간을 연장할 수 있다.

④ 국토교통부장관은 위원회의 심의를 위하여 필요하다고 인정하는 경우 조사를 추가로 실시할 수 있다. 추가 조사에 관하여는 제13조제1항부터 제4항까지 및 같은 조 제6항을 준용한다.

⑤ 국토교통부장관은 위원회의 심의·의결에 따라 전세사기피해자등 결정을 하여야 한다.

⑥ 국토교통부장관은 결정문 정본을 국토교통부령으로 정하는 바에 따라 신청인에게 송달하여야 한다.

⑦ 국토교통부장관은 전세사기피해자등이 동의한 경우 법원행정처장, 관계 중앙행정기관의 장, 지방자치단체의 장, 공공기관의 장 등 피해지원과 관련된 기관에 전세사기피해자등의 정보를 제공할 수 있다.

⑧ 국토교통부장관은 결정의 실효성을 확보하기 위하여 필요하다고 인정하는 경우에는 위원회에 제6조제2항제2호의 심의를 요청할 수 있다.

⑨ 그 밖에 전세사기피해자등 결정의 방법 및 절차 등에 필요한 사항은 국토교통부령으로 정한다.

제15조(이의신청) ① 제14조에 따른 전세사기피해자등 결정에 관하여 이의가 있는 신청인은 결정을 송달받은 날부터 30일 이내에 국토교통부장관에게 이의를 신청할 수 있다.

② 국토교통부장관은 제1항에 따른 이의신청을 받은 날부터 20일 이내에 결정하여야 한다. 이 경우 국토교통부장관은 위원회에 재심의를 요청하고, 위원회가 재심의하여 의결한 전세사기피해자등 결정안에 따라 전세사기피해자등 결정을 하여야 한다.

③ 제2항에 따른 재심의에 관하여는 제14조제2항·제4항 및 제6항부터 제9항까지를 준용한다.

④ 제1항부터 제3항까지에서 규정한 사항 외에 이의신청에 관한 사항은 「행정기본법」 제36조에 따른다.

제16조(정보체계의 구축·운용 등) ① 국토교통부장관은 제14조에 따른 전세사기피해자등 결정 및 지원에 관한 업무를 효율적으로 수행하기 위하여 정보체계를 구축·운용할 수 있다.

② 국토교통부장관은 정보체계의 운용을 위하여 필요한 경우 관계 기관에 자료의 제공을 요청할 수 있다. 이 경우 요청을 받은 기관은 정당한 사유가 없으면 이에 따라야 한다.

③ 제1항에 따른 정보체계는 「부동산 거래신고 등에 관한 법률」 제25조에 따른 부동산정보체계와 전자적으로 연계하여 활용할 수 있다.

④ 그 밖에 정보체계의 구축·운용 등에 필요한 사항은 국토교통부장관이 정한다.

제4장 전세사기피해자등 지원

제17조(경매의 유예·정지) ① 전세사기피해주택에 대하여 「민사집행법」 제78조 또는 같은 법 제264조에 따른 경매절차가 진행 중인 경우 전세사기피해자는 법원에 매각기일의 지정을 보류하거나 지정된 매각기일의 취소 및 변경 등 경매절차의 유예·정지(이하 "경매유예등"이라 한다)를 신청할 수 있다.

② 위원회가 제6조제2항제2호에 관한 사항을 심의·의결한 경우 국토교통부장관은 법원에 경매유예등의 협조를 요청할 수 있다.

③ 법원은 「민사집행법」 제104조에도 불구하고 제1항에 따른 신청이나 제2항에 따른 요청이 있고, 전세사기피해자(제12조에 따라 전세사기피해자등 결정을 신청한 자를 포함한다)가 임차보증금을 반환받지 못하여 생계나 주거안정에 지장을 줄 것이 우려되는 경우에는 채권자 및 채무자의 생활형편 등을 고려하여 경매유예등을 결정할 수 있다.

④ 제3항에 따른 경매유예등의 기간은 그 유예 또는 정지한 날의 다음 날부터 1년 이내로 한다. 다만, 법원은 제3항에 따른 경매유예등의 사유가 해소되지 아니하였다고 인정되는 경우 직권으로 또는 전세사기피해자의 신청을 받아 그 기간을 연장할 수 있다.

제18조(국세의 체납으로 인하여 압류된 주택의 매각 유예·정지) ① 전세사기피해자는 전세사기피해주택이 「국세징수법」 제31조에 따라 압류되었거나 같은 법 제64조에 따른 매각절차가 진행 중인 경우 매각결정기일 전까지 관할 세무서장에게 매각절차의 유예 또는 정지(이하 이 조에서 "매각유예등"이라 한다)를 신청할 수 있다.

② 위원회가 제6조제2항제2호에 관한 사항을 심의·의결한 경우 국토교통부장관은 관할 세무서장에게 매각유예등에 대한 협조를 요청할 수 있다.

③ 관할 세무서장은 「국세징수법」 제88조제2항 및 같은 법 제105조제1항에도 불구하고 제1항에 따른 신청이나 제2항에 따른 요청이 있고, 전세사기피해자(제12조에 따라 전세사기피해자등 결정을 신청한 자를 포함한다)가 임차보증금을 반환받지 못하여 생계나 주거안정에 지장을 줄 것이 우려되는 경우에는 채권자 및 채무자의 생활형편 등을 고려하여 매각유예등을 할 수 있다.

④ 제3항에 따른 매각유예등의 기간은 그 유예 또는 정지한 날의 다음 날부터 1년 이내로 한다. 다만, 관할 세무서장은 제3항에 따른 매각유예등의 사유가 해소되지 아니하였다고 인정되는 경우 직권으로 또는 전세사기피해자의 신청을 받아 그 기간을 연장할 수 있다.

제19조(지방세의 체납으로 인하여 압류된 주택의 매각 유예·중지) ① 전세사기피해자는 전세사기피해주택이 「지방세징수법」 제33조에 따라 압류되었거나 같은 법 제71조에 따른 매각절차가 진행 중인 경우 매각결정기일 전까지 지방자치단체의 장에게 매각절

차의 유예 또는 중지(이하 이 조에서 "매각유예등"이라 한다)를 신청할 수 있다.

② 위원회가 제6조제2항제2호에 관한 사항을 심의·의결한 경우 국토교통부장관은 지방자치단체의 장에게 매각유예등에 대한 협조를 요청할 수 있다.

③ 지방자치단체의 장은 「지방세징수법」 제83조제1항 및 같은 법 제105조제1항에도 불구하고 제1항에 따른 신청이나 제2항에 따른 요청이 있고, 전세사기피해자(제12조에 따라 전세사기피해자등 결정을 신청한 자를 포함한다)가 임차보증금을 반환받지 못하여 생계나 주거안정에 지장을 줄 것이 우려되는 경우에는 채권자 및 채무자의 생활형편 등을 고려하여 매각유예등을 할 수 있다.

④ 제3항에 따른 매각유예등의 기간은 그 유예 또는 중지한 날의 다음 날부터 1년 이내로 한다. 다만, 지방자치단체의 장은 제3항에 따른 매각유예등의 사유가 해소되지 아니하였다고 인정되는 경우 직권으로 또는 전세사기피해자의 신청을 받아 그 기간을 연장할 수 있다.

제20조(경매절차에서의 우선매수권) ① 전세사기피해주택을 「민사집행법」에 따라 경매하는 경우 전세사기피해자는 매각기일까지 같은 법 제113조에 따른 보증을 제공하고 최고매수신고가격과 같은 가격으로 우선매수하겠다는 신고를 할 수 있다.

② 제1항의 경우에 법원은 최고가매수신고가 있더라도 제1항의 전세사기피해자에게 매각을 허가하여야 한다.

③ 제1항에 따라 전세사기피해자가 우선매수신고를 한 경우에는 최고가매수신고인을 「민사집행법」 제114조에 따른 차순위매수신고인으로 본다.

제21조(「국세징수법」에 따른 공매절차에서의 우선매수권) ① 전세사기피해주택이 「국세징수법」에 따라 공매되는 경우 전세사기피해자는 매각결정기일 전까지 같은 법 제71조에 따른 공매보증을 제공하고 다음 각 호의 구분에 따른 가격으로 그 주택을 우선매수하겠다는 신청을 할 수 있다.

1. 「국세징수법」 제82조에 따른 최고가 매수신청인이 있는 경우: 최고가 매수가격
2. 「국세징수법」 제82조에 따른 최고가 매수신청인이 없는 경우: 공매예정가격

② 관할 세무서장은 제1항에 따른 우선매수 신청이 있는 경우 「국세징수법」 제84조에도 불구하고 전세사기피해자에게 매각결정을 하여야 한다.

③ 제1항에 따라 전세사기피해자가 우선매수 신청을 한 경우 「국세징수법」 제82조에 따른 최고가 매수신청인을 같은 법 제83조에 따른 차순위 매수신청인으로 본다.

제22조(「지방세징수법」에 따른 공매절차에서의 우선매수권) ① 전세사기피해주택이 「지방세징수법」에 따라 공매되는 경우 전세사기피해자는 매각결정기일 전까지 같은 법 제76조에 따른 공매보증금을 제공하고 다음 각 호의 구분에 따른 가격으로 그 주택을 우선매수하겠다는 신청을 할 수 있다.

1. 「지방세징수법」 제88조에 따른 최고액 입찰자가 있는 경우: 최고액 입찰가
2. 「지방세징수법」 제88조에 따른 최고액 입찰자가 없는 경우: 매각예정가격

② 지방자치단체의 장은 제1항에 따른 우선매수 신청이 있는 경우 「지방세징수법」 제92조에도 불구하고 전세사기피해자에게 매각결정을 하여야 한다.

③ 제1항에 따라 전세사기피해자가 우선매수 신청을 한 경우 「지방세징수법」 제88조에 따른 최고액 입찰자를 같은 법 제90조에 따른 차순위 매수신고자로 본다.

제23조(국세의 우선 징수에 대한 특례) ① 관할 세무서장은 국세의 강제징수 또는 경매 절차 등을 통하여 임대인의 국세를 징수하려 할 때 다음 각 호의 요건을 모두 충족하는 경우에는 해당 임대인의 국세를 「국세기본법」 제35조제1항에도 불구하고 대통령령으로 정하는 기준에 따라 해당 임대인이 보유한 모든 주택에 각각의 가격비율에 따라 안분하여 징수할 수 있다. 이 경우 안분된 국세의 우선권은 「국세기본법」에 따른다.

　1. 임대인이 2개 이상의 주택을 보유하고 있을 것

　2. 제1호의 주택의 전부 또는 일부에 대하여 전세사기피해자 또는 제2조제4호나목에 따른 임차인의 임차권에 의하여 담보된 임차보증금반환채권 또는 「주택임대차보호법」 제2조에 따른 주거용 건물에 설정된 전세권에 의하여 담보된 채권보다 우선징수가 가능한 국세가 존재할 것

　3. 전세사기피해자 또는 제2조제4호나목에 따른 임차인의 제3항에 따른 안분 적용 신청이 있을 것

② 제1항에 따라 안분하는 국세에는 「국세기본법」 제35조제3항에 따른 해당 재산에 대하여 부과된 국세는 제외한다.

③ 제1항에 따른 국세의 안분을 적용받으려는 전세사기피해자 또는 제2조제4호나목에 따른 임차인은 관할 세무서장, 경매 등을 주관하는 법원 또는 공매를 대행하는 한국자산관리공사에 안분 적용을 신청하여야 한다. 이 경우 안분 적용 신청을 받은 법원 또는 한국자산관리공사는 그 신청사실을 즉시 관할 세무서장에게 통지하여야 한다.

④ 국세청장은 제1항에 따른 안분을 하기 위하여 필요한 경우 법원행정처장 또는 국토교통부장관에게 임대인에 대한 정보 및 임대인이 보유한 주택현황에 대한 정보를 요구할 수 있다.

⑤ 그 밖에 국세의 안분 방법, 신청 등에 필요한 사항은 대통령령으로 정한다.

제24조(지방세의 우선 징수에 대한 특례) ① 지방자치단체의 장은 지방세의 체납처분 또는 경매 절차 등을 통하여 임대인의 지방세(가산금을 포함한다. 이하 이 조에서 같다)를 징수하려 할 때 다음 각 호의 요건을 모두 충족하는 경우에는 해당 임대인의 지방세를 「지방세기본법」 제71조제1항에도 불구하고 대통령령으로 정하는 기준에 따라 해당 임대인이 보유한 모든 주택에 각각의 가격비율에 따라 안분하여 징수할 수 있다. 이 경우 안분된 지방세의 우선권은 「지방세기본법」에 따른다.

　1. 임대인이 2개 이상의 주택을 보유하고 있을 것

　2. 제1호의 주택의 전부 또는 일부에 대하여 전세사기피해자 또는 제2조제4호나목에 따른 임차인의 임차권에 의하여 담보된 임차보증금반환채권 또는 「주택임대차보호법」 제2조에 따른 주거용 건물에 설정된 전세권에 의하여 담보된 채권보다 우선징수가 가능한 지방세가 존재할 것

3. 전세사기피해자 또는 제2조제4호나목에 따른 임차인의 제3항에 따른 안분 적용 신청이 있을 것

② 제1항에 따라 안분하는 지방세에는 체납처분 대상 주택에 대하여 부과된 다음 각 호의 지방세는 제외한다.

1. 재산세
2. 지역자원시설세(소방분에 대한 지역자원시설세만 해당한다)
3. 지방교육세(재산세에 부가되는 지방교육세만 해당한다)

③ 제1항에 따른 지방세의 안분을 적용받으려는 전세사기피해자 또는 제2조제4호나 목에 따른 임차인은 지방자치단체의 장, 경매 등을 주관하는 법원 또는 공매를 대행하는 한국자산관리공사 등에 안분 적용을 신청하여야 한다. 이 경우 안분 적 용 신청을 받은 법원 또는 한국자산관리공사는 그 신청사실을 즉시 지방자치단체 의 장에게 통지하여야 한다.

④ 행정안전부장관 또는 지방자치단체의 장은 제1항에 따른 안분을 하기 위하여 필 요한 경우 법원행정처장 또는 국토교통부장관에게 임대인에 대한 정보 및 임대인 이 보유한 주택현황에 대한 정보를 요구할 수 있다.

⑤ 그 밖에 지방세의 안분 방법, 신청 등에 필요한 사항은 대통령령으로 정한다.

제25조(공공주택사업자의 전세사기피해주택 매입) ① 전세사기피해자는 「공공주택 특별 법」 제4조제1항제2호 또는 제3호에 따른 공공주택사업자와 사전에 협의하여 전세사 기피해주택의 매입을 요청할 수 있다.

② 전세사기피해자가 제1항에 따라 매입을 요청한 경우에는 제20조부터 제22조까지 에 따른 우선 매수할 수 있는 권리를 공공주택사업자에게 양도한 것으로 간주한 다. 이 경우 공공주택사업자는 「민사집행법」 제113조, 「국세징수법」 제71조 및 「지방세징수법」 제76조에 따른 보증의 제공 없이 우선매수 신고를 할 수 있다.

③ 제2항에 따라 우선 매수할 수 있는 권리를 양수한 공공주택사업자가 「민사집행 법」에 따른 경매, 「국세징수법」 또는 「지방세징수법」에 따른 공매의 방법으로 전 세사기피해주택을 취득한 경우에는 「공공주택 특별법」 제2조제1호가목에 따른 공 공임대주택으로 공급하되, 해당 주택의 전세사기피해자에게 우선 공급할 수 있다.

④ 공공주택사업자는 전세사기피해주택의 매입을 위하여 필요한 경우 제14조제7항에 따라 전세사기피해자 정보의 제공을 국토교통부장관에게 요청할 수 있다.

⑤ 전세사기피해주택의 매입기준, 임대조건 등은 국토교통부장관이 정하는 바에 따른다.

제26조(경매 및 공매의 지원) ① 주택도시보증공사는 전세사기피해자의 신청을 받아 「민사집행법」 제78조 또는 같은 법 제264조에 따른 경매나 「국세징수법」 제64조 또 는 「지방세징수법」 제71조에 따른 매각절차와 관련하여 경매 및 공매의 지원서비스 를 제공할 수 있다.

② 국가는 제1항에 따른 경매 및 공매의 지원서비스 제공에 필요한 비용의 일부를 「주택도시기금법」 제9조에 따라 지원할 수 있다.

제27조(금융지원 등) ① 국가 및 지방자치단체는 전세사기피해자 및 제2조제4호다목에 따른 임차인의 긴박한 주거안정을 보호하기 위하여 필요한 자금을 융자하거나 그 밖에 필요한 지원을 할 수 있다.

② 국가는 「주택임대차보호법」 제8조에 따른 우선변제를 받지 못하여 시급한 지원이 필요하다고 인정되는 전세사기피해자에게 「주택도시기금법」에 따른 주택도시기금에서 주택의 임대차에 필요한 자금을 융자할 수 있다.

③ 「한국자산관리공사 설립 등에 관한 법률」에 따른 금융회사등은 전세사기피해자 또는 제2조제4호다목에 따른 임차인의 보증금이 모두 변제되지 아니한 경우 「신용정보의 이용 및 보호에 관한 법률」 제25조에 따른 신용정보집중기관이 같은 법 제26조의 신용정보집중관리위원회를 통하여 정한 기준에 따라 이들의 해당 전세 관련 대출에 대한 채무의 불이행 및 대위변제의 등록을 유예할 수 있다.

제28조(「긴급복지지원법」에 대한 특례) ① 전세사기피해자, 제2조제4호다목에 따른 임차인 또는 그 임차인(전세사기피해자를 포함한다)과 생계 및 주거를 같이 하고 있는 가구의 구성원은 「긴급복지지원법」 제5조에 따른 긴급지원대상자로 본다.

② 제1항에 따른 지원의 기준·기간·종류·방법 및 절차 등에 필요한 사항은 「긴급복지지원법」에 따른다.

제5장 보칙

제29조(권한 등의 위임·위탁) ① 이 법에 따른 국토교통부장관의 권한 중 다음 각 호의 사항을 특별시장·광역시장·특별자치시장·도지사·특별자치도지사에게 위임한다.

    1. 제12조에 따른 신청의 접수

    2. 제13조에 따른 피해사실의 조사 및 그 수행에 필요한 조치

    3. 그 밖에 대통령령으로 정하는 권한

② 이 법에 따른 국토교통부장관의 업무는 그 일부를 대통령령으로 정하는 바에 따라 법인, 단체 또는 기관에 위탁할 수 있다.

③ 국가는 제2항에 따라 위탁받은 법인, 단체 또는 기관에 그 위탁 업무의 처리에 드는 비용을 지원할 수 있다.

제30조(고유식별정보 등의 처리) 국토교통부장관(제29조에 따라 권한 또는 업무를 위임·위탁받은 기관을 포함한다), 주택도시보증공사 또는 제11조에 따라 전세피해지원센터를 설치·운영하는 자는 조사 및 지원 사무를 수행하기 위하여 필요한 경우 「개인정보 보호법」 제24조제1항에 따른 고유식별정보(주민등록번호를 포함한다) 등 개인정보가 포함된 자료를 수집·이용·처리할 수 있다. 이 경우 해당 정보를 「개인정보 보호법」에 따라 보호하여야 한다.

제31조(비밀준수 의무) ① 제12조부터 제16조까지에 따른 업무에 종사하거나 종사하였던 자는 제공받은 자료 및 정보를 이 법에서 정한 목적 외의 다른 용도로 사용하거나 다른 사람 또는 기관에 제공하거나 누설하여서는 아니 된다.

② 위원회의 위원 또는 위원이었던 자, 제13조에 따른 조사 또는 제14조제4항에 따른 추가 조사(제15조제3항에서 준용하는 경우를 포함한다)에 참여하거나 업무를 수행한 전문가 또는 민간단체와 그 관계자는 직무상 비밀을 누설하거나 직무수행 이외의 목적을 위하여 이용하여서는 아니 된다.

제32조(벌칙 적용 시 공무원 의제) 다음 각 호의 어느 하나에 해당하는 사람은 「형법」 제129조부터 제132조까지를 적용할 때에는 공무원으로 본다.

    1. 위원회 위원 중 공무원이 아닌 위원

    2. 제29조제2항에 따라 위탁받은 업무에 종사하는 법인, 단체 또는 기관의 임직원

제6장 벌칙

제33조(벌칙) ① 제31조제1항을 위반하여 자료 또는 정보를 사용·제공 또는 누설한 자는 5년 이하의 징역 또는 5천만원 이하의 벌금에 처한다.

② 제31조제2항을 위반하여 직무상 비밀을 누설하거나 직무수행 이외의 목적을 위하여 이용한 자는 2년 이하의 징역 또는 2천만원 이하의 벌금에 처한다.

제34조(과태료) 제13조에 따른 조사 또는 제14조제4항에 따른 추가 조사(제15조제3항에서 준용하는 경우를 포함한다)를 정당한 사유 없이 거부·방해·기피하거나 거짓의 진술서 또는 자료를 제출한 자에게는 3천만원 이하의 과태료를 부과한다.

부칙

〈제19425호, 2023. 6. 1.〉

제1조(시행일) 이 법은 공포한 날부터 시행한다. 다만, 제10조, 제23조 및 제24조는 공포 후 1개월이 경과한 날부터 시행한다.

제2조(유효기간) 이 법은 시행 후 2년이 경과하는 날까지 효력을 가진다.

제3조(적용례) 제1항 각 호 외의 부분 단서는 이 법 시행일부터 소급하여 2년이 되는 날 이후부터 이 법 시행일 이전까지 경매 또는 공매 절차가 완료된 임차인의 경우에 한정하여 적용한다.

제4조(이 법의 유효기간 만료에 따른 경과조치) 이 법의 유효기간 만료 전에 전세사기피해자등으로 결정된 사람과 제12조에 따른 전세사기피해자등 신청을 한 사람에 대해서는 이 법의 유효기간이 만료된 이후에도 이 법을 적용한다.

제5조(존속기간) ① 위원회는 이 법의 유효기간 만료일 이후에도 제14조에 따른 전세사기피해자등 결정에 관한 심의 등을 위하여 이 법의 유효기간 만료일 이후 6개월간 존속하며, 필요하다고 인정되는 경우 3개월의 범위에서 그 존속기간을 연장할 수 있다.

② 지원단은 위원회의 잔존사무를 처리하기 위하여 위원회 활동종료 후 6개월간 존속하며, 필요하다고 인정되는 경우 3개월의 범위에서 그 존속기간을 연장할 수 있다.

전세사기피해자 지원 및 주거안정에 관한 특별법 시행규칙

(약칭: 전세사기피해자법 시행규칙)

[시행 2023. 7. 2.]
[국토교통부령 제1230호, 2023. 6. 30., 일부개정]

제1조(목적) 이 규칙은 「전세사기피해자 지원 및 주거안정에 관한 특별법」 및 같은 법 시행령에서 위임된 사항과 그 시행에 필요한 사항을 규정함을 목적으로 한다. 〈개정 2023. 6. 30.〉

제2조(전세피해지원센터의 운영 등) ① 「전세사기피해자 지원 및 주거안정에 관한 특별법」(이하 "법"이라 한다) 제11조제1항에 따른 전세피해지원센터(이하 "센터"라 한다)를 설치·운영하는 자는 센터의 업무를 효율적으로 수행하기 위해 센터에 센터장 1명과 그 밖에 필요한 직원을 둘 수 있다.

② 법 제11조제1항에 따라 센터를 설치·운영하는 자는 전세사기피해자등에 대한 효율적·체계적 지원을 위해 부동산, 법률, 금융 및 심리상담 분야 등에 학식과 경험이 풍부한 관계 전문가로 자문단을 구성하거나 관계 전문가를 전문위원으로 위촉할 수 있다.

③ 법 제11조제2항에서 "국토교통부령으로 정하는 주택의 임차인"이란 다음 각 호의 어느 하나에 해당하는 임차인을 말한다.

1. 임대차계약(적법한 임대권한을 가지지 않은 자와 체결한 임대차계약을 포함한다)이 종료된 후 임차보증금의 전부 또는 일부를 돌려받지 못했거나 돌려받지 못할 것으로 예상되는 임차인으로서 법률상담 및 금융·주거지원의 연계 등이 필요하다고 인정되는 임차인

2. 임차주택에 대한 「민사집행법」 제78조 또는 같은 법 제264조에 따른 경매나 「국세징수법」 제64조 또는 「지방세징수법」 제71조에 따른 매각(경매 또는 매각절차가 진행 중인 경우를 포함한다)으로 임차보증금의 전부 또는 일부를 돌려받지 못했거나 돌려받지 못할 것으로 예상되는 임차인

제3조(전세사기피해자등 결정신청 등) ① 법 제12조제1항에 따라 전세사기피해자등 결정을 신청하려는 임차인(이하 "신청인"이라 한다)은 별지 제1호서식의 전세사기피해자등 결정신청서에 다음 각 호의 서류를 첨부하여 특별시장·광역시장·특별자치시장·도지사·특별자치도지사(이하 "시·도지사"라 한다)에게 제출해야 한다.

1. 신청인이 법 제3조제1항 각 호의 요건을 갖추었음을 증명하는 다음 각 목의 서류
   가. 임대차계약서 사본
   나. 주민등록표 초본(제4항 단서에 따라 확인에 동의하지 않는 경우만 해당한다)
   다. 다음의 어느 하나에 해당하는 경매·공매 개시 관련 서류

1) 「민사집행법」 제84조에 따른 최고서
2) 「국세징수법」 제75조 또는 「지방세징수법」 제80조에 따른 공매통지서
3) 「국세징수법 시행령」 제66조 또는 「지방세징수법 시행령」 제91조의2에 따른 공매대행통지서
4) 그 밖의 경매·공매 개시 관련 서류
라. 판결정본 또는 지급명령 등 집행권원을 확인할 수 있는 서류
마. 그 밖에 법 제3조제1항 각 호의 요건을 갖추었음을 증명할 수 있는 서류
2. 별지 제2호서식의 개인정보 수집·이용 등 동의서(신청인이 동의한 경우만 해당한다)
3. 신청인이 제2항에 따른 법정대리인임을 증명하는 「가족관계의 등록 등에 관한 법률」 제15조제1항제1호에 따른 가족관계증명서 등 증명서류(제2항에 따라 법정대리인이 신청을 대리하는 경우만 해당한다)
4. 신청인이 제2항에 따른 유족임을 증명하는 「가족관계의 등록 등에 관한 법률」 제15조제1항제1호에 따른 가족관계증명서 등 증명서류(제2항에 따라 유족이 신청하는 경우만 해당한다)
5. 별지 제3호서식의 위임장(제3항에 따라 대리인을 선임한 경우만 해당한다)
② 신청인 본인이 미성년자인 경우에는 법정대리인이 신청을 대리할 수 있으며, 본인이 사망한 경우에는 그 유족(「민법」에 따른 재산상속 순위에 따르되, 같은 순위의 유족이 2명 이상 있을 때에는 그중에서 선정된 유족의 대표를 말한다)이 신청해야 한다.
③ 신청인은 본인이 직접 신청하기 어려운 사정이 있는 경우에는 다른 사람을 대리인으로 선임할 수 있다.
④ 시·도지사는 제1항에 따른 신청서를 받으면 「전자정부법」 제36조제1항에 따른 행정정보의 공동이용을 통하여 신청인의 주민등록표 초본을 확인해야 한다. 다만, 신청인이 확인에 동의하지 않는 경우에는 이를 첨부하도록 해야 한다.
⑤ 시·도지사는 제1항에 따른 신청에 흠이 있는 경우에는 14일 이내의 기간을 정하여 보완을 요구할 수 있다. 이 경우 신청서의 보완에 걸린 기간은 법 제13조제5항에 따른 조사기간에 산입하지 않는다.
⑥ 제1항에 따른 신청을 받은 시·도지사는 별지 제4호서식의 전세사기피해자등 결정신청 접수대장에 그 내용을 기록하고 관리·보관해야 한다.

제4조(피해사실의 조사) ① 시·도지사는 법 제13조에 따라 피해사실의 조사를 하는 경우에는 전세사기피해주택 방문, 신청인에 대한 면담, 수사기관 등 관계 기관에 대한 사실조회 및 같은 조 제2항·제3항에 따라 제출 또는 제공받은 진술서·자료 또는 정보의 검토 등 필요한 방법으로 피해사실의 조사를 할 수 있다.
② 법 제13조제3항제12호에서 "국토교통부령으로 정하는 자료 및 정보"란 다음 각 호의 자료 및 정보를 말한다.
1. 임대인의 의뢰를 받은 공인중개사의 개설등록에 관한 정보(소속공인중개사 및 중개보조인에 대한 신고 정보를 포함한다)
2. 임대인의 파산 또는 회생절차 개시에 관한 자료 및 정보

3. 「주택도시기금법」 제26조제1항제2호 및 제3호에 따른 업무를 수행하기 위하여 관리하는 채무자 관련 정보
4. 임대인의 의뢰를 받은 공인중개사가 자격취소 또는 자격정지처분을 받은 사실을 확인할 수 있는 자료 및 정보
5. 임대인의 의뢰를 받은 감정평가사가 징계처분을 받은 사실을 확인할 수 있는 자료 및 정보

제5조(전세사기피해자등 결정) ① 국토교통부장관은 법 제14조제5항에 따라 전세사기피해자등 결정을 한 경우에는 다음 각 호의 사항을 적은 별지 제5호서식의 전세사기피해자등 결정문(이하 "결정문"이라 한다)을 작성해야 한다. 이 경우 국토교통부장관은 직인을 날인해야 한다.
1. 신청인의 성명·주소 및 생년월일
2. 결정 주문
3. 결정 이유
4. 결정 연월일

② 국토교통부장관은 제1항에 따라 결정문을 작성한 경우에는 법 제14조제6항에 따라 지체 없이 별지 제6호서식의 전세사기피해자등 결정통지서에 결정문 정본을 첨부하여 신청인에게 송달해야 한다.

제6조(이의신청) 신청인은 법 제15조제1항에 따라 전세사기피해자등 결정에 대하여 이의를 신청하려면 국토교통부장관에게 별지 제7호서식의 전세사기피해자등 결정 이의신청서를 제출해야 한다.

제7조(전세사기피해주택의 매각 유예·정지 등 신청) 법 제18조 또는 제19조에 따른 전세사기피해주택 매각절차의 유예·정지(중지) 신청 또는 유예·정지(중지) 연장 신청은 별지 제8호서식의 전세사기피해주택 매각 유예·정지(중지) 신청서 또는 유예·정지(중지) 연장 신청서에 따른다.
[본조신설 2023. 6. 30.]

제8조(공매절차에서의 우선매수 신청) 법 제21조제1항 또는 제22조제1항에 따른 전세사기피해자의 우선매수 신청은 별지 제9호서식의 전세사기피해자 우선매수 신청서에 따른다.
[본조신설 2023. 6. 30.]

제9조(국세의 안분 적용 신청) 「전세사기피해자 지원 및 주거안정에 관한 특별법 시행령」(이하 "영"이라 한다) 제3조제5항에 따른 국세 안분 적용 신청서는 별지 제10호서식에 따른다.
[본조신설 2023. 6. 30.]

제10조(지방세의 안분 적용 신청) 영 제4조제5항에 따른 지방세 안분 적용 신청서는 별지 제11호서식에 따른다.
[본조신설 2023. 6. 30.]

부칙

〈제1230호, 2023. 6. 30.〉

이 규칙은 2023년 7월 2일부터 시행한다. 다만, 제7조, 제8조, 별지 제8호서식 및 별지 제9호서식의 개정규정은 공포한 날부터 시행한다.

별지 서식

전세사기피해자등 결정신청서

※ 바탕색이 어두운 난은 신청인이 적지 않으며, [ ]에는 해당되는 곳에 √표시를 합니다.   (3쪽 중 1쪽)

접수번호		접수일시	처리기간	60일 (필요시 15일 이내에서 연장)

① 신청인	성명			생년월일	
	주소				
	전화번호(또는 휴대전화번호)				
② 대리인	성명			생년월일	
	주소				
	전화번호(또는 휴대전화번호)				
③ 현황	전세사기 피해주택	지번주소			
	전(前) 임대인	성명		생년월일	
	현(現) 임대인	성명		생년월일	
	공인중개사	상호(등록번호)		대표자명	연락처
	계약사항	계약일자		전월세 구분	[ ]전세 [ ]보증부 월세
		계약기간			
	선순위 담보권	[ ]여 [ ]부		선순위 담보권자	[ ]금융기관 [ ]개인
	압류	[ ]여 [ ]부		압류권자	[ ]국가 또는 지방자치단체 [ ]국가 또는 지방자치단체 이외의 자
	주택유형	[ ]아파트 [ ]오피스텔 [ ]다세대 [ ]연립 [ ]단독 [ ]다중 [ ]다가구 [ ]기타			

210mm×297mm[백상지 80g/㎡]

④ 대상 요건 충족 여부	1호	대항력 발생일: (전입일자: 점유일자: 확정일자:) (임차권등기명령 사건번호) [ ]거주 [ ]퇴거	
	2호	(임차보증금) 원(월세: 원)	
	3호	(파산ㆍ회생 사건번호) (경매 사건번호) (공매 물건관리번호) (압류 사건번호)	집행권원 확보 여부 [ ]여 [ ]부
	4호	임대인등에 대한 수사개시, 임대인등의 기망, 임대인이 보증금을 반환할 능력이 없는 자에게 임차주택의 소유권을 양도 또는 임차보증금을 반환할 능력 없이 다수의 주택 취득ㆍ임대 등 임대인이 임차보증금반환채무를 이행하지 아니할 의도가 있었다고 의심할 만한 상당한 이유	

⑤ 기타 선택 기재사항	(경매 배당요구 여부) [ ]여 [ ]부 (공매 배분요구 여부) [ ]여 [ ]부
⑥ 경매ㆍ매각 유예ㆍ정지 긴급 여부	[ ]여 [ ]부

「전세사기피해자 지원 및 주거안정에 관한 특별법」 제12조제1항 및 같은 법 시행규칙 제3조제1항에 따라 위와 같이 전세사기피해자 결정을 신청합니다.

년   월   일

신청인   (서명 또는 인)

대리인   (서명 또는 인)

특별시장ㆍ광역시장
특별자치시장ㆍ도지사   귀하
특별자치도지사

210mm×297mm[백상지 80g/㎡]

신청인 제출서류	1. 신청인이 「전세사기피해자 지원 및 주거안정에 관한 특별법」 제3조제1항 각 호의 요건을 갖추었음을 증명하는 다음의 서류 ① 임대차계약서 사본 1부 ② 주민등록표 초본 1부(행정정보 공동이용을 통한 확인에 동의하지 않은 신청인만 해당합니다) ③ 개인정보 수집 및 이용 동의서(신청인이 동의한 경우만 해당합니다) ④ 임대인의 파산선고 결정문 또는 회생개시 결정문 사본 1부 ⑤ 경매·공매개시 관련 서류 사본(경매통지서 또는 최고서, 공매통지서 등). 다만, 경매통지서 또는 최고서, 공매통지서를 분실한 경우에는 등기사항전부증명서로 대신할 수 있습니다. ⑥ 집행권원(판결정본, 지급명령, 공정증서 등) ⑦ 임차권등기 서류(등기사항전부증명서, 임차권등기명령 결정문 등) ＊ ④ ~ ⑦의 경우 해당 사실이 있는 경우에만 제출합니다. 2. 신청인이 제3조제2항에 따른 법정대리인임을 증명하는 「가족관계의 등록 등에 관한 법률」 제15조제1항제1호에 따른 가족관계증명서 등 증명서류(제3조제2항에 따라 법정대리인이 신청을 대리하는 경우만 해당합니다) 3. 신청인이 제3조제2항에 따른 유족임을 증명하는 「가족관계의 등록 등에 관한 법률」 제15조제1항제1호에 따른 가족관계증명서 등 증명서류(제3조제2항에 따라 유족이 신청하는 경우만 해당합니다) 4. 「전세사기피해자 지원 및 주거안정에 관한 특별법 시행규칙」 별지 제3호서식의 위임장(대리인을 선임한 경우만 해당합니다)	수수료 없음
담당 공무원 확인사항	신청인의 주민등록표 초본	

행정정보 공동이용 동의서

본인은 이 건 업무처리와 관련하여 담당 공무원이 「전자정부법」 제36조에 따른 행정정보의 공동이용을 통하여 위의 담당 공무원 확인사항을 확인하는 것에 동의합니다. ＊ 동의하지 않는 경우에는 신청인이 직접 관련 서류를 제출해야 합니다.

신청인   (서명 또는 인)

작성방법

1. ②란은 법정대리인이 신청하거나, 신청인이 대리인을 선임한 경우에 작성합니다.
2. ③란 중 전(前) 임대인은 임대차기간 중 주택 소유권의 변동이 있는 경우 변동 전 소유자인 임대인을 기재하며, 임대인의 생년월일은 알고 있는 경우에만 기재합니다.
3. ④란은 해당사항이 있는 곳에만 기재 또는 표시합니다.
4. ④-1호란 중 전입일자는 주민등록표 초본에 따른 전세사기피해주택 주소지로의 전입일자, 점유일자는 임대차계약서에 따른 계약시 작일, 확정일자는 임대차계약서에 날인된 확정일자(또는 주택임대차 계약신고필증에 기재된 접수완료일), 대항력 발생일은 전입일자와 점유일자 중 늦은 날의 다음 날을 작성합니다. 다만, 법 제2조제4호다목에 따른 "적법한 임대권한을 가지지 않은 자와 체결한 임대차계약"의 경우에는 전입일자, 점유일자, 확정일자는 작성하되, 대항력 발생일은 작성하지 않습니다.
5. ④-1호란 중 임차권등기명령 사건번호는 등기사항전부증명서의 을구 중 "등기원인"에 기재된 임차권등기명령의 법원명과 사건번호를 기재합니다. 임차권등기를 마치고 현재 피해주택에 거주하고 있는 경우에는 거주에 표시하고, 퇴거한 경우에는 퇴거에 표시합니다.
6. 임대인에 대하여 파산선고 또는 회생절차가 개시된 경우에는 ④-3호란에 "회생개시 결정문" 또는 "파산선고 결정문"에 따른 "사건번호"를 기재합니다. 피해주택에 대하여 경매가 개시된 경우에는 ④-3호란에 등기사항전부증명서의 갑구에 기재된 "경매사건번호"를, 공매가 개시된 경우에는 ④-3호란에 등기사항전부증명서의 갑구에 기재된 "물건관리번호"를 각각 기재합니다.
7. ④-4호란에는 임대인등에 대한 수사개시, 임대인등의 기망, 임대인이 보증금을 반환할 능력이 없는 자에게 임차주택의 소유권을 양도 또는 임차보증금을 반환할 능력 없이 다수의 주택 취득·임대하는 등 임대인이 임차보증금반환채무를 이행하지 아니할 의도가 있었다고 의심할 만한 상당한 이유를 자유롭게 기재합니다.
8. ⑤ 기타 선택기재사항은 보다 효율적인 피해사실 조사 및 심의를 위한 참고사항으로 필수기재사항은 아닙니다.
9. ⑥란의 경매·매각 유예·정지 긴급 여부는 법 제17조제2항, 제18조제2항 및 제19조제2항에 따라 긴급하게 경매·매각 유예·정지가 필요한 경우에 표시합니다.

처리절차

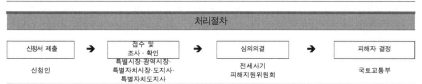

신청서 제출	→	접수 및 조사·확인	→	심의의결	→	피해자 결정
신청인		특별시장·광역시장· 특별자치시장·도지사· 특별자치도지사		전세사기 피해지원위원회		국토교통부

210mm×297mm[백상지 80g/㎡]

개인정보 수집 · 이용 등 동의서

1. 개인정보 수집 · 이용에 관한 사항

본인은「전세사기피해자 지원 및 주거안정에 관한 특별법」제30조에 따라 국토교통부장관 및 시 · 도지사 등 관계기관이 전세사기 피해사실 조사 및 지원 사무를 수행하기 위해 개인정보가 포함된 자료를 수집 · 이용 · 처리하는 것을 동의합니다.

수집 · 이용 · 처리 목적	「전세사기피해자 지원 및 주거안정에 관한 특별법」에 따른 전세사기피해자 등 신청 접수, 피해사실 조사, 전세사기피해자등 결정 및 피해지원
수집 · 이용 · 처리 항목	주민등록번호 등 고유식별정보, 주소, 연락처, 임대차 현황, 첨부서류(결정 신청서상 첨부서류)
보유 및 이용 기간	「전세사기피해자 지원 및 주거안정에 관한 특별법」의 유효기간
동의 거부 권리 및 동의 거부 시 불이익에 관한 설명	귀하께서는 개인정보 제공 동의에 대해 거부하실 권리가 있으나, 동의를 거부하실 경우 전세사기 피해사실 조사 및 지원이 제한될 수 있음을 알려드립니다.

[ ] 동의   [ ] 미동의

신청인   (서명 또는 인)
대리인   (서명 또는 인)

2. 개인정보의 제공 · 조회에 관한 사항(제3자 제공)

본인은「전세사기피해자 지원 및 주거안정에 관한 특별법」제14조제7항에 따라 국토교통부장관이 피해지원과 관련된 기관에 전세사기피해자등의 정보를 제공하는 것에 동의합니다.

제공 · 조회 목적	「전세사기피해자 지원 및 주거안정에 관한 특별법」에 따른 전세사기피해자 등 신청 접수, 피해사실 조사, 전세사기피해자등 결정 및 피해지원
제공 · 조회 항목	주민등록번호 등 고유식별정보, 주소, 연락처, 임대차 현황, 첨부서류(결정 신청서에 첨부한 첨부서류)
제공기관	관계 중앙행정기관의 장, 지방자치단체의 장, 공공기관의 장, 법원행정처 장, 금융기관 등
보유 및 이용 기간	「전세사기피해자 지원 및 주거안정에 관한 특별법」의 유효기간
동의거부 권리 및 동의 거부 시 불이익에 관한 설명	귀하께서는 개인정보 제공 동의에 대해 거부하실 권리가 있으나, 동의를 거부하실 경우 전세사기 피해사실 조사 및 지원이 제한될 수 있음을 알려드립니다.

[ ] 동의   [ ] 미동의

신청인   (서명 또는 인)
대리인   (서명 또는 인)

210mm×297mm[백상지 80g/㎡]

위 임 장

위임하는 사람	이름		생년월일
	주소		전화번호(또는 휴대전화번호)

위임받는 사람	이름 (서명 또는 인)		생년월일
	위임하는 사람과의 관계		전화번호(또는 휴대전화번호)
	주소		

위임사항	전세사기피해자등 결정신청

본인은 위 사람에게 전세사기피해자등 결정신청에 관한 권한을 모두 위임합니다.

년   월   일

위임인   (서명 또는 인)

유의사항

1. 위임받는 사람의 신분증(주민등록증, 여권, 운전면허증 등)을 제시해야 합니다.
2. 위임하는 사람과 위임받는 사람의 신분증 사본을 제출해야 합니다.
3. 다른 사람의 인장 도용 등 허위로 위임장을 작성하여 신청하는 경우에는 「형법」 제231조 및 제232조에 따라 사문서 위조·변조죄로 5년 이하의 징역 또는 1천 만원 이하의 벌금에 처하게 됩니다.

210mm×297mm[백상지 80g/㎡]

■ 전세사기피해자 지원 및 주거안정에 관한 특별법 시행규칙 [별지 제4호서식]

전세사기피해자등 결정신청 접수대장

접 수		전세사기 피해주택 지번 주소	피해자등 인적사항	지방자치단체 조사결과	검토의견	국토교통부 발송일자
번호	연월일		성 명			
			생년월일			
			연 락 처			

210mm×297mm[백상지 80g/㎡]

(앞쪽)

전세사기피해자등 결정문

결정번호   제   호

신청인	성명		생년월일	
	주소			

주문	

피해자등 인정 여부	[ ]전세사기피해자 [ ]법 제2조제4호나목 [ ]법 제2조제4호다목 [ ]불인정

결정이유는 뒤쪽에 기재

년   월   일

국토교통부장관   직인

210mm×297mm[백상지 80g/㎡]

피해 대상 충족 여부	(1호) 「주택임대차보호법」 제3조에 따라 주택의 인도와 주민등록을 마치고 임대차계약증서상의 확정일자를 갖춘 경우 또는 임차권등기를 마친 경우	[ ] 충족 [ ] 미충족
	(2호) 임차인의 임차보증금이 3억원 이하인 경우(시·도별 여건 및 피해자의 여건 등을 고려하여 2억원의 범위 내에서 상향 조정 가능)	[ ] 충족 [ ] 미충족
	(3호) 임대인의 파산 또는 회생절차 개시, 임차주택의 경매 또는 공매절차의 개시(국세 또는 지방세의 체납으로 인하여 임차주택이 압류된 경우도 포함한다), 임차인의 집행권원 확보 등에 해당하여 다수의 임차인에게 임차보증금반환채권의 변제를 받지 못하는 피해가 발생하였거나 발생할 것이 예상되는 경우	[ ] 충족 [ ] 미충족
	(4호) 임대인등에 대한 수사 개시, 임대인등의 기망, 임대인이 임차보증금을 반환할 능력이 없는 자에 대한 임차주택의 양도 또는 임차보증금을 반환할 능력 없이 다수의 주택 취득·임대 등 임대인이 임차보증금반환채무를 이행하지 아니할 의도가 있었다고 의심할 만한 상당한 이유가 있는 경우	[ ] 해당 [ ] 비해당
법 제2조 제4호 나목 해당 여부	「전세사기피해자 지원 및 주거안정에 관한 특별법」 제3조 제1항제1호·제3호 및 제4호의 요건을 모두 충족하는 경우 (같은 조 제2항 각 호의 어느 하나에 해당하는 경우는 제외한다)	[ ] 해당 [ ] 비해당
법 제2조 제4호 다목 충족 여부	임차주택(적법한 임대권한을 가지지 아니한 자와 임대차계약이 체결된 주택을 포함한다)을 인도(인도받았던 경우를 포함한다)받고, 「주민등록법」 제16조에 따라 전입신고를 하였으며, 그 임대차계약증서상의 확정일자를 받은 경우	[ ] 충족 [ ] 미충족
적용 제외 해당 여부	1. 임차인이 임차보증금 반환 보증 또는 보험에 가입하였거나 임대인이 임차보증금 반환을 위한 보증에 가입하여 임차인에게 보증금의 전액 반환이 가능한 경우 2. 임차인의 보증금 전액이 최우선변제가 가능한 「주택임대차보호법」 제8조제1항에 따른 보증금 중 일정액에 해당하는 경우 3. 임차인이 「주택임대차보호법」에 따라 대항력 또는 우선변제권 행사를 통해 보증금 전액을 자력으로 회수할 수 있다고 판단되는 경우	[ ] 해당 [ ] 비해당

결 정 이 유

(필요시 장을 넘어갈 수 있음)

210mm × 297mm[백상지 80g/㎡]

68 제1편 전세사기 피해자

전세사기피해자등 결정통지서

결정구분
[　]전세사기피해자　　　　　　[　]법 제2조제4호나목
[　]법 제2조제4호다목　　　　　[　]불인정

- 접수일자:
- 접수번호: 　지역제　　　　호(예시: 서울제2023-1호)
- 성　　명:
- 주　　소:

1. 귀하의 전세사기피해자등 인정 신청에 대하여 결정문과 같이 결정되었음을 「전세사기피해자 지원 및 주거안정에 관한 특별법」 제14조제6항 및 같은 법 시행규칙 제5조제2항에 따라 알려드립니다.

2. 위 결정에 대하여 이의가 있는 경우에는 그 결정의 통지를 받은 날부터 30일 이내에 전세사기피해자등 결정 이의신청서 1부를 작성하여 국토교통부장관에게 이의를 신청할 수 있습니다.

첨부: 1. 전세사기피해자등 결정문 정본 1부
　　　2. 전세사기피해자등 결정 이의신청서 양식 1부

년　　월　　일

국토교통부장관　직인

210mm×297mm[백상지 80g/㎡]

전세사기피해자등 결정 이의신청서

※ 바탕색이 어두운 칸은 신청인이 적지 않으며, [ ]에는 해당되는 곳에 √표시를 합니다.

접수번호		접수일시	처리기간	20일

신청인	성명		생년월일	
	주소			
	전화번호(또는 휴대전화번호)			

대리인	성명		생년월일	
	주소			
	전화번호(또는 휴대전화번호)			

신청 사유	

「전세사기피해자 지원 및 주거안정에 관한 특별법」 제15조제1항에 따라 전세사기피해자등 결정(결정번호 제   호,   년   월   일자)에 대하여 이의를 신청합니다.

년   월   일

신청인   (서명 또는 인)

대리인   (서명 또는 인)

국토교통부장관   귀하

첨부서류	1. 이의신청 사유를 증명할 수 있는 서류 1부 2. 「전세사기피해자 지원 및 주거안정에 관한 특별법 시행규칙」 별지 제3호서식의 위임장(대리인을 선임한 경우만 해당합니다)	수수료 없음

작성방법

대리인칸은 신청인이 대리인을 선임한 경우에 작성합니다.

처리절차

이의신청서 제출	→	접수	→	조사	→	결정 및 송달
신청인		국토교통부		전세사기 피해지원위원회		국토교통부

210mm×297mm[백상지 80g/㎡]

전세사기피해주택 매각   [ ] 유예·정지(중지) 신청서
[ ] 유예·정지(중지) 연장 신청서

※ 바탕색이 어두운 칸은 신청인이 적지 않으며, [ ]에는 해당되는 곳에 √표를 합니다.

접수번호	접수일시	처리기간 3월

신 청 인 (임차인)	성명	주민등록번호
	주소	
	전화번호(또는 휴대전화번호)	

임차주택 내역	임차주택 소재지	
	임대인 성명(법인명)	주민등록번호(사업자등록번호 또는 법인등록번호)

매각 유예·정지 (중지) 신청 기간	년 월 일부터 년 월 일까지

「전세사기피해자 지원 및 주거안정에 관한 특별법」 제18조 또는 제19조, 같은 법 시행규칙 제7조에 따라 위 임차주택에 대한 매각절차의 {[ ] 유예 또는 정지(중지) [ ] 유예 또는 정지(중지) 연장}을 신청합니다.

년   월   일

신청인   (서명 또는 인)

세무서장
지방자치단체의 장 귀하

첨부서류	1. 전세사기피해자등 결정문 사본 2. 임대차계약서 사본	수수료 없 음

유의사항
1. 매각 유예·정지(중지) 신청 기간은 신청일의 다음날부터 1년 이내의 기간을 적습니다. 2. 매각 유예·정지(중지) 기간은 신청인이 임차보증금을 반환받지 못하여 생계나 주거안정에 지장을 줄 것이 우려되는 경우 채권자 및 채무자의 생활형편 등을 고려하여 결정됩니다.

210mm×297mm[백상지 80g/㎡]

전세사기피해자 우선매수 신청서

※ 바탕색이 어두운 칸은 신청인이 적지 않습니다.

접수번호		접수일시		처리기간	

신 청 인 (임차인)	성명		주민등록번호	
	주소			
	전화번호(또는 휴대전화번호)			

	신 청 내 용			
관리번호		개찰일자	
최고가 매수신청가격 또는 최고액 입찰가		공매예정가격 또는 매각예정가격	
매각결정기일		우선매수신청가격	
공매보증금		보증금 납부일	
공매재산			

공매보증금 환급용 계좌신고	은행명 (지점)		계좌번호	

「전세사기피해자 지원 및 주거안정에 관한 특별법」 제21조제1항 또는 제22조제1항, 같은 법 시행규칙 제8조에 따라 위 공매재산에 대하여 우선매수를 신청합니다.

년   월   일

신청인   (서명 또는 인)

한국자산관리공사   귀하

첨부서류	1. 전세사기피해자등 결정문 사본 2. 임대차계약서 사본 3. 공매보증금 환급용 계좌 사본	수수료 없 음

유의사항

1. 우선매수신청가격은 최고가 매수신청가격(최고가 매수신청인이 없는 경우 공매예정가격) 또는 최고액 입찰가(최고액 입찰자가 없는 경우 매각예정가격) 금액을 적습니다.
2. 공매보증금은 최고가 매수신청가격(최고가 매수신청인이 없는 경우 공매예정가격) 또는 최고액 입찰가(최고액 입찰자가 없는 경우 매각예정가격)의 100분의 10 금액을 적습니다.
3. 매각결정기일 전까지 공매보증금을 납부해야 우선매수 신청이 완료됩니다.
4. 매수대금 납부, 명도책임, 매각재산의 권리이전, 매각결정 취소, 주의사항 등은 공매공고문을 통하여 확인해주시기 바랍니다.

210mm×297mm[백상지 80g/㎡]

■ 전세사기피해자 지원 및 주거안정에 관한 특별법 시행규칙 [별지 제10호서식] <신설 2023. 6. 30.>

국세 안분 적용 신청서

※ 바탕색이 어두운 칸은 신청인이 적지 않습니다.

접수번호	접수일시	처리기간

신 청 인 (임차인)	성명		주민등록번호	
	주소			
	전화번호(또는 휴대전화번호)			

임차주택 내역	임차주택 소재지			
	임대인 성명(법인명)		주민등록번호(사업자등록번호 또는 법인등록번호)	
	확정일자(전세권 설정일)			

「전세사기피해자 지원 및 주거안정에 관한 특별법」 제23조제3항, 같은 법 시행령 제3조제5항 및 같은 법 시행규칙 제9조에 따라 국세의 안분 적용을 신청합니다.

년   월   일

신청인   (서명 또는 인)

세무서장
법원   귀하
한국자산관리공사

첨부서류	1. 전세사기피해자등 결정문 사본 2. 임대차계약서 사본	수수료 없 음

210mm×297mm[백상지 80g/㎡]

■ 전세사기피해자 지원 및 주거안정에 관한 특별법 시행규칙 [별지 제11호서식] <신설 2023. 6. 30.>

지방세 안분 적용 신청서

※ 바탕색이 어두운 칸은 신청인이 적지 않습니다.

접수번호	접수일시	처리기간

	성명	주민등록번호
신 청 인 (임차인)	주소	
	전화번호(또는 휴대전화번호)	

	임차주택 소재지	
임차주택 내역	임대인 성명(법인명)	주민등록번호(사업자등록번호 또는 법인등록번호)
	확정일자(전세권 설정일)	

「전세사기피해자 지원 및 주거안정에 관한 특별법」 제24조제3항, 같은 법 시행령 제4조제5항 및 같은 법 시행규칙 제10조에 따라 지방세의 안분 적용을 신청합니다.

년   월   일

신청인 　　　　　　　　　　　 (서명 또는 인)

지방자치단체의 장
　　　　법원　　귀하
한국자산관리공사

첨부서류	1. 전세사기피해자등 결정문 사본 2. 임대차계약서 사본	수수료 없 음

210mm×297mm[백상지 80g/㎡]

제2편

주택임대차

제1장

주택임대차 이해하기

Part 1. 주택임대차의 형태 및 개념

1. 타인 주택의 이용 형태

　다른 사람의 주택을 이용하는 방법에는 일반적으로 다음과 같이 네 가지의 형태로 구분할 수 있습니다(민법 제303조 및 제618조 참조).

구분	내용	법률상 의미
전세권	전세금을 주고, 전세권 등기를 하고 다른 사람의 주택을 이용하는 방법	전세권
전세 (미등기 전세)	전세금을 주고 차임을 주지 않으나, 등기를 하지 않고 다른 사람의 주택을 이용하는 방법	임대차
반전세 또는 월세	보증금을 주고, 차임도 매월 지급하여 다른 사람의 주택을 이용하는 방법	임대차
사글세	임차기간 동안의 차임 전부를 미리 지급하고 다른 사람의 주택을 이용하는 방법	임대차

2. 전세권과 임대차

2-1. 전세권

　"전세권"이란 전세금을 지급하고 타인의 부동산을 점유하여 그 부동산의 용도에 좇아 사용·수익하며, 그 부동산 전부에 대해 후순위권리자 기타 채권자보다 전세금을 우선변제를 받을 수 있는 권리를 말합니다(민법 제303조).

2-2. 임대차

① "임대차"란 당사자 일방이 상대방에게 목적물을 사용, 수익하게 할 것을 약정하고 상대방이 이에 대해 차임을 지급할 것을 약정을 말하는데, 흔

히 「민법」에 따른 전세권 설정등기 없이 행하는 일반적인 형태인 전세
계약 및 월세계약이 여기에 포함됩니다(제618조 참조).

② 특히, 주거용건물의 전부 또는 일부의 임대차를 주택임대차라고 하여 우
리 법은 「주택임대차보호법」에 따라 임차인에 대하여 특별한 보호를 하
고 있습니다(제2조).

2-3. 전세권과 임대차의 비교

구분	전세권	임대차
성질	물권	채권
등기 여부	필수	선택적
사용대가의 지급 방법	전세금 지급 (「민법」 제303조제1항)	보증금 또는 월차임 지급 (「민법」 제618조)
양도 및 전대 가능 여부	임대인의 동의 없이 가능 (「민법」 제306조)	임대인의 동의가 필요 (「민법」 제629조)

3. 「주택임대차보호법」의 우선 적용 등

① 주택의 임대차관계에 대해서는 「주택임대차보호법」의 규정이 우선적으로
적용되고, 「주택임대차보호법」에 규정되어 있지 않은 사항에 대해서는
「민법」의 임대차규정이 적용됩니다(주택임대차보호법 제1조 및 제2조
참조).

② 주택임대차계약도 계약이므로 계약당사자에 의해 자유롭게 그 내용을 정
할 수 있습니다. 그러나 「주택임대차보호법」에 위반한 약정으로 임차인
에게 불리한 것은 그 효력이 없습니다(주택임대차보호법 제10조).

Part 2. 주택임대차법의 적용

1. 주택임대차보호법의 보호 대상

1-1. 자연인

주택임대차보호법은 자연인인 국민의 주거생활의 안정을 보장함을 목적으로 하기 때문에, 그 보호 대상은 원칙적으로 대한민국의 국적을 가진 사람입니다(제1조).

1-2. 외국인 및 재외동포

① 주택임대차보호법의 보호 대상은 대한민국 국적을 가진 자연인이므로, 외국인은 원칙적으로 주택임대차보호법의 보호 대상이 될 수 없습니다(제1조). 그러나 주택을 임차한 외국인이 전입신고에 준하는 체류지 변경신고를 했다면 예외적으로 주택임대차보호법의 보호 대상이 됩니다(출입국관리법 제88조의2 제2항 및 서울민사지방법원 1993.12.16. 선고 93가합73367 제11부 판결: 확정).

② 재외동포가 장기체류하면서 주택을 임대차하는 때에는 주택임대차보호법의 보호대상이 됩니다. 이를 위해 재외동포는 국내에 거소를 정하여 지방출입국·외국인관서의 장에게 신고를 하고, 국내거소가 변경되는 경우에는 새로운 거소를 관할하는 시·군·구(자치구가 아닌 구 포함) 또는 읍·면·동의 장이나 지방출입국·외국인관서의 장에게 14일 이내에 신고해야 합니다(재외동포의 출입국과 법적 지위에 관한 법률 제6조제1항 및 제2항).

③ "재외동포"란 ⓐ대한민국의 국민으로서 외국의 영주권을 취득한 사람 또는 영주할 목적으로 외국에 거주하고 있는 사람, ⓑ 대한민국의 국적을 보유하였던 사람(대한민국정부 수립 전에 국외로 이주한 동포 포함)으로서 외국국적을 취득한 사람 또는 ⓒ 부모의 일방 또는 조부모의 일방이 대한민국의 국적을 보유하였던 사람으로서 외국국적을 취득한 사람을 말합니다(재외동포의 출입국과 법적 지위에 관한 법률 제2조).

1-3. 법인

① 법인은 특별한 사정이 없는 한 주택임대차보호법의 보호를 받지 못합니다.

② 법인이 주택임대차보호법의 보호를 받기 위해 주민등록을 자신의 명의로 할 수 없을 뿐만 아니라, 사원 명의의 주민등록으로 대항력을 갖추어도 이를 법인의 주민등록으로 인정할 수 없기 때문입니다(대법원 1997.7.11. 선고 96다7236 판결).

③ 예외적으로, 한국토지주택공사와 주택사업을 목적으로 설립된 지방공사는 주택임대차보호법의 보호대상이 됩니다(제3조제2항 후단 및 시행령 제2조).

④ 또한, 중소기업기본법 제2조에 따른 중소기업에 해당하는 법인이 소속 직원의 주거용으로 주택을 임차한 후 그 법인이 선정한 직원이 해당 주택을 인도받고 주민등록을 마쳤을 때에는 그 다음 날부터 제3자에 대하여 효력이 생깁니다. 임대차가 끝나기 전에 그 직원이 변경된 경우에는 그 법인이 선정한 새로운 직원이 주택을 인도받고 주민등록을 마친 다음 날부터 제3자에 대하여 효력이 생깁니다(제3조제3항).

2. 주택임대차보호법의 적용 범위

2-1. 주택의 임대차

① 주택임대차보호법은 주택, 즉 주거용 건물의 전부 또는 일부에 대해 임대차하는 경우에 적용되고, 그 임차주택의 일부를 주거 외의 목적으로 사용하는 경우에도 적용됩니다(제2조).

② 주거용 건물에 해당되는지 여부는 임대차 목적물의 공부상의 표시만을 기준으로 하는 것은 아니고, 그 실제 용도에 따라서 합목적적으로 판단합니다(대법원 1996.3.12. 선고 95다51953 판결).

③ 예를 들어, 임차인의 점유부분 중 영업용 휴게실 설비로 예정된 홀 1칸이 있지만, 그 절반가량이 주거용으로 쓰이는 방 2칸, 부엌 1칸, 화장실 1칸, 살림용 창고 1칸, 복도로 되어 있고, 그 홀마저 각방의 생활공간으로

쓰이고 있는 경우에는 주거용 건물로 주택임대차보호법이 적용됩니다(대법원 1987.8.25. 선고 87다카793 판결). 그러나 여관의 방 하나를 내실로 사용하는 경우(대법원 1987.4.28. 선고 86다카2407 판결) 등 비주거용 건물에 주거의 목적으로 소부분을 사용하는 경우에는 주택임대차보호법의 보호대상에서 제외될 수도 있습니다.

④ 「주거용 건물」여부의 판단 시기는 임대차계약을 체결하는 때를 기준으로 합니다.

⑤ 임대차계약 체결 당시에는 주거용 건물부분이 존재하지 아니하였는데 임차인이 그 후 임의로 주거용으로 개조한 경우에는 주택임대차보호법의 적용대상이 되지 않습니다(대법원 1986.1.21. 선고 85다카1367 판결).

⑥ 주거용 건물이면 무허가 건물이나 미등기 건물을 주거를 목적으로 임대차 하는 경우에도 주택임대차보호법이 적용됩니다(대법원 1987.3.24. 선고 86다카164 판결). 다만, 무허가 건물이 철거되는 경우에는 보증금을 돌려받기 힘들어지므로 주의할 필요가 있습니다.

2-2. 미등기 전세

주택임대차보호법은 전세권등기를 하지 않은 전세계약(미등기 전세)에도 적용됩니다(제12조).

2-3. 민법에 따른 임대차 등기

주택임대차보호법은 주택에 대해 민법에 따라 임대차등기를 한 경우 주택의 임대차에 인정되는 대항력과 우선변제권에 관한 규정이 준용됩니다(제3조의4 제1항).

3. 주택임대차보호법의 적용 제외

일시 사용을 위한 임대차임이 명백한 경우에는 주택임대차보호법이 적용되지 않습니다(제11조). 예를 들어, 숙박업을 경영하는 자가 투숙객과 체결하는 숙박계약은 일시 사용을 위한 임대차이므로 주택임대차보호법이 적용되지 않습니다(대법원 1994.1.28. 선고 93다43590 판결).

제2장

주택임대차계약

Part 1. 계약 전 확인 사항

1. 계약 당사자 본인 확인

① 임대차계약의 당사자는 임대인과 임차인입니다. 임대인은 임대주택의 소유자인 경우가 보통이나, 임대주택에 대한 처분권이 있거나 적법한 임대권한을 가진 사람도 임대인이 될 수 있습니다(대법원 1999.4.23. 선고 98다49753 판결).

② 주택의 소유자와 계약을 체결하는 경우에는 소유자의 주민등록증으로 등기부상 소유자의 인적사항과 일치하는지를 확인해야 합니다.

③ 주택 소유자의 대리인과 임대차계약을 체결하는 경우에는 위임장과 인감증명서를 반드시 요구해야 합니다.

2. 부동산등기부 확인

2-1. 부동산등기부의 개념

① 「부동산등기부」란 토지나 건물과 같은 부동산의 표시와 부동산의 권리관계의 득실변경에 관한 사항을 적는 공적 장부를 말합니다.

② 부동산의 표시 : 부동산의 소재, 지번, 지목, 구조, 면적 등에 관한 현황을 말합니다.

③ 부동산에 관한 권리관계 : 소유권, 지상권, 지역권, 전세권, 저당권, 권리질권, 채권담보권, 임차권 등의 설정, 보존, 이전, 변경, 처분의 제한, 소멸 등을 말합니다(부동산등기법 제3조).

2-2. 등기부 및 등기사항증명서

① 「등기부」란 전산정보처리조직에 의해 입력·처리된 등기정보자료를 대법원규칙으로 정하는 바에 따라 편성된 해당 등기소에 비치되어 있는 토지·건물의 등기를 하는 공부를 말하며, 등기부는 토지등기부와 건물등기부로 구분됩니다(부동산등기법 제2조 제1호 및 제14조 제1항).

② 「등기사항증명서」란 등기부에 기록되어 있는 사항을 증명하는 서류를 의미합니다(부동산등기법 제19조 제1항).

3. 등기부의 열람 또는 등기사항증명서의 발급

3-1. 등기부의 열람

다음의 방법을 통해 누구든지 수수료를 내고 등기기록의 열람을 청구할 수 있습니다. 다만, 등기기록의 부속서류는 이해관계 있는 부분만 열람을 청구할 수 있습니다(부동산등기법 제19조, 부동산등기규칙 제31조, 등기사항증명서 등 수수료규칙 제3조, 인터넷에 의한 등기기록의 열람 등에 관한 업무처리지침 제2조 및 제4조).

열람방법	열람가능시간	수수료
등기소 방문 (관할 제한 없음)	업무시간 내	등기기록 또는 사건에 관한 서류마다 1200원
대법원 인터넷등기소 (http://www.iros.go.kr)	365일 24시간	등기기록마다 700원

3-2. 등기사항증명서의 발급

다음의 방법을 통해 누구든지 수수료를 내고 등기사항증명서의 발급을 청구할 수 있습니다(부동산등기법 제19조 제1항, 부동산등기규칙 제27조, 등기사항증명서 등 수수료규칙 제2조, 인터넷에 의한 등기기록의 열람 등에 관한 업무처리지침 제2조 및 제4조).

열람방법	열람가능시간	수수료
등기소 방문 (관할 제한 없음)	업무시간 내	1통에 1200원
무인발급기의 이용	지방자치단체별 서비스 시간 다름	1통에 1000원
대법원 인터넷등기소 (http://www.iros.go.kr)	365일 24시간	1통에 1000원

4. 등기부의 구성 및 확인사항

등기부에는 표제부, 갑구(甲區), 을구(乙區)가 있습니다(부동산등기법 제15조 제2항).

4-1. 표제부

① 토지등기기록의 표제부에는 표시번호란, 접수란, 소재지번란, 지목란, 면적란, 등기원인 및 기타 사항란이 있습니다(부동산등기규칙 제13조 제1항).

② 건물등기기록의 표제부에는 표시번호란, 접수란, 소재지번 및 건물번호란, 건물내역란, 등기원인 및 기타사항란이 있습니다.

③ 표제부에서 확인해야 할 사항

   1) 표제부의 지번이 임차하려는 주택의 번지수와 일치하는지를 확인해야 합니다.

   2) 아파트, 연립주택, 다세대주택 등 집합건물의 경우에는 표제부에 나와 있는 동, 호수가 임차하려는 주택의 동, 호수와 일치하는지를 확인해야 합니다.

   3) 잘못된 지번 또는 잘못된 동, 호수로 임대차계약을 하면 주택임대차보호법의 보호를 받을 수 없는 문제가 생깁니다. 예를 들어, 등기부에는 2층 202호라고 표시되어 있는데, 현관문에는 302호라고 표시된 다세대주택을 임대하면서 현관문의 호수 302호라고 임대차계약을 체결하고, 전입신고도 계약서상의 표시대로 302호로 전입신고를 한 경우에는 임차인은 갖추어야할 대항력의 요건인 올바른 주민등록을 갖추지 못했으므로, 주택임대차보호법의 보호를 받을 수 없습니다.

4-2. 갑구와 을구

① 갑구와 을구에는 순위번호란, 등기목적란, 접수란, 등기원인란, 권리자 및 기타사항란이 있습니다(부동산등기규칙 제13조 제2항).

② 갑구에는 소유권의 변동과 가등기, 압류등기, 가압류등기, 경매개시 결정등기, 소유자의 처분을 금지하는 가처분등기 등이 기재되어 있습니다.

③ 갑구에서 확인해야 할 사항

  1) 임대차계약은 등기부상의 소유자와 체결해야 하므로, 먼저 부동산 소유자의 이름, 주소, 주민등록번호 등 인적사항을 확인해야 합니다. 실제로 매매 중에 있는 아파트의 임대차계약을 체결한 후 그 매매계약이 해제된 때에는 매수 예정인은 임대권한이 소멸되므로 그 임대차계약은 무효로 됩니다.

  2) 단독주택을 임차하는 경우에는 토지등기부등본과 건물등기부등본을 비교해서 토지소유자와 건물소유자가 같은 사람인지를 확인해야 합니다.

  3) 압류, 가압류, 가처분, 가등기 등이 되어 있지 않는지를 확인해서, 이러한 등기가 되어 있는 주택은 피해야 합니다.

  ◇ 압류 또는 가압류 이후에 주택을 임차한 임차인은 압류된 주택이 경매에 들어가면 일반채권자와 채권액에 따라 평등하게 배당을 받을 수 있을 뿐이고, 주택임대차보호법에 따른 우선변제를 받을 수 없게 됩니다.

  ◇ 가처분 등기 이후에 주택을 임차한 임차인은 가처분권리자가 소송에 승소하면 가처분 등기 이후에 행해진 모든 행위는 효력이 없으므로 보호받을 수 없게 됩니다.

  ◇ 가등기 이후에 주택을 임차한 임차인은 가등기에 기한 본등기가 이루어지면 본등기 권리자에게 임대차를 주장할 수 없으므로 보호를 받을 수 없게 됩니다.

④ 을구에는 소유권 이외의 권리인 저당권, 전세권 등이 기재되며, 저당권, 전세권 등의 설정 및 변경, 이전, 말소등기도 기재되어 있습니다.

⑤ 을구에서 확인해야 할 사항

  1) 저당권이나 전세권이 등기되어 있는지 확인해서, 저당권이나 전세권이 많이 설정되어 있다면 그런 주택은 피해야 합니다.

  ◇ 저당권이나 전세권이 설정된 후 주택을 임차한 임차인은 저당권자나 전세권자 보다 후순위 권리자로 됩니다. 따라서 주택이 경매되면 저당권자나 전세권자가 배당받고 난 나머지 금액에 대해서만 배당받을 수 있기 때문에 임차보증금을 돌려받기 어려워집니다.

  ◇ 또한, 임차권등기를 마친 주택을 후에 임차하여 주택을 인도받고 주민

등록 및 확정일자를 갖추었다고 하더라도 우선변제를 받을 수 없습니다.

2) 근저당 설정금액이나 전세금이 주택의 시가보다 적다고 해서 안심해서는 안 됩니다.

3) 지상권이나 지역권이 설정되어 있는지 확인해야 합니다.

◇ 지상권, 지역권은 토지의 이용관계를 목적으로 설정되어 있는 권리로 서 부동산 일부분에도 성립할 수 있고, 동일 부동산의 같은 부분에 중복하여 성립할 수도 있으므로 주의해야 합니다.

⑤ 등기부에서 확인할 수 없는 권리관계도 있으므로 등기부를 열람하는 것 외 에 상가건물을 직접 방문하여 상가건물의 권리관계를 확인할 필요가 있습니다. 예를 들어, 주택에 관한 채권을 가진 자가 그 채권을 변제받을 때까 지 주택을 유치하는 유치권 등은 등기부를 통해 확인할 수 없습니다.

5. 등기된 권리의 순위

① 같은 부동산에 관해 등기한 권리의 순위는 법률에 다른 규정이 없으면 등기한 순서에 따릅니다(부동산등기법 제4조 제1항).

② 등기의 순서는 등기기록 중 같은 구에서 한 등기 상호간에는 순위번호 에 따르고, 다른 구에서 한 등기 상호간에는 접수번호에 따릅니다(부동 산등기법 제4조 제2항). 따라서 같은 갑구나 을구 내에서는 그 순위번 호로 등기의 우열을 가리고, 갑구와 을구 사이에서는 접수번호에 따라 등기의 우열을 가리게 됩니다.

③ 부기등기(附記登記)의 순위는 주등기(主登記)의 순위에 따릅니다. 다만, 같은 주등기에 관한 부기등기 상호간의 순위는 그 등기 순서에 따릅니 다(부동산등기법 제5조).

6. 확정일자 등 확인

① 임대차계약을 체결하려는 자는 임대인의 동의를 받아 확정일자부여기관 에 다음의 정보를 열람 또는 그 내용을 기록한 서면의 교부를 요청할

수 있습니다(주택임대차보호법 제3조의6제4항 및 주택임대차보호법 시행령 제6조제2항 참조).

- 임대차목적물

- 확정일자 부여일

- 차임·보증금

- 임대차기간

② "확정일자부여기관"이란 주택 소재지의 읍·면사무소, 동 주민센터 또는 시(특별시·광역시·특별자치시는 제외, 특별자치도는 포함)·군·구(자치구를 말함)의 출장소, 지방법원 및 그 지원과 등기소 또는 「공증인법」에 따른 공증인을 말합니다(주택임대차보호법 제3조의6제1항 참조).

Part 2. 임대차계약

1. 임대차계약의 당사자 확인 등

1-1. 소유자

주택의 소유자와 계약을 체결하는 경우에는 소유자의 주민등록증으로 등기부상 소유자의 인적사항과 일치하는지를 확인해야 합니다.

1-2. 공동소유자

① 주택의 공동소유자 중 일부와 임대차계약을 체결하는 경우에는 공유자 일부의 지분이 과반수 이상인지를 등기부의 갑구에 기재되어 있는 공유자들의 소유권 지분으로 확인해야 합니다.

② 공유 주택의 임대행위는 공유물의 관리행위에 해당하고, 공유물의 관리에 관한 사항은 지분의 과반수로 결정하도록 하고 있기 때문입니다(민법 제265조).

> **(관련판례)**
>
> 공유자가 공유물을 타인에게 임대하는 것과 같은 행위는 공유물의 관리행위라 할 것이고 공유자의 한사람이 불법점거자에게 대하여 명도나 인도를 청구하는 것은 공유물의 보존행위라 할 것이며 공유물의 관리 행위는 공유자의 지분의 과반수로써 결정함이 「민법」 제265조(구 「민법」 제252조)의 규정에 의하여 분명하다 할 것이다(대법원 1962.4.4. 선고 62다1 판결).

1-3. 명의수탁자

① 주택의 명의수탁자와 임대차계약을 체결하는 경우에는 명의수탁자가 등기부상의 소유자와 동일한가를 확인해야 합니다.

② 명의수탁자는 명의신탁의 법리에 따라 대외적으로 적법한 소유자로 인정되고, 그가 행한 신탁 목적물에 대한 처분 및 관리행위는 유효하기 때문입니다. 그리고, 명의신탁자가 명의신탁 해지를 원인으로 소유권이전

등기를 마친 후 주택의 반환을 요구해도 임차인은 그 요구에 따를 필요가 없습니다. 명의신탁자는 명의수탁자의 지위를 승계한 것으로 보므로, 임차인은 임차권을 주장할 수 있습니다(대법원 1999. 4. 23. 선고 98다49753 판결).

③ 「명의신탁」이란 소유 관계를 공시하도록 되어 있는 재산에 대하여 소유자 명의를 실소유자가 아닌 다른 사람 이름으로 해놓는 것을 말합니다. 명의신탁이 된 재산의 소유관계는 신탁자와 수탁자 사이에서는 소유권이 그대로 신탁자에게 있지만, 대외관계 또는 제3자에 대한 관계에서는 소유권이 수탁자에게 이전·귀속됩니다.

2. 대리인

2-1. 대리인과 임대차계약을 체결하는 경우

① 주택 소유자의 대리인과 임대차계약을 체결하는 경우에는 대리인의 신분증, 소유자의 인감이 찍힌 위임장, 인감증명서를 확인하시기 바랍니다.

② 위임장에는 부동산의 소재지와 소유자 이름 및 연락처, 계약의 목적, 대리인 이름·주소 및 주민번호, 계약의 모든 사항을 위임한다는 취지가 기재되고 연월일이 기재된 후 위임인(소유자)의 인감이 날인되어 있어야 합니다.

③ 인감증명서는 위임장에 찍힌 위임인(소유자)의 날인 및 임대차계약서에 찍을 날인이 인감증명서의 날인과 동일해야 분쟁의 소지를 예방할 수 있습니다.

2-2. 주택 소유자의 처와 임대차계약을 체결한 경우

① 그 처가 자신의 대리권을 증명하지 못하는 이상 그 계약의 안전성은 보장되지 않습니다. 부부에게 일상가사대리권이 있다고 하더라도 주택을 임대하는 것은 일상가사에 포함된다고 보지 않기 때문입니다.

② 민법은 부부평등의 원칙에 따라 부부 상호 간에는 일상적인 가사에 관

해 서로 대리권이 있다고 규정하고 있습니다(제827조 제1항). 일상적인 가사란 부부의 공동생활에 통상적으로 필요한 식료품 구입, 일용품 구입, 가옥의 월세 지급 등과 같은 의식주에 관한 사무, 교육비·의료비나 자녀 양육비의 지출에 관한 사무 등이 그 범위에 속합니다. 그러나 일상생활비로서 객관적으로 타당한 범위를 넘어선 금전 차용이나 가옥 임대, 부동산 처분 행위 등은 일상적인 가사의 범위에 속하지 않습니다(대법원 1993.9.28. 선고 93다16369 판결).

2-3. 전대인(임차인)

① 주택의 소유자나 소유자의 대리인이 아닌 전대인(임차인)과 전대차계약을 체결하려는 경우에는 임대인의 동의 여부를 확인해야 합니다.

② 임대인의 동의 없이 전대차계약을 하였을 때에는 그 계약은 성립하나 전차인은 임차권을 주장할 수 없기 때문에 임대인의 인감증명서가 첨부된 동의서를 받아두는 것이 안전합니다.

③ 따라서 임대인이 주택의 반환을 요구하면, 전차인은 주택을 반환해야 하고, 임대인에게 전대차 보증금의 반환을 청구할 수 없습니다. 다만, 전차인은 전대차계약을 체결한 전대인(임차인)에게 전대차 보증금의 반환을 청구할 수 있습니다.

3. 부동산 개업공인중개사

3-1. 공인중개사 사무소

① 주택의 임대차계약을 체결하려는 당사자는 다음의 방법을 통해 시장·군
   수·구청장에게 등록된 중개사무소에서 계약을 체결하는 것이 안전합니다
   (공인중개사법 제9조).

   1) 해당 중개사무소 안에 게시되어 있는 중개사무소등록증, 공인중개사자격
      증 등으로 확인(공인중개사법 제17조, 동법시행규칙 제10조, 별지 제3호
      서식 및 별지 제6호서식).

   2) 해당 시·군·구청의 중개업무 담당부서에서 개업공인중개사 등록여부와 신
      분증·등록증 위조 여부를 확인

   3) 씨:리얼(seereal.lh.or.kr) 또는 각 지방자치단체의 한국토지정보시스템
      등을 통해 확인

② 중개업사무소에 게시된 '보증의 설정 증명서류'를 확인하여 보증보험 또
   는 공제에 가입했는지를 확인하고 개업공인중개사의 중개를 받은 것이
   안전합니다(공인중개사법 시행규칙제10조).

③ 개업공인중개사는 중개행위에서 고의 또는 과실로 거래당사자에게 재산
   상의 손해를 발생하게 한 때에는 그 손해를 배상할 책임이 있고, 이를
   보장하기 위해 보증보험이나 공제에 가입하도록 하고 있기 때문입니다
   (공인중개사법 제30조).

3-2. 임대인을 대리한 개업공인중개사와 계약을 체결하는 경우 임차인의
주의사항

   임대인으로부터 임대차계약을 위임받은 개업공인중개사가 임대인에게는
보증금이 적은 월세계약을 했다고 속이고 임차인의 보증금을 가로채는 등의 사
기가 발생할 수도 있습니다. 따라서 임차인은 다음과 같은 주의를 해야 합니다.

   1) 개업공인중개사가 공인중개사법에 따른 등록한 개업공인중개사인지 확인
      하고, 공인중개사자격증 또는 중개업등록증과 사진, 신분증 및 얼굴을 대

조하여 개업공인중개사의 신분을 확인합니다.

2) 개업공인중개사가 소유자로부터 임대차에 관한 대리권을 받았다는 위임
   장과 인감증명서를 확인하고, 소유자에게 위임사실·계약조건 등을 확인하
   여 개업공인중개사의 대리권을 확인합니다.

3) 주변시세보다 크게 싸거나 조건이 좋을 경우에는 일단 조심하고 해당건
   물의 권리관계, 소유자 등을 직접 꼼꼼히 확인합니다.

3-3. 개업공인중개사에게 임대차에 관한 대리권을 주는 경우 임대인의 주의사항

개업공인중개사가 위와 같은 사기행위를 한 경우 임대인에게 무권대
리책임 등의 책임이 전가되므로, 개업공인중개사에게 임대차에 관한 권한을
위임하는 경우에는 다음과 같은 점에 주의해야 합니다.

1) 개업공인중개사에게 임대차에 관한 포괄적 위임은 자제하고, 개업공인중
   개사가 임대인의 의사와 다르게 계약을 하지 못하도록 위임사항을 명확
   히 합니다.

2) 위임장과 인감증명서를 주기적으로 변경하여 관리해야 합니다.

3) 임대차계약의 보증금 및 월세를 임차인과 통화 등을 통해 확인하고 월세
   및 보증금은 임대인 계좌로 직접 입금받는 등 개업공인중개사가 보증금
   을 수령하지 못하도록 조치합니다.

Part 3. 임대차계약서의 작성

1. 임대차계약의 자유

　　주택임대차계약은 원칙적으로 계약당사자가 자유롭게 계약기간, 해지조건 등 그 내용을 정할 수 있고, 반드시 계약서를 작성해야 하는 것도 아닙니다. 그러나 나중에 발생할 수 있는 분쟁을 예방하기 위해서는 임대차계약서를 작성하는 것이 좋습니다.

2. 임대차계약서의 작성

2-1. 임대차계약서의 작성

① 계약당사자가 자유롭게 임대차계약의 내용을 정할 수 있으므로, 임대차계약서에 정해진 양식은 없습니다. 다만, 공인중개사를 통한 주택임대차계약서에는 다음의 사항이 기재됩니다(공인중개사법 제26조 제1항 및 동법 시행령 제22조 제1항).

　1) 거래당사자의 인적 사항

　2) 물건의 표시

　3) 계약일

　4) 거래금액·계약금액 및 그 지급일자 등 지급에 관한 사항

　5) 물건의 인도일시

　6) 권리이전의 내용

　7) 계약의 조건이나 기한이 있는 경우에는 그 조건 또는 기한

　8) 중개대상물확인·설명서 교부일자

　9) 그 밖의 약정내용

② 주택임대차계약서의 정해진 형식은 없지만, 확정일자를 받기 위해서는 임대차계약서가 다음과 같은 요건을 갖추어야 합니다(주택임대차계약증서상의 확정일자 부여 및 임대차 정보제공에 관한 규칙 제3조).

1) 주택임대차계약증서가 임대인·임차인의 인적사항, 임대차 목적물, 임대차 기간, 보증금 등이 적혀 있는 완성된 문서여야 합니다. 주택임대차의 주택과 그 기간 등이 기재되어 있지 않은 영수증 등에 확정일자를 받더라도 우선변제권의 효력은 발생하지 않으므로 주의해야 합니다.

2) 계약당사자(대리인이 계약을 체결한 경우에는 그 대리인을 말함)의 서명 또는 기명날인이 있어야 합니다.

3) 연결되는 글자에 빈 공간이 있는 경우에는 계약당사자가 빈 공간에 직선 또는 사선을 긋고 도장을 찍어 그 부분에 다른 글자가 없음을 표시해야 합니다.

4) 정정한 부분이 있는 경우에는 그 난의 밖이나 끝부분 여백에 정정한 글자 수가 기재되어 있고, 그 부분에 계약당사자의 서명이나 날인이 되야 합니다

5) 계약증서가 두 장 이상인 경우에는 간인(間印)이 있어야 합니다.

6) 확정일자가 부여되어 있지 않아야 합니다. 다만, 이미 확정일자를 부여받은 계약증서에 새로운 내용을 추가 기재하여 재계약을 한 경우에는 그렇지 않습니다.

③ 부동산임대차계약서의 예

부동산임대차계약서

□ 전 세   □ 월 세

임대인과 임차인 쌍방은 아래 표시 부동산에 관하여 다음 계약내용과 같이 임대차계약을 체결한다.

1. 부동산의 표시

소 재 지					
토 지	지 목		면 적		m²
건 물	구조, 용도		면 적		m²
임대할부분			면 적		m²

2. 계약내용

제1조(목적) 위 부동산의 임대차에 한하여 임대인과 임차인은 합의에 의하여 임차보증금 및 차임을 아래와 같이 지불하기로 한다.

보 증 금	금		원정 (₩	)
계 약 금	금	원정은 계약서 지불하고 영수함 영수자(		인)
중 도 금	금	원정은	년 월	일에 지불하며
잔 금	금	원정은	년 월	일에 지불한다.
차 임	금	원정은 (선불로, 후불로)에	월 일에 지불한다.	

제2조 (존속기간) 임대인은 위 부동산을 임대차 목적대로 사용, 수익할 수 있는 상태로 _____년 ____월 ____일까지 임차인에게 인도하며, 임대차 기간은 인도일로부터 _____년 ____월 ____일까지로 한다.

제3조 (용도변경 및 전대 등) 임파인은 임대인의 동의없이 위 부동산의 용도나 구조를 변경하거나 전대, 임차권 양도 또는 담보제공을 하지 못하며 임대차 목적 이외의 용도로 사용할 수 없다.

제4조 (계약의 해지) 임차인의 차임연체액이 2기의 차임액에 달하거나 제3조를 위반하였을 때 임대인은 즉시 본 계약을 해지할 수 있다.

제5조 (계약의 종료) 임대차계약이 종료된 경우에 임차인은 위 부동산을 원상으로 회복하여 임대인에게 반환한다. 이러한 경우 임대인은 보증금을 임차인에게 반환하고, 연체 임대표 또는 손해배상금이 있을 때는 이를를 제하고 그 잔액을 반환한다.

제6조 (계약의 해제) 임차인이 임대인에게 중도금(중도금이 없을 때는 잔금)을 지불하기 전까지, 임대인은 계약금의 배액을 상환하고, 임차인은 계약금을 포기하고 이 계약을 해제할 수 있다.

제7조 (채무불이행과 손해배상) 임대인 또는 임차인이 본 계약상의 내용에 대하여 불이행이 있을 경우 그 상대방은 불이행한 자에 대하여 서면으로 최고하고 계약을 해제 할 수 있다. 그리고 계약 당사자는 계약해제에 따른 손해배상을 각각 상대방에 대하여 청구할 수 있다.

특약사항 _____

본 계약을 증명하기 위하여 계약 당사자가 이의 없음을 확인하고 각각 서명·날인 후 임대인, 임차인 매장마다 간인하여야 하며, 각각 1통씩 보관한다.   년   월   일

임 대 인	주 소						
	주 민 번 호		전 화		성명		㊞
	대 리 인	주소	주 민 번 호		성명		
임 차 인	주 소						
	주 민 번 호		전 화		성명		㊞
	대 리 인	주소	주 민 번 호		성명		
중 개 인	소 재 지						
	허 가 번 호		전 화				
	상 호				대표		㊞

※ 주택임대차계약서의 정해진 형식은 없지만, 확정일자를 받기 위해서는 임대차계약서가 다음과 같은 요건을 갖추어야 합니다(「주택임대차계약 증서상의 확정일자 부여 및 임대차 정보제공에 관한 규칙」제3조).

1) 주택임대차계약증서가 임대인·임차인의 인적사항, 임대차 목적물, 임대차 기간, 보증금 등이 적혀 있는 완성된 문서여야 합니다. 주택임대차의 주택과 그 기간 등이 기재되어 있지 않은 영수증 등에 확정일자를 받더라도 우선변제권의 효력은 발생하지 않으므로 주의해야 합니다.

2) 계약당사자(대리인이 계약을 체결한 경우에는 그 대리인을 말함)의 서명 또는 기명날인이 있어야 합니다.

3) 연결되는 글자에 빈 공간이 있는 경우에는 계약당사자가 빈 공간에 직선 또는 사선을 긋고 도장을 찍어 그 부분에 다른 글자가 없음을 표시해야 합니다.

4) 정정한 부분이 있는 경우에는 그 난의 밖이나 끝부분 여백에 정정한 글자 수가 기재되어 있고, 그 부분에 계약당사자의 서명이나 날인이 되어야 합니다.

5) 계약증서가 두 장 이상인 경우에는 간인(間印)이 있어야 합니다.

6) 확정일자가 부여되어 있지 않아야 합니다. 다만, 이미 확정일자를 부여받은 계약증서에 새로운 내용을 추가 기재하여 재계약을 한 경우에는 그렇지 않습니다.

2-2. 임대차 계약시 유의사항

계약서 작성 시 다음의 유의사항을 확인하도록 합니다.

① 중개업자를 통해 계약할 시 중개업자가 작성한 중개대상물 건 확인설명서와 계약 직전에 교부받은 등기사항전부증명서 (구.등기부등본)을 확인한 후 실소유주(등기명의인)와 계약해 야 합니다.

② 만약, 실소유주(등기명의인)가 아닌 사람과 계약서를 작성 한다면 명의인의 위임장을 받아야 합니다. 위임장 없이 실소 유주가 아닌 사람과 맺은 계약은 원천적으로 무효이며, 대리 계약자가 가족이라 하더라도 법적인 대리권이 없습니다.

2-3. 대금지급 시 유의사항

중도금이나 잔금지급시 다음의 유의사항을 확인하도록 합니다.

① 중도금이나 잔금을 지급할 때에는 대금 지급 내용이 적힌 영수증을 반드시 주고 받습니다.

② 중도금이나 잔금 기일 직전에 반드시 등기사항전부증명서(구-등기부등본)을 다시 한번 떼어 내용을 확인합니다.
※중도금을 받은 다음 이중으로 매도하는 사고가 생겨날 수있기 때문입니다.

③ 저당권, 임차권, 전세권 등을 인수할 경우에는 금융기관으로부터 해당 금액의 잔고증명을 받아 확인합니다.

④ 거래물건과 관련된 각종 세금 및 공과금 관련서류를 확인합니다.

⑤ 잔금지급과 동시에 모든 거래가 완료되므로 잔금 지급일에는 계약서 작성시 준비하였던 서류를 다시 한번 준비합니다.

⑥ 부동산 중개업자에게 중개수수료를 지불합니다.

⑦ 매수인은 잔금을 지급함과 동시에 매도인으로부터 위와 같은 권리이전 서류를 받아 60일 이내에 관할 등기소에 이전등기 절차를 마쳐야 합니다. 60일 이내에 등기신청을 하지 않았을 경우 등기신청 해태에 따른 과태료를 내야 합니다.

⑧ 이전등기절차를 마친 다음 매수인은 등기사항전부증명서(구-등기부등본)을 떼어서 이전등기가 확실히되었는지 그 내용을 다시 한번 확인합니다.

2-4. 임대차계약 후 중도금 지급 전 계약해지

① 임차인이 계약 당시 계약금을 지급한 경우, 당사자의 일방이 이행에 착수할 때까지 임차인은 지급한 계약금을 포기하고, 임대인은 받은 계약금의 배액을 상환하여 계약을 해제할 수 있습니다(민법 제565조 참조).

② 계약금은 계약이 체결되었다는 증거금이며, 임대차계약 후 중도금 지급

전 계약해지 시 해약금의 성격을 가집니다. 또한, 계약금을 위약금으로 삼기로 하는 특약이 있으면 손해배상액의 예정의 성질도 가집니다(민법 제565조제1항 및 제398조제4항).

2-5. 임대차의 존속기간

① 임대차 기간은 보통 2년으로 하지만, 반드시 2년으로 기재할 필요는 없습니다.

② 임대차 기간을 1년으로 정한 경우에도 임차인은 1년 후 이사를 가고 싶으면 이사를 가면서 임차보증금을 돌려달라고 할 수도 있고, 계속 살고 싶으면 최소한 2년간은 임차 주택에서 살 수 있습니다(주택임대차보호법 제4조제1항).

③ 그러나 기간을 정하지 않았거나 2년 미만으로 정한 임대차는 그 기간을 2년으로 보므로, 임대인은 1년으로 임대차계약을 체결했더라도 1년을 주장할 수 없습니다(주택임대차보호법 제4조제1항).

※ 특약사항에 명시할 사항
- 계약 당시의 등기부상 권리관계 상태를 잔금 지불시까지 유   지하여 양도한다는 내용
- 잔금지불과 동시에 등기이전에 관련된 일체의 서류를 교부   한다는 내용
- 잔금일을 기준으로 공과금과 세금을 정산한다는 내용 ·계약   불이행시 손해배상을 한다는 내용
- 각종 권리제한 등에 대한 말소 또는 인수에 대한 내용

④ 2020년 7월 31일부터는 임대인은 임차인이 임대차기간이 끝나기 전 일정 기간 중에 계약갱신을 요구할 경우 정당한 사유 없이 거절하지 못하도록 하고, 임차인은 계약갱신요구권을 1회에 한하여 행사할 수 있도록 하며, 갱신되는 임대차의 존속기간은 2년으로 보도록 하여 임대인이 원할 경우 최대 4년간 임대차기간을 보장받을 수 있습니다(주택임대차보호법 제6조의3 제1항 및 제2항 신설).

3. 임대차계약 후 받아야 할 서류

3-1. 주택임대차계약서

① 부동산 개업공인중개사는 중개대상물에 관해 중개가 완성되어 작성한 거래계약서를 거래당사자에게 각각 교부해야 합니다.

② 그리고 임대차계약서의 사본을 5년 동안 보존해야 합니다(공인중개사법 제26조 제1항 및 동법 시행령 제22조 제2항).

3-2. 중개대상물 확인·설명서

① 부동산 개업공인중개사는 거래계약서를 작성하는 때에 중개대상물확인·설명서를 거래당사자에게 교부해야 합니다(공인중개사법 제25조 제3항, 동법 시행령 제21조 제3항 및 동법 시행규칙 별지 제20호서식).

② 만약, 부동산 개업공인중개사가 중개대상물확인·설명서를 작성해 주지 않거나, 그 작성된 내용이 사실과 다른 때에는 거래당사자는 부동산 개업공인중개사에게 손해배상을 청구할 수 있습니다(공인중개사법 제30조).

3-3. 공제증서

공제증서는 부동산 개업공인중개사의 중개사고에 대비하기 위한 손해배상책임 보장에 관한 증서로서, 부동산 개업공인중개사는 거래당사자에게 공제증서를 교부해야 합니다(공인중개사법 제30조 제5항).

4. 전·월세 실거래가 확인

① 국토교통부에서는 2011년 1월부터 확정일자를 받은 주택을 대상으로 전·월세 가격자료를 제공하고 있습니다. 또한, 2011년 12월부터 아파트 외의 단독주택과 다가구·다세대주택 전·월세 가격자료까지 제공됩니다.

② 전·월세 가격자료는 주택 소재지의 읍사무소, 면사무소, 동 주민센터 또는 시·군·구의 출장소에서 임대차계약서에 확정일자를 받을 때 담당 공

무원이 보증금, 임대료, 주택소재지 등 거래정보를 부동산거래관리시스템에 입력하여 수집합니다. 전·월세 가격자료는 확정일자를 부여받을 때 공무원이 수집할 뿐, 임차인이나 부동산 개업공인중개사에게 신고의무가 있는 것은 아닙니다.

③ 주택은 그 특수성이 있습니다. 예를 들어, 같은 단지, 같은 동, 같은 평수의 아파트일지라도 그 각각의 노후 정도, 리모델링 등에 따라 가격이 다릅니다. 또한 거래시점의 부동산 시장의 상황에 따라서도 거래가격이 달라집니다. 따라서 주택의 전·월세의 가격자료가 현재의 거래가격을 알 수 있는 절대적인 기준이 될 수 없습니다. 다만, 지역별 전·월세의 가격자료를 통해 임차인은 대략적인 시세를 알 수 있습니다.

Part 4. 부동산 개업공인중개사의 책임 및 중개보수

1. 부동산 개업공인중개사의 의무

1-1. 부동산 개업공인중개사의 신의성실 및 비밀누설금지

① 개업공인중개사 및 소속공인중개사는 거래당사자에게 신의와 성실로써 공정하게 중개업무를 수행해야 합니다(공인중개사법 제29조 제1항).

② 부동산 개업공인중개사·소속공인중개사·중개보조원 및 개업공인중개사인 법인의 사원·임원(이하 "개업공인중개사 등"이라 함)은 중개업무로 알게 된 비밀을 누설하지 말아야 하고, 그 업무를 떠난 후에도 누설해서는 안 되며, 이를 위반한 경우에는 1년 이하의 징역 또는 1,000만원 이하의 벌금에 처해집니다(공인중개사법 제29조 제2항 및 제49조 제1항 제9호).

1-2. 부동산 개업공인중개사의 설명의무

① 부동산 개업공인중개사는 주택임대차계약을 하려는 사람에게 다음의 사항에 대하여 성실·정확하게 설명하고 중개대상물의 토지대장 등본 또는 부동산종합증명서, 등기사항증명서 등 설명의 근거자료를 함께 제시해야 합니다(공인중개사법 제25조 제1항 및 동법 시행령 제21조 제1항).

  1) 해당 중개대상물의 상태·입지 및 권리관계

  2) 법령규정에 따른 거래 또는 이용제한 사항

  3) 중개대상물의 종류·소재지·지번·지목·면적·용도·구조 및 건축연도 등 중개대상물에 관한 기본적인 사항

  4) 소유권·전세권·저당권·지상권 및 임차권 등 중개대상물의 권리관계에 관한 사항

  5) 거래예정금액·중개보수 및 실비의 금액과 그 산출내역

  6) 토지이용계획, 공법상의 거래규제 및 이용제한에 관한 사항

  7) 수도·전기·가스·소방·열공급·승강기 및 배수 등 시설물의 상태

  8) 벽면 및 도배의 상태

9) 일조·소음·진동 등 환경조건

10) 도로 및 대중교통수단과의 연계성, 시장·학교와의 근접성 등 입지조건

11) 중개대상물에 대한 권리를 취득함에 따라 부담하여야 할 조세의 종류 및 세율

② 부동산 개업공인중개사는 확인·설명을 위해 필요한 경우에는 중개대상물의 임대의뢰인에게 해당 중개대상물의 상태에 관한 자료를 요구할 수 있습니다(공인중개사법 제25조 제2항).

③ 임대의뢰인이 중개대상물의 상태에 관한 자료요구에 불응한 때에는 그 사실을 임차의뢰인에게 설명하고, 중개대상물확인·설명서에 기재해야 합니다(공인중개사법 시행령 제21조2항).

1-3. 중개대상물확인·설명서의 교부·보존 의무

① 부동산 개업공인중개사는 거래계약서를 작성하는 때 중개대상물확인·설명서를 거래당사자에게 발급해야 하고, 그 원본, 사본 또는 전자문서를 3년간 보존해야 합니다(공인중개사법 제25조 제3항, 동법 시행령 제21조 제3항, 동법 시행규칙 제16조 제1호 및 별지 제20호서식).

② 중개대상물확인·설명서에는 부동산 개업공인중개사의 서명 및 날인이 있어야 하며, 해당 중개행위를 한 소속공인중개사가 있는 경우에는 소속공인중개사가 함께 서명 및 날인해야 합니다(공인중개사법 제25조 제4항).

1-4. 공제증서의 교부 의무

부동산 개업공인중개사는 중개가 완성된 때에는 거래당사자에게 손해배상책임의 보장에 관한 다음의 사항을 설명하고, 관계 증서의 사본을 교부하거나 관계 증서에 관한 전자문서를 제공해야 합니다(공인중개사법 제30조 제5항 및 동법 시행령 제24조제1항).

1) 보장금액(법인 개업공인중개사는 2억원 이상, 비법인 개업 공인중개사는 1억 원 이상)

2) 보증보험회사, 공제사업을 하는 자, 공탁기관 및 그 소재지

3) 보장기간

1-5. 부동산 개업공인중개사의 손해배상책임

① 부동산 개업공인중개사는 중개행위를 함에 있어 고의나 과실로 거래당사자에게 재산상의 손해를 발생하게 한 경우에는 그 손해를 배상할 책임이 있습니다(공인중개사법 제30조 제1항).

② 부동산 개업공인중개사는 자기의 중개사무소를 다른 사람의 중개행위의 장소로 제공함으로써 거래당사자에게 재산상의 손해를 발생하게 한 경우에는 그 손해를 배상할 책임이 있습니다(공인중개사법 제30조 제2항).

(관련판례)

공인중개사가 부동산중개업법 소정의 중개대상물 확인서의 작성 및 그를 통한 설명의무를 전혀 이행하지 않고 등기부등본조차도 제시하지 않았을 뿐만 아니라 당해 부동산은 아무런 법률적 문제가 없으니 자신을 믿고 계약을 체결하라는 잘못된 설명을 하는 등 업무상 주의의무를 현저히 위반함으로써 임차인이 전세금 일부를 반환받지 못하게 되는 손해를 입은 경우, 중개업자는 임차인에게 같은 법 제19조 제1항에 기한 손해배상책임이 있으나, 한편 임차인이 생면 부지의 사람과 비교적 고액의 보증금을 지급하고 전세계약을 체결함에 있어서 나름대로 부동산에 관한 등기부등본을 발급받아 봄으로써 이에 대한 권리관계사항을 미리 조사하는 등으로 손해방지를 위한 대비를 하였어야 함에도 불구하고 공인중개사의 말만을 믿고 섣불리 계약을 체결한 과실이 있다는 이유로 공인중개사의 책임을 70%로 제한한 사례. (1997. 10. 22선고 96나2019 판결 광주고등법원)

---

2. 부동산 중개보수 및 실비

2-1. 중개보수 및 실비 지급

① 중개의뢰인은 중개업무에 관해 부동산 개업공인중개사에게 소정의 보수를 지급해야 합니다. 다만, 부동산 개업공인중개사의 고의 또는 과실로 인하여 중개의뢰인간의 거래행위가 무효·취소 또는 해제된 경우에는 지급하지 않아도 됩니다(공인중개사법 제32조제1항).

② 「중개보수」란 부동산거래로 계약이 체결되어 부동산 개업공인중개사와 중개의뢰인 사이에 수수되는 금액을 말합니다. 거래금액에 따른 일정요율과 한도액 및 지급시기는 지방자치단체의 조례로 규정되어 있습니다(공인중개사법 제32조 제3항, 제4항).

③ 중개의뢰인은 부동산 개업공인중개사의 고의 또는 과실로 부동산 거래행위가 무효·취소 또는 해제된 경우에는 중개보수를 지급할 필요가 없으나, 거래당사자의 의사에 따라 해제된 경우에는 중개보수를 지급해야 합니다(공인중개사법 제32조 제1항).

④ 중개의뢰인은 부동산 개업공인중개사에게 중개대상물의 권리관계 등의 확인 또는 계약금 등의 반환채무이행보장에 소요된 실비를 줄 수 있습니다(공인중개사법 제32조제2항).

⑤ 중개대상물의 소재지와 중개사무소의 소재지가 다른 경우에는 중개사무소의 소재지를 관할하는 시·도의 조례에서 정한 기준에 따라 보수 및 실비를 지급합니다(공인중개사법 시행규칙 제20조 제3항).

2-2. 중개보수 및 실비의 한도

① 주택(건축물 중 주택의 면적이 2분의 1 이상인 경우도 주택에 포함)임대차에 대한 중개보수의 한도는 거래금액에 따라 1천분의 3부터 1천분의 6 이내에서 시·도의 조례로 정하는 요율 한도 이내에서 중개의뢰인과 개업공인중개사가 서로 협의하여 결정합니다(공인중개사법 시행규칙 제

20조 제1항 및 제6항).

② 실비의 한도는 중개대상물의 권리관계 등의 확인 또는 계약금 등의 반환채무이행 보장에 드는 비용으로 하되, 개업공인중개사가 영수증 등을 첨부하여 매도·임대 그 밖의 권리를 이전하려는 중개의뢰인(계약금 등의 반환채무이행 보장에 소요되는 실비의 경우에는 매수·임차 그 밖의 권리를 취득하려는 중개의뢰인을 말함)에게 청구할 수 있습니다(공인중개사법 시행규칙 제20조 제2항).

③ 부동산 개업공인중개사는 중개보수·실비의 요율 및 한도액 표를 해당 중개사무소 안의 보기 쉬운 곳에 게시해야 합니다(공인중개사법 제17조, 동법 시행규칙 제10조 제2호).

2-3. 한도를 초과한 중개보수 및 실비 수수 금지

① 부동산 개업공인중개사는 사례·증여 그 밖의 어떠한 명목으로도 중개보수 또는 실비의 한도를 초과하여 금품을 받아서는 안 되며, 이를 위반한 때에는 과태료 또는 영업정지나 1년 이하의 징역 또는 1,000만원 이하의 벌금에 처해지게 됩니다(공인중개사법 제33조 제3호 및 제49조 제1항 제10호).

② 중개보수는 중개의뢰인 쌍방이 요율 및 한도액 내에서 각각 지급해야 하고, 한도액을 초과하는 때에는 한도액의 범위 내에서 지급하면 됩니다(공인중개사법시행규칙 제20조제1항).

③ 만약, 개업공인중개사가 수수료 또는 실비의 한도를 초과하여 요구하는 경우에는 그 초과분은 무효이고, 한도를 초과하여 지급한 수수료 또는 실비의 반환을 청구할 수 있습니다(대법원 2007.12.20. 선고 2005다 32159 전원합의체 판결).

④ 한도를 초과하는 보수 또는 실비를 요구하는 경우 거래당사자는 초과분에 대해 지급을 거절할 수 있으며, 계속하여 한도 초과 보수 또는 실비를 요구하면 행정관청에 신고할 수 있습니다.

3. 전월세자금 대출

3-1. 전월세자금 대출의 종류

① 정부는 무주택 서민층의 주거안정을 위해 서민들의 보금자리 마련에 필요한 자금을 지원해 주고 있습니다. 이를 위해 정부는 주택도시기금을 활용하여 전월세자금을 대출해 주고 있습니다(주택도시기금법 제1조 및 제3조 참조).

② 주택도시기금을 활용한 전월세자금 대출은 다음과 같습니다(주택도시기금 홈페이지-개인상품-주택전세자금대출).

종 류	내 용
버팀목전세자금	근로자 및 서민의 주거안정을 위한 전세자금 대출상품
주거안정월세자금	저소득계층의 주거안정을 위한 월세자금 대출상품

③ 전월세자금 대출의 종류, 대출대상, 대출신청방법, 대출기간 및 대출이자 등에 관한 보다 자세한 내용은 〈주택도시기금 홈페이지-주택전세자금대출〉 부분에서 확인하실 수 있습니다.

④ 그 밖에 시중은행에서도 전세자금대출 상품을 운용하고 있습니다. 시중은행에서 운용하는 전세자금대출 상품의 종류 및 이율 등 보다 자세한 내용은 해당 은행의 홈페이지에서 확인할 수 있습니다.

Part 5. 주택임대차 계약 신고제(전월세신고제)

1. 주택 임대차 계약 신고 의무

1-1. 주택 임대차 계약 신고제(전월세신고제)의 개념

① "주택 임대차 계약 신고제"란 임대차 계약 당사자(임대인과 임차인을 말함)가 임대차 계약 체결일부터 30일 이내에 임대기간, 임대료 등의 계약내용을 주택 소재지 관할 신고관청에 공동으로 신고해야 하는 제도입니다(부동산 거래신고 등에 관한 법률 제6조의21항 참고).

② 임대차 신고대상은 2021년 6월 1일부터 체결되는 신규, 갱신(금액변동 없는 갱신계약은 제외함)임대차 계약입니다(부동산 거래신고 등에 관한 법률 부칙〈법률 제17483호, 2020. 8. 18.〉 제2조 및 동법 시행령 제4조의3제1항 참조).

1-2. 주택 임대차 계약 신고제(전월세신고제)의 대상

① 주택 임대차 계약 신고는 관련 법에서 정하는 신고지역 및 신고금액에 해당하는 경우에 신고 대상이 됩니다.

② 임대차 신고대상 지역은 수도권(서울, 경기도, 인천) 전역, 광역시, 세종시, 제주시 및 도(道)의 시(市)지역(도 지역의 군은 제외함)이 해당 됩니다(부동산 거래신고 등에 관한 법률 시행령 제4조의3 제2항).

③ 주택 임대차 계약 신고제는 신고 금액이 임대차 보증금이 6천만원을 초과하거나 월 차임이 30만원을 초과하는 임대차 계약(임대차 계약을 갱신하는 경우로서 보증금 및 차임의 증감 없이 임대차 기간만 연장하는 경우는 제외함)에 대하여 적용됩니다(부동산 거래신고 등에 관한 법률 시행령 제4조의3 제1항).

2. 신고절차 및 방법

2-1. 주택 임대차 계약에 신고할 내용

신고 내용에는 임대인·임차인의 인적사항, 임대 목적물 정보(주소, 면적 또는 방수), 임대료, 계약기간, 체결일 등 다음의 사항을 내용으로 합니다(부동산 거래신고 등에 관한 법률 시행규칙 제6조의2 제1항).

1) 임대차계약당사자의 인적사항
   - 자연인인 경우 : 성명, 주소, 주민등록번호(외국인은 외국인등록번호를 말함) 및 연락처
   - 법인인 경우 : 법인명, 사무소 소재지, 법인등록번호 및 연락처
   - 법인 아닌 단체인 경우 : 단체명, 소재지, 고유번호 및 연락처

2) 임대차 목적물(주택을 취득할 수 있는 권리에 관한 계약인 경우에는 그 권리의 대상인 주택을 말함)의 소재지, 종류, 임대 면적 등 임대차 목적물 현황

3) 보증금 또는 월 차임

4) 계약 체결일 및 계약 기간

5) 계약갱신요구권 행사여부(계약을 갱신한 경우에만 해당함)

2-2. 주택 임대차 계약 신고 방법 알아보기

① 신고방법은 계약 당사자인 임대인과 임차인이 공동으로 '주택 임대차 계약 신고서'에 공동으로 서명 또는 날인하여 신고해야 합니다(부동산 거래신고 등에 관한 법률 시행규칙제6조의2 제2항 및 별지 제5호의2서식).

② 위에도 불구하고 신고의 편의를 위해 임대인 또는 임차인 중 한 명이 당사자가 모두 서명 또는 날인한 '주택 임대차 계약 신고서'에 다음의 서류를 첨부하여 제출하는 경우에는 공동으로 신고한 것으로 봅니다(부동산 거래신고 등에 관한 법률 시행규칙 제6조의2 제3항 및 별지 제5호의2서식).

1) 주택 임대차 계약서(계약서를 작성한 경우만 해당함)

2) 입금증, 주택 임대차 계약과 관련된 금전거래내역이 적힌 통장사본 등 주택 임대차 계약 체결 사실을 입증할 수 있는 서류 등(주택 임대차 계약서를 작성하지 않은 경우만 해당함)

3) 계약갱신요구권을 행사한 경우 이를 확인할 수 있는 서류 등

③ 계약 당사자인 임대인 또는 임차인 중 한 명이 신고를 거부해 단독으로 신고하려는 경우에는 위의 서류 등에 '단독신고사유서'를 첨부하여 제출해야 합니다(부동산 거래신고 등에 관한 법률 시행규칙 제6조의2 제5항).

④ 부동산거래계약시스템을 통해 주택 임대차 계약을 체결한 경우에는 임대차계약당사자가 공동으로 주택 임대차 계약 신고서를 제출한 것으로 봅니다(부동산 거래신고 등에 관한 법률 시행규칙 제6조의2 제8항).

2-3. 주택 임대차 계약 신고처

① 주택 임대차 계약 신고는 임대한 주택의 관할 읍·면·동 주민센터를 방문하여 통합민원창구에서 오프라인으로 신고하거나 부동산거래관리시스템(https://rtms.molit.go.kr)에서 온라인으로도 신고 가능합니다(부동산 거래신고 등에 관한 법률 제6조의2 제5항).

② 주택 임대차 계약 신고는 〈국토교통부 부동산거래관리시스템(https://rtms.molit.go.kr)〉에서 온라인으로 신청 가능합니다.

2-4. 주택 임대차 계약을 미신고한 경우

① 임대차 신고를 하지 않거나 거짓신고를 하면 과태료가 부과됩니다.

② 주택 임대차 계약의 신고 또는 주택임대차 계약의 변경 및 해제 신고를 하지 않거나(공동신고를 거부한 자를 포함) 그 신고를 거짓으로 한 자는 100만원 이하의 과태료가 부과됩니다(부동산 거래신고 등에 관한 법률 제28조 제5항 제3호).

③ 시행일로부터 계도기간(2021.6.1 ~ 2024.5.31)중에는 과태료가 부과되지 않습니다.

2-5. 다른 법률에 따른 신고 등의 의제

① 주택 임차인이 「주민등록법」상 전입신고를 할 때 임대차계약서를 함께 제출하면, 임대차 계약 신고를 한 것으로 봅니다(부동산 거래신고 등에 관한 법률 제6조의5 제1항).

② 「공공주택 특별법」에 따른 공공주택사업자 및 「민간임대주택에 관한 특별법」에 따른 임대사업자는 관련 법령에 따른 주택 임대차 계약의 신고 또는 변경신고를 하는 경우 주택 임대차 계약의 신고 또는 변경신고를 한 것으로 봅니다(부동산 거래신고 등에 관한 법률 제6조의5 제2항).

③ 주택 임대차 계약 신고 시 임대차계약서를 제출한 경우, 「주택임대차보호법」에 따른 확정일자가 부여된 것으로 봅니다(부동산 거래신고 등에 관한 법률 제6조의5 제3항 전단).

Part 6. 보증금의 보호

1. 대항력

1-1. 대항력의 개념 및 요건

① 「대항력」이란 임차인이 제3자, 즉 임차주택의 양수인, 임대할 권리를 승계한 사람, 그 밖에 임차주택에 관해 이해관계를 가지고 있는 사람에게 임대차의 내용을 주장할 수 있는 법률상의 힘을 말합니다(주택임대차보호법 제3조 제1항).

② 임대차는 그 등기가 없더라도, 임차인이 주택의 인도와 주민등록을 마친 때에는 그 다음 날부터 대항력이 생깁니다.

1-2. 주택의 인도

① 주택임대차보호법에 따른 대항력을 획득하기 위해서는 '주택의 인도'가 필요합니다(제3조 제1항).

② 「주택의 인도」란 점유의 이전을 말하는데, 주택에 대한 사실상의 지배가 임대인으로부터 임차인에게로 이전하는 것을 말합니다. 즉 임차인이 입주해서 살고 있는 것을 뜻합니다.

1-3. 주민등록 및 전입신고

① 주택임대차보호법에 따른 대항력을 획득하기 위해서는 임차인이 주민등록을 마쳐야 하며, 이 경우 전입신고를 한 때에 주민등록을 된 것으로 봅니다(제3조 제1항).

② 전입신고는 하나의 세대에 속하는 자의 전원 또는 그 일부가 거주지를 이동할 때 신거주지의 시장·군수 또는 구청장에게 하는 신고로서, 세대주 등 신고의무자는 새로운 거주지에 전입한 날부터 14일 이내에 전입신고를 해야 합니다(주민등록법 제10조, 제11조 및 제16조 제1항).

③ 대항력을 취득한 임차인이 그 가족과 함께 일시적이나마 주민등록을 다

른 곳으로 이전하면 전체적으로나 종국적으로 주민등록을 이탈한 것이 므로 대항력은 전출로 인해 소멸되고, 그 후 임차인이 다시 임차주택의 주소로 전입신고를 하였더라도 소멸했던 대항력이 회복되는 것이 아니라 새로운 전입신고를 한 때부터 새로운 대항력을 취득하는 것입니다 (대법원 1998.1.23. 선고 97다43468 판결).

④ 대항력을 취득한 임차인이 그 가족과 함께 그 주택에 대한 점유를 계속하고 있으면서 그 가족의 주민등록을 그대로 둔 채 임차인만 주민등록을 일시적으로 옮긴 경우라면, 전체적으로나 종국적으로 주민등록의 이탈이라고 볼 수 없으므로 제3자에 대한 대항력을 상실하지 않습니다(대법원 1996.1.26, 선고, 95다30338 판결).

1-4. 전입신고 시 유의사항

① 전입신고를 하기 전에 반드시 그 부동산의 등기사항증명서를 발급받아서 번지, 동, 호수 등을 확인한 후에 전입신고를 해야 기재오류로 인한 손해를 막을 수 있습니다. 전입신고의 유효성 판단은 임차인이 전입신고를 한 당시의 번지를 기준으로 하여 판단하기 때문에 부동산의 등기부를 확인해 정확하게 전입신고를 하는 것이 안전합니다(대법원 1999. 12. 7. 선고 99다44762 판결).

② 주택임대차보호법의 대항요건을 갖추지 못하여 보호를 받을 수 없는 경우
  1) 전입신고의 번지와 임차주택 등기부의 번지가 다른 경우 (대법원 2000. 6. 9. 선고 2000다8069 판결)
  2) 공동주택(아파트, 연립, 다세대주택)의 번지 또는 동·호수를 누락한 상태로 전입신고를 한 경우(대법원 1995.4.28. 선고 94다27427 판결)
  3) 대문 앞의 호수와 등기부의 호수 확인 없이 대문의 호수로 전입신고를 한 경우(대법원 1996. 4. 12.선고 95다55474판결)

③ 주택임대차보호법의 대항요건을 갖추지 못하였더라도 보호를 받을 수 있는 경우
  ◇ 전입신고의 당사자는 부동산의 등기부를 확인한 후 제대로 전입신고를 하였으나, 담당공무원의 착오로 새로운 거주지의 번지를 틀리게 기재한 경우(대법원 1991. 8. 13. 선고 91다18118 판결)

④ 신축 중인 주택에 대한 전입신고

신축 중인 주택을 임차하여 준공검사 전에 입주하는 경우, 건물등기부가 마련되어 있지 않아 대문에 적힌 호수로 전입신고를 하는 경우가 있습니다. 이 경우에는 준공검사 후 건물등기부가 작성되면, 그 등기사항증명서를 발급받아 동·호수를 다시 확인해야 합니다. 만약, 신축 중인 연립주택 중 1층 소재 주택의 임차인이 전입신고를 할 경우 잘못된 현관문의 표시대로 '1층 201호'라고 전입신고를 마쳤는데, 준공 후 그 주택이 공부상 '1층 101호'로 등재되었다면 주택임대차보호법의 대항요건을 갖추고 있지 않기 때문에 보호를 받을 수 없게 됩니다(대법원 1995. 8. 11. 선고 95다177 판결).

1-5. 대항력의 발생시기

① 대항력은 임차인이 주택의 인도와 주민등록을 마친 때에 그 다음 날부터 제삼자에 대하여 효력이 생기고, 전입신고를 한 때에 주민등록을 마친 것으로 봅니다(주택임대차보호법 제3조 제1항).

② 여기에서 「그 다음 날부터 제3자에 대하여 효력이 생긴다」라고 함은, 다음 날 오전 0시부터 대항력이 생긴다는 취지입니다(대법원 1999.5.25. 선고 99다9981 판결). 예를 들어, 홍길동이 2011년 12월 1일 임차주택을 임차보증금 1억원에 임차하여 2011년 12월 15일 전입신고를 마쳤다면, 그 다음 날인 2011년 12월 16일 00:00부터 대항력이 생기게 됩니다.

③ 대항력을 취득한 임차인과 주택에 대한 저당권 또는 가압류 등의 권리관계는 그 요건을 갖춘 선후에 따라 결정됩니다.

④ 주택임대차보호법의 보호대상은 원칙적으로 자연인인 국민이므로 법인은 주택임대차보호법의 대항력을 취득하지 못합니다. 그러나 주택도시기금을 재원으로 하여 저소득층 무주택자에게 주거생활 안정을 목적으로 전세임대주택을 지원하는 법인이 주택을 임차한 후 지방자치단체의 장 또는 그 법인이 선정한 입주자가 그 주택을 인도받고 주민등록을 마쳤을 때에는 그 다음 날부터 대항력을 취득합니다(주택임대차보호법 제3조 제2항).

2. 우선변제권

2-1. 우선변제권의 개념과 요건

① 「우선변제권」이란 임차주택이 경매 또는 공매되는 경우에 임차주택의 환가대금에서 후순위권리자나 그 밖의 채권자보다 우선하여 보증금을 변제받을 권리를 말합니다(주택임대차보호법 제3조의2 제2항).

② 우선변제권은 임차인이 대항요건(주택의 인도 및 전입신고)과 임대차계약증서상의 확정일자를 갖춘 경우에 취득됩니다.

소   장

원   고   ○○○ (주민등록번호)
          ○○시 ○○구 ○○로 ○○(우편번호 ○○○○○○)
          전화·휴대폰번호:
          팩스번호, 전자우편(e-mail)주소:
피   고   ◇◇◇ (주민등록번호)
          ○○시 ○○구 ○○로 ○○(우편번호 ○○○○○)
          전화·휴대폰번호:
          팩스번호, 전자우편(e-mail)주소:

임차보증금반환채권부존재확인의 소

청 구 취 지

1. 피고의 소외 ◆◆◆에 대한 별지목록 기재 부동산에 대한 20○○. ○. ○.
   자 임대차계약에 기한 금 20,000,000원의 임차보증금반환청구채권은 존
   재하지 아니함을 확인한다.
2. 소송비용은 피고의 부담으로 한다.
라는 판결을 구합니다.

청 구 원 인

1. 피고는 원고가 근저당권자로서 소외 ◆◆◆ 소유의 별지목록 기재 부동산에
   대한 근저당권실행을 위한 경매신청을 하여 귀원 20○○타경○○○○호로
   계류 중이던 경매절차에 20○○. ○. ○.자로 매각대금에 대한 배당요구신청
   을 하면서 피고가 소외 ◆◆◆와의 사이에 별지목록 기재 부동산에 관하여
   임차보증금을 금 20,000,000원으로 한 임대차계약을 체결한 뒤 약정된 임
   차보증금을 소외 ◆◆◆에게 지급하고 별지목록 기재 부동산 소재지로 주민
   등록을 옮긴 뒤 거주하고 있으므로 피고가 주택임대차보호법상의 소액보증

금우선변제청구권자라고 주장하고 있습니다.

2. 그러나 피고와 별지목록 기재 부동산의 소유자인 소외 ◆◆◆는 숙부와 조카간으로 비록 임대차계약서를 작성하고 주민등록을 전입하였다 하더라도 이제까지 피고는 별지목록 기재 부동산에 거주한 사실이 전혀 없으며, 또한 피고는 별지목록 기재 부동산 소재지와는 아주 먼 다른 시에서 직장생활을 하고 있고, 그곳에 피고의 처 명의로 주택을 임차하여 자녀들과 거주하고 있는 점 등으로 보아 피고가 주장하는 임대차계약은 가공의 허위계약으로서 피고는 위 경매절차에서 근저당권자인 원고에 우선하여 배당금을 수령할 아무런 권원이 없는 사람임에도 피고 주장의 임차보증금채권의 변제를 위하여 매각대금 일부가 배당될 형편에 이르게 되었습니다.

3. 따라서 원고는 피고가 주장하는 소액임차보증금반환채권이 존재하지 아니함을 즉시 확정하여야 할 법률상의 이익이 있어 이 사건 청구에 이르게 된 것입니다.

입 증 방 법

1. 갑 제1호증 　　　　　　주민등록등본(피고의 처)
1. 갑 제2호증 　　　　　　불거주사실확인서

첨 부 서 류

1. 위 입증방법 　　　　각 1통
1. 소장부본 　　　　　　1통
1. 송달료납부서 　　　　1통

2000.　　○.　　○.

위 원고　　○○○　　(서명 또는 날인)

○○지방법원　귀중

[별지]

부동산의 표시

1동의 건물의 표시
　　○○시 ○○구 ○○동 ○○ ○○○아파트 제5동
　　[도로명주소] ○○시 ○○구 ○○로 ○○
전유부분의 건물표시
　　　　　건물의 번호 : 5 - 2- 205
　　　　　구　　　조 : 철근콘크리트라멘조 슬래브지붕
　　　　　면　　　적 : 2층 205호 84.87㎡
대지권의 표시
　　　　　토지의 표시 : ○○시 ○○구 ○○동 ○○
　　　　　　　　　　　　대 9,355㎡
　　　　　대지권의 종류 : 소유권
　　　　　대지권의 비율 : 935500분의 7652. 끝.

2-2. 확정일자의 취득

① 「확정일자」란 증서가 작성된 날짜에 주택임대차계약서가 존재하고 있음을 증명하기 위해 법률상 인정되는 일자를 말합니다(대법원 1998.10.2. 선고 98다28879 판결).

② 확정일자는 임대인과 임차인 사이의 담합으로 임차보증금의 액수를 사후에 변경하는 것을 방지하고, 허위로 날짜를 소급하여 주택 임대차계약을 체결하여 우선변제권 행사를 방지하기 위해 마련된 제도입니다(대법원 1999.6.11. 선고 99다7992 판결).

③ 확정일자는 주택 소재지의 읍·면사무소, 동 주민센터 또는 시(특별시·광역시·특별자치시는 제외하고, 특별자치도는 포함함)·군·구(자치구를 말함)의 출장소, 지방법원 및 그 지원과 등기소 또는 공증인법에 따른 공증인(이하 "확정일자부여기관"이라 함)에게 부여받을 수 있습니다.

④ 확정일자부여기관(지방법원 및 그 지원과 등기소는 제외함)이 작성하는 확정일자부에는 다음의 사항이 기재됩니다(주택임대차보호법 시행령 제4조 제1항).

1) 확정일자번호

2) 확정일자 부여일

3) 임대인·임차인의 인적사항

◇ 자연인인 경우 : 성명, 주소, 주민등록번호(외국인은 외국인등록번호)

◇ 법인이거나 법인 아닌 단체인 경우 : 법인명·단체명, 법인 등록번호·부동산등기용등록번호, 본점·주사무소 소재지

4) 주택 소재지

5) 임대차 목적물

6) 임대차 기간

7) 차임·보증금

8) 신청인의 성명과 주민등록번호 앞 6자리(외국인은 외국인 등록번호 앞 6자리)

2-3. 확정일자를 받는 절차

① 임차인의 우선변제권을 위한 확정일자는 임차인 등이 주택임대차계약증서 원본 또는 사본을 소지하고, 주택 소재지의 읍·면사무소, 동 주민센터 또는 시(특별시·광역시·특별자치시는 제외하고, 특별자치도는 포함함, 이하 같음)·군·구(자치구를 말함, 이하 같음)의 출장소, 지방법원 및 그 지원과 등기소 또는 공증인을 방문하여 부여받을 수 있습니다(주택임대차계약증서 상의 확정일자 부여 및 임대차 정보제공에 관한 규칙 제2조 제1항).

② 또한, 정보처리시스템을 이용하여 주택임대차계약을 체결한 경우 해당 주택의 임차인은 정보처리시스템을 통해 전자계약증서에 확정일자 부여 를 신청할 수 있습니다. 이 경우 확정일자 부여 신청은 확정일자부여기 관 중 주택 소재지의 읍·면사무소, 동 주민센터 또는 시·군·구의 출장소 에 대하여 합니다(동 규칙 제2조의2).

③ 확정일자를 받으려는 임차인은 다음의 어느 하나에 해당하는 경우를 제 외하고는 600원의 수수료를 내야합니다. 계약증서가 4장을 초과하는 경 우에는 초과하는 4장마다 100원씩 더 내야 합니다(동 규칙 제8조).

1) 국민기초생활 보장법 제2조제2호에 따른 수급자

2) 독립유공자예우에 관한 법률 제6조에 따라 등록된 독립유공자 또는 그 유족(선순위자만 해당)

3) 국가유공자 등 예우 및 지원에 관한 법률 제6조에 따라 등록된 국가유공 자 또는 그 유족(선순위자만 해당)

4) 고엽제후유의증 등 환자지원에 관한 법률 제4조에 따라 등록된 고엽제후 유증환자, 고엽제후유의증환자 또는 고엽제후유증 2세환자

5) 참전유공자예우 및 단체설립에 관한 법률 제5조에 따라 등 록된 참전유 공자

6) 5·18민주유공자예우에 관한 법률 제7조에 따라 등록 결정된 5·18민주유 공자 또는 그 유족(선순위자만 해당)

7) 특수임무유공자 예우 및 단체설립에 관한 법률 제6조에 따라 등록된 특 수임무수행자 또는 그 유족(선순위자만 해당)

8) 의사상자 등 예우 및 지원에 관한 법률 제5조에 따라 인정된 의상자 또는 의사자유족(선순위자만 해당)

9) 「한부모가족지원법」 제5조에 따른 보호대상자

10) 정보처리시스템을 이용하여 주택임대차계약을 체결하고 전자계약증서에 확정일자 부여를 신청한 사람

④ 확정일자를 받은 주택임대차계약서를 분실·멸실한 경우에는 해당 읍사무소, 면사무소, 동 주민센터 또는 시·군·구의 출장소에서 확정일자 부여 시 작성한 확정일자부를 열람하고 이에 의하여 확정일자를 받은 사실을 증명할 수 있으면, 우선변제권을 주장할 수 있습니다(주택임대차보호법 제3조의6 제3항 및 동법 시행령 제5조, 제6조 참조).

2-4. 확정일자를 위한 임대차계약서 확인사항

확정일자를 받기 위해서는 계약서가 다음과 같은 요건을 갖추어야 합니다(동 규칙 제3조).

1) 주택임대차계약증서가 임대인·임차인의 인적사항, 임대차 목적물, 임대차 기간, 차임·보증금 등이 적혀 있는 완성된 문서여야 합니다. 주택임대차의 주택과 그 기간 등이 기재되어있지 않은 영수증 등에 확정일자를 받더라도 우선변제권의 효력은 발생하지 않으므로 주의해야 합니다.

2) 계약당사자(대리인이 계약을 체결한 경우에는 그 대리인을 말함)의 서명 또는 기명날인이 있어야 합니다.

3) 연결되는 글자에 빈 공간이 있는 경우에는 계약당사자가 빈 공간에 직선 또는 사선을 긋고 도장을 찍어 그 부분에 다른 글자가 없음을 표시해야 합니다.

4) 정정한 부분이 있는 경우에는 그 난의 밖이나 끝부분 여백에 정정한 글자 수가 기재되어 있고, 그 부분에 계약당사자의 서명이나 날인이 되어 있어야 합니다.

5) 계약증서(전자계약증서 제외)가 두 장 이상인 경우에는 간인(間印)이 있어야 합니다.

6) 확정일자가 부여되지 않았어야 합니다. 다만, 이미 확정일자를 부여받은

계약증서에 새로운 내용을 추가 기재하여 재계약을 한 경우에는 그렇지 않습니다.

2-5. 우선변제권의 발생시기

① 임차인이 주택의 인도와 전입신고를 마친 당일 또는 그 이전에 주택임대차계약서에 확정일자를 갖춘 경우에는 주택의 인도와 전입신고를 마친 다음날 오전 0시부터 우선변제권이 생깁니다(대법원 1999. 3. 23. 선고 98다46938 판결).

② 우선변제권을 행사하기 위해서는 우선변제권의 요건이 경매절차에 따르는 배당요구의 종기인 경락기일까지 존속되고 있어야 합니다(대법원 1997. 10. 10. 선고 95다44597 판결).

2-6. 전세금보장신용보험

① 주택의 임차인이 임대인으로부터 회수해야 할 임차보증금을 보호받기 위해 본인이 스스로 가입할 수 있는 보험상품으로 전세금보장신용보험이 있습니다. 이 보험에 관한 업무는 서울보증보험에서 취급하고 있습니다.

② 전세금보장신용보험은 임차기간 중 해당 주택이 경매되거나 임대차계약이 해지 또는 종료된 후 30일이 경과되었음에도 불구하고 임차보증금을 반환 받지 못함으로써 임차인이 입은 손해를 보상해 줍니다.

Part 7. 주택임대차 등기

1. 주택임대차 등기

1-1. 주택임대차 등기

① 임차인은 당사자간에 반대 약정이 없으면 임대인에 대해 그 임대차등기 절차에 협력할 것을 청구할 수 있습니다(민법 제621조 제1항).

② 「주택임대차보호법」에 따라 임차인은 주택의 인도와 주민등록을 마치면 대항력을 가지고, 확정일자를 갖춘 경우에만 우선변제권을 취득·유지하게 됩니다(주택임대차보호법 제3조제1항 및 제3조의22항).

③ 그러나 주택임대차 등기를 마치게 되면 위 요건이 없어도 대항력 및 우선변제권을 취득·유지할 수 있습니다.

1-2. 주택임대차 등기의 효과

① 임차인은 임차권등기를 마치면 대항력과 우선변제권을 취득합니다. 다만, 임차인이 임차권등기 이전에 이미 대항력이나 우선변제권을 취득한 경우에는 기존에 취득한 대항력이나 우선변제권은 그대로 유지되며, 임차권등기 이후에는 주택의 인도와 주민등록과 같은 대항요건을 상실하더라도 이미 취득한 대항력이나 우선변제권을 상실하지 않습니다(주택임대차보호법 제3조의4 제1항 및 제3조의3 제5항).

② 임차권등기가 끝난 주택(임대차의 목적이 주택의 일부분인 경우에는 해당 부분으로 한정)을 그 이후에 임차한 임차인은 소액보증금의 우선변제를 받을 권리가 없습니다(주택임대차보호법 제3조의4 제1항 및 제3조의3 제6항).

2. 주택임대차 등기절차

2-1. 등기신청인

① 주택임대차의 등기는 임대인이 등기의무자가 되고 임차인이 등기권리자가 되어 공동으로 임차건물의 소재지를 관할하는 지방법원, 그 지원 또는 등기소에 신청해야 합니다(부동산등기법 제7조 제1항 및 제23조 제1항).

② 임대인이 임차권등기에 협력하지 않는 경우, 반대약정이 없으면 임대인에 대해 임차권등기절차에 협력할 것을 청구할 수 있으므로, 임차인은 '임차권설정등기절차를 이행하라'는 취지의 이행판결을 받아 단독으로 등기를 신청할 수 있습니다(민법 제621조 제1항 및 부동산등기법 제23조 제4항).

2-2. 등기신청

① 주택임대차의 등기는 신청인 또는 그 대리인이 등기소에 출석해 신청정보 및 첨부정보를 적은 서면을 제출하여 신청할 수 있습니다(부동산등기법 제24조 제1항 제1호).

② 임차권설정 또는 임차물 전대의 등기를 신청하는 경우에는 다음을 신청정보의 내용으로 등기소에 제공해야 합니다(동법 제74조 및 동 규칙 제130조 제1항).
   1) 차임(借賃)
   2) 차임지급시기
   3) 존속기간(다만, 처분능력 또는 처분권한 없는 임대인에 의 한 단기임대차인 경우에는 그 뜻도 기재)
   4) 임차보증금
   5) 임차권의 양도 또는 임차물의 전대에 대한 임대인의 동의

③ 임차인이 대항력이나 우선변제권을 갖추고 민법 제621조제1항에 따라 임대인의 협력을 얻어 임대차등기를 신청하는 경우에는 신청서에 위의

사항 외에 다음의 사항을 적어야 하며, 이를 증명할 수 있는 서면을 첨부해야 합니다(주택임대차보호법 제3조의4 제2항).

1) 주민등록을 마친 날

2) 임차주택을 점유한 날

3) 임대차계약증서상의 확정일자를 받은 날

④ 임대차의 등기를 신청하는 경우 다음 정보를 그 신청정보와 함께 첨부정보로서 등기소에 제공해야 합니다(부동산등기규칙 제46조 제1항, 제60조 제1항 제3호, 제62조, 제65조 제1항 및 제130조 제2항).

1) 등기원인을 증명하는 정보 : 약정에 따른 경우에는 임차권 설정 계약서, 판결에 따른 경우에는 판결정본과 확정증명서

2) 등기원인에 대해 제3자의 허가, 동의 또는 승낙이 필요한 경우에는 이를 증명하는 정보 및 인감증명

◇ 등기상 이해관계 있는 제3자의 승낙이 필요한 경우에는 이를 증명하는 정보 또는 이에 대항할 수 있는 재판이 있음을 증명하는 정보

◇ 신청인이 법인인 경우에는 그 대표자의 자격을 증명하는 정보

◇ 대리인이 등기를 신청하는 경우에는 그 권한을 증명하는 정보

3) 임대차의 목적이 주택의 일부분인 경우에는 그 부분을 표시한 지적도나 건물도면

4) 임차권자의 주민등록번호 등·초본(3개월 이내의 것)

5) 임차권 설정자인 소유자의 인감증명서(3개월 이내의 것)

6) 등록면허세 영수필 확인서

2-3. 수수료 납부

① 신청인은 임대차의 등기 신청수수료 15,000원을 납부합니다(등기신청수수료 징수에 관한 예규 별표 1).

임 차 권 등 기 명 령 신 청

신 청 인(임차인)　○　○　○
　　　　　　　　○○시 ○○구 ○○로 ○○ ◎◎빌라 나동 ○○○호
　　　　　　　　(우편번호 : ○○○○○)
피 신 청 인(임대인)　△　△　△
　　　　　　　　○○시 ○○구 ○○로 ○○(우편번호 : ○○○○○)

신　청　취　지

별지 목록 기재 건물에 대하여 아래와 같은 주택임차권등기를 명한다.
라는 결정을 구합니다.

아　　래

1. 임대차 계약 일자 : 20○○. ○. ○.
2. 임차 보증금액 : 금30,000,000 원
3. 임대차 기간 : 20○○. ○. ○.부터 12개월
4. 주민등록일자 : 20○○. ○. ○.
5. 점유개시일자 : 20○○. ○. ○.
6. 확 정 일 자 : 20○○. ○. ○.

신　청　이　유

　신청인은 20○○. ○. ○. 피신청인 소유의 ○○시 ○○구 ○○동 ○○ ◎◎
빌라 나동 ○○○호 대하여 임차보증금 23,000,000원 기간 12개월로 한 임
대차 계약을 체결하고 20○○. ○. ○. 전입신고를 하고 거주하고 있다가 임대
차기간의 만료이전에 임대차계약의 해지 통지를 하고 임차보증금의 반환을
요청하였으나 피신청인이 이를 이행하지 않아 기간만료 즉시 피신청인을 상
대로 ○○지방법원 20○○머○○○호로 임차보증금청구 조정신청을 하여 조
정기일인 20○○. ○. ○. 동법원으로부터 "피신청인은 신청인에게 금

23,000,000원을 지급하라."는 조정결정을 받고 이는 확정되었으나 피신청인이 지금까지 이를 이행하지 않고 신청인은 이미 다른 곳으로 이사를 하여야 할 처지에 있으므로 우선 임차인으로서 지위를 보전하기 위하여 이 신청에 이른 것입니다.

첨 부 서 류

1. 임대차계약서　　　　　　　　　1통
2. 건물등기사항증명서　　　　　　1통
3. 주민등록등본　　　　　　　　　1통
4. 건축물대장　　　　　　　　　　1통
5. 조정결정문　　　　　　　　　　1통

20○○.　○.　○.

신청인　○　○　○ (서명 또는 날인)

○ ○ 지 방 법 원　　　　귀중

[별 지]

부 동 산 의 표 시

1동의 건물의 표시
　○○시 ○○구 ○○동 ○○ ◎◎빌라 나동
[도로명주소] ○○시 ○○구 ○○로 ○○
철근콘크리트 스라브지붕 4층
다세대주택
1층　122.16㎡　　　2층 141.8㎡　　　3층 141.8 ㎡
4층　98.91㎡
대지권의 목적인 토지의 표시

○○시 ○○구 ○○동 ○○ 대 450㎡
전유부분건물의 표시
철근콘크리트조 1층 103호 34.02㎡
대지권의 표시
소유권 55800분의 2541 대지권. 끝.

제3장

이사(移徙)

Part 1. 이사 전 체크리스트

1. 이사업체 선정 및 관련 분쟁해결

1-1. 이사방법 결정

① 이사를 하려는 고객은 이사화물의 수량, 비용, 시간 등을 고려해서 이사방법을 결정해야 하는데, 그 방법으로는 일반이사와 포장이사가 있습니다 [이사화물 표준약관(공정거래위원회 표준약관 제10035호) 제2조제2항].

② 일반이사란, 고객이 이사화물의 포장과 정리를 맡고 이사화물의 운송을 취급하는 사업자(이하 "사업자"라 함)는 이사화물의 운송만을 맡아서 하는 이사를 말합니다.

③ 포장이사란, 고객이 이사화물의 포장과 정리를 사업자에게 의뢰하여 그 사업자가 이사화물의 포장, 운송, 정리를 모두 맡아서 하는 이사를 말합니다.

1-2. 사업자에 견적 의뢰

이사방법을 결정하고 사업자에게 견적을 의뢰하면, 그 사업자는 다음 사항을 기재한 견적서를 작성하여 교부해 줍니다(이사화물 표준약관 제4조).

1) 업체의 상호, 사업자등록번호, 대표자, 주소, 전화번호 및 견적서를 작성한 담당자의 성명

2) 의뢰자의 성명, 주민등록번호, 주소, 전화번호

3) 이사화물의 인수·인도일시, 발송·도착장소, 주요 내역(종류·무게·부피 등) 및 운임단가

4) 작업조건(운송자동차의 종류 및 대수, 작업인원, 포장 및 정리 여부, 장비사용 내역)

5) 운임 등의 합계액 및 그 내역

6) 그 밖에 필요한 사항

1-3. 사업자의 선정

① 사업자의 견적을 받아 견적금액을 비교한 후에는 사업자를 선정해야 하는데, 국토교통부장관의 허가를 받은 사업자를 선정해야 이사와 관련한 손해에 대한 피해보상을 받기가 쉽습니다.

② 사업자가 허가받은 사업자인지를 확인하려면 전국화물자동차 운송주선사업 연합회(http://www.kffa.or.kr)에서 검색, 시·군·구청에 문의하거나 이사화물의 견적을 받거나 계약을 하는 때에 화물자동차 운송사업 허가증의 사본을 요구해서 확인할 수 있습니다.

1-4. 이사화물운송계약서의 작성

① 계약불이행으로 인한 손해와 이삿짐 피해에 대한 보상을 받기 위해서는 이사화물운송계약서를 서면으로 작성하는 것이 좋습니다.

② 허가를 받은 화물자동차 운송사업자는 운송약관을 정하여 국토교통부장관에게 신고하여야 하는데, 그 운송사업자가 화물자동차 운송사업의 허가를 받는 때에 표준약관의 사용에 동의하면 위 신고를 한 것으로 봅니다(화물자동차 운수사업법제6조).

※ 이사화물 표준약관

① "표준약관"이란 화물자동차 운수사업자로 구성된 협회 또는 협회의 연합회가 작성한 것으로서 「약관의 규제에 관한 법률」 제19조의2에 따라 공정거래위원회의 심사를 거친 화물운송에 관한 표준이 되는 약관을 말합니다(화물자동차 운수사업법 제6조 제4항).

② 이하의 내용은 「이사화물 표준약관」(공정거래위원회 표준약관 제10035호)에 따른 설명이므로, 고객과 사업자가 개별적으로 체결한 이사화물계약에 일반적으로 적용될 수 없습니다.

③ 또한, 「이사화물 표준약관」에서 정하고 있는 사항에 관해 고객과 사업자가 약관의 내용과 다르게 합의한 사항이 있는 때에는 그 합의사항이 표준약관보다 우선하여 적용됩니다(약관의 규제에 관한 법률 제4조).

---

③ 고객은 사업자로부터 「이사화물 표준약관」의 내용과 피해의 구제방법과 관련기관의 명칭 및 전화번호 등에 대해 설명을 들을 수 있고, 약관의 사본을 요청할 수 있습니다(이사화물 표준약관 제5조 제1항).

④ 고객은 다음의 사항이 기재된 이사화물운송계약서를 사업자로부터 교부받습니다(이사화물 표준약관 제5조 제2항).

   1) 업체의 상호, 사업자등록번호, 대표자, 주소, 전화번호 및 계약서를 작성한 담당자의 성명

   2) 의뢰자의 성명, 주민등록번호, 주소, 전화번호

   3) 이사화물의 인수·인도일시, 발송·도착장소, 주요 내역(종류· 무게·부피 등) 및 운임단가

   4) 작업조건(운송자동차의 종류 및 대수, 작업인원, 포장 및 정리 여부, 장비사용 내역)

   5) 운임 등의 합계액 및 그 내역

   6) 계약금 및 운임 등의 잔액

   7) 운송상의 특별한 주의사항(파손되기 쉬운 물건의 기재 등) 및 고객의 특별한 요청사항

   8) 그 밖의 필요한 사항

⑤ 사업자는 운임 등에 대해 견적서에 기재된 금액을 초과하여 계약서에 기재해서는 안 됩니다. 다만, 고객의 요청에 따라 이사화물의 내역 등 운임 등의 산정에 관한 사항이 변경되어 견적서의 금액을 초과하는 경우에는 그 초과금액을 미리 고객에게 고지한 경우에만 초과된 금액을 계약서에 기재될 수 있습니다(이사화물 표준약관 제5조 제3항).

2. 이사

2-1. 계약금 및 운임의 지급

① 사업자는 계약서를 교부할 때 계약금으로 운임 등 합계액의 10%에 해당하는 계약금을 청구할 수 있습니다(이사화물 표준약관 제6조).

② 사업자는 일반이사의 경우 이사화물 전부의 인도를 확인한 때, 포장이사의 경우 이사화물 전부를 정리하여 확인한 때에 계약금을 제외한 잔액을 청구할 수 있습니다(이사화물 표준약관 제8조 제1항).

③ 사업자는 계약서에 기재된 운임을 초과하여 청구하지 못합니다. 다만, 고객의 책임 있는 사유로 초과하여 그 초과금액을 미리 고객에게 고지한 경우에는 초과된 금액을 청구할 수 있습니다(이사화물 표준약관 제8조 제2항).

④ 고객은 운임 및 초과운임 이외의 수고비 등 어떠한 명목의 금액을 추가로 지급하지 않아도 됩니다(이사화물 표준약관 제8조 제3항).

2-2. 이사화물의 수령을 거절할 수 있는 경우

① 사업자는 고객과 특별한 조건으로 합의한 경우가 아니라면 이사화물이 다음의 어느 하나에 해당하는 경우에는 그 수령을 거절할 수 있습니다(이사화물 표준약관 제7조).
  1) 현금, 유가증권, 귀금속, 예금통자, 신용카드, 인감 등 휴대할 수 있는 귀중품
  2) 위험품, 불결한 물품 등 다른 화물에 손해를 끼칠 염려가 있는 이사화물
  3) 동식물, 미술품, 공동품 등 운송에 특수한 관리를 요하기 때문에 다른 화물과 동시에 운송하기에 적합하지 않는 이사화물
  4) 일반이사의 경우, 포장이 운송에 부적합하여 업체가 고객에게 적합한 포장을 해 줄 것을 요청하였으나 그 요청을 거절한 이사화물

② 사업자는 천재지변 등 불가항력적인 사유 또는 고객의 책임 없는 사유

로 전부 또는 일부가 멸실되거나 수선이 불가능할 정도로 훼손된 경우에는 그 멸실, 훼손된 이사화물에 대한 운임 등은 청구하지 못하고, 이미 운임 등을 받은 때에는 이를 반환해야 합니다(이사화물 표준약관 제17조제1항).

3. 이사화물운송계약의 해제 및 손해배상

3-1. 이사화물운송계약의 해제

① 고객이 그의 책임 있는 사유로 계약을 해제한 경우에는 사업자에게 다음 구분에 따른 손해배상을 해야 합니다(이사화물 표준약관 제9조 제1항).
　　1) 고객이 약정된 이사화물의 인수일 1일 전까지 해제를 통지한 경우 : 계약금
　　2) 고객이 약정된 이사화물의 인수일 당일에 해제를 통지한 경우 : 계약금의 배액

② 사업자가 그의 책임 있는 사유로 계약을 해제한 경우에는 고객에게 다음 구분에 따른 손해배상을 해야 합니다. 다만, 고객이 이미 지급한 계약금이 있는 경우에는 손해배상액과는 별도로 그 계약금도 반환해야 합니다(이사화물 표준약관 제9조 제2항).
　　1) 사업자가 약정된 이사화물의 인수일 2일 전까지 해제를 통지한 경우 : 계약금의 배액
　　2) 사업자가 약정된 이사화물의 인수일 1일 전까지 해제를 통지한 경우 : 계약금의 4배액
　　3) 사업자가 약정된 이사화물의 인수일 당일에 해제를 통지한 경우 : 계약금의 6배액
　　4) 사업자가 약정된 이사화물의 인수일 당일에도 해제를 통지하지 않은 경우 : 계약금의 10배액

③ 고객은 사업자의 귀책사유로 이사화물의 인수가 약정된 인수일시부터 2시간 이상 지연된 경우에는 계약을 해제하고, 이미 지급한 계약금의 반환 및 계약금의 6배액의 손해배상을 청구할 수 있습니다(이사화물 표준약관 제9조 제3항).

3-2. 사업자의 손해배상책임

① 사업자는 자기 또는 사용인 그 밖의 이사화물의 운송을 위해 사용한 자가 이사화물의 포장, 운송, 보관, 정리 등에 관해 주의를 게을리하지 않았음을 증명하지 못하면, 고객에게 다음의 구분에 따른 손해배상의 책임을 집니다(이사화물 표준약관 제14조 제1항 및 제2항).

연착되지 않은 경우	연착된 경우
전부 또는 일부 멸실된 경우: 약정된 인도일과 도착장소에서의 이사화물의 가액을 기준으로 산정한 손해금의 지급 훼손된 경우: 수선이 가능한 경우에는 수선해 주고, 수선이 불가능한 경우에는 약정된 인도일과 도착장소에서의 이사화물의 가액을 기준으로 산정한 손해금의 지급	멸실 및 훼손되지 않은 경우: 계약금의 10배액 한도에서 약정된 인도일시부터 연착된 1시간마다 계약금의 반액을 곱한 금액(연착시간 수 × 계약금 × 1/2)의 지급. 다만, 연착시간 수의 계산에서 1시간 미만의 시간은 산입하지 않음. 일부 멸실된 경우: 약정된 인도일과 도착장소에서의 이사화물의 가액을 기준으로 산정한 손해금의 지급 및 계약금의 10배액 한도에서 약정된 인도일시부터 연착된 1시간마다 계약금의 반액을 곱한 금액(연착시간 수 × 계약금 × 1/2)의 지급 훼손된 경우: 수선이 가능한 경우는 수선해 주고 계약금의 10배액 한도에서 약정된 인도일시부터 연착된 1시간마다 계약금의 반액을 곱한 금액(연찬 시간 수 × 계약금 × 1/2)의 지급, 수선이 불가능한 경우에는 약정된 인도일과 도착장소에서의 이사화물의 가액을 기준으로 산정한 손해금의 지급 및 계약금의 10배액 한도에서 약정된 인도일시부터 연착된 1시간마다 계약금의 반액을 곱한 금액(연착시간 수 × 계약금 × 1/2)의 지급

② 사업자는 이사화물의 멸실, 훼손 또는 연착이 본인 또는 사용인 등의 고의나 중대한 과실로 인해 발생한 때 또는 고객이 이사화물의 멸실, 훼손 또는 연착으로 실제 발생한 손해액을 입증한 경우에는 통상의 손해를 한도로 그 손해를 배상해야 합니다(민법 제393조 및 이사화물 표준약관 제14조제3항).

③ 사업자는 다음 어느 하나의 사유로 이사화물의 멸실, 훼손 또는 연착된 경우에는 그 손해를 배상할 책임을 지지 않습니다. 다만, 그 사유의 발생에 대해 자신에게 책임이 없음을 입증해야 합니다(이사화물 표준약관 제16조).

1) 이사화물의 결함, 자연적 소모

2) 이사화물의 성질에 따른 발화, 폭발, 물그러짐, 곰팡이 발생, 부패, 변색 등

3) 법령 또는 공권력의 발동에 따른 운송의 금지, 개봉, 몰수, 압류 또는 제3자에 대한 인도

4) 천재지변 등 불가항력적인 이유

3-3. 고객의 손해배상책임

① 고객의 책임 있는 사유로 이사화물의 인수가 지체된 경우에는 약정된 인수일시부터 지체된 1시간마다 계약금의 반액을 곱한 금액(지체시간 수 × 계약금 × 1/2)의 지급. 다만, 지체시간 수의 계산에서 1시간 미만의 시간은 산입하지 않습니다(이사화물 표준약관 제15조 제1항).

② 고객의 책임 있는 사유로 이사화물의 인수가 약정된 일시부터 2시간 이상 지체된 경우에는, 사업자는 계약을 해제하고, 계약금의 배액을 손해배상으로 청구할 수 있습니다.

3-4. 손해배상책임의 특별소멸사유 및 시효

① 이사화물의 일부 멸실 또는 훼손에 대한 사업자의 손해배상책임은 고객이 이사화물을 인도받을 날부터 30일 이내에 그 사실을 사업자에게 통지하지 않으면 소멸합니다. 다만, 사업자 또는 그 사용인이 일부 멸실 또는 훼손 사실을 알면서도 이를 숨기고 이사화물을 인도한 경우에는 사업자의 손해배상책임은 이사화물을 인도받을 날부터 5년간 존속합니다(이사화물 표준약관 제18조 제1항 및 제3항).

② 이사화물의 멸실, 훼손 또는 연착에 대한 사업자의 손해배상책임은, 고객이 이사화물을 인도받을 날부터 1년이 지나면 소멸합니다. 다만, 사업자

또는 그 사용인이 일부 멸실 또는 훼손 사실을 알면서도 이를 숨기고 이사화물을 인도한 경우에는 사업자의 손해배상책임은 이사화물을 인도받을 날부터 5년간 존속합니다(이사화물 표준약관 제18조 제2항 및 제3항).

3-5. 운송사업자의 손해배상책임에 관한 분쟁조정

고객은 이사화물의 멸실, 훼손 또는 인도의 지연으로 발생한 운송사업자의 손해배상책임에 관한 분쟁에 대해 한국소비자원(http://www.kca.go.kr) 또는 소비자단체 등에 분쟁조정을 신청할 수 있습니다(화물자동차운수사업법 제7조).

3-6. 사고증명서의 발행

① 고객은 이사화물이 운송 중에 멸실, 훼손 또는 연착된 경우 사업자로부터 그 날부터 1년간 사고증명서의 발행을 요청하여 받을 수 있습니다(이사화물 표준약관 제19조).

② 따라서 이사 당일 이사화물이 멸실, 훼손 또는 연착된 경우에는 즉시 사업자의 직원에게 확인시키고 사고증명서를 받아두고, 증거확보를 위해 사진을 찍어두는 것이 손해배상을 받는데 도움이 됩니다.

4. 주소변경 및 각종 요금정산하기

4-1. 우편물 주소의 변경

① 이사하기 일주일 전이나 3일 전에 종전의 주소지로 배달되는 우편물의 주소를 새로운 주소지로 변경하는 것이 좋습니다.

② 주소의 변경은 우체국의 주소이전신고서비스를 이용하면 편리합니다(우편법 시행규칙 제110조).

4-2. 공과금 등의 납부

전기요금, 상하수도요금, 도시가스요금 및 전화요금 등의 공과금은 이사하는 날 정산해야 하고, 납부자 명의도 변경해야 합니다.

4-3. 관리비의 정산 및 장기수선충당금의 반환

① 아파트의 관리비는 이사 하루 전이나 당일에 아파트관리사무소에 가서 이사한다는 사실을 알리면서 관리비를 정산하여 납부하면 됩니다.

② 아파트의 장기수선충당금을 납부한 경우 그 아파트 소유자에게 반환을 받으면 됩니다(공동주택관리법 제30조 참조).

Part 2. 이사후 체크리스트

1. 전입신고

① 주민등록의 전입신고가 있으면, 「병역법」에 따른 병역의무자의 거주지 이동 신고, 「인감증명법」에 따른 인감의 변경신고, 「국민기초생활 보장법」에 따른 급여수급자의 거주지 변경신고, 「국민건강보험법」에 따른 국민건강보험 가입자의 거주지 변경신고 및 「장애인복지법」에 따른 거주지 이동의 전출신고와 전입신고를 한 것으로 봅니다(주민등록법 제17조).

② 정당한 이유 없이 전입신고를 이사 후 14일 이내에 하지 않으면 5만원 이하의 과태료가 부과됩니다(주민등록법 제40조제4항).

③ 다음의 신고의무자는 새로운 거주지로 이사한 날부터 14일 이내에 새로운 거주지의 읍사무소, 면사무소, 동 주민센터에 방문하거나 〈정부24 홈페이지(http://www.gov.kr)〉에 접속하여 전입신고를 해야 합니다(주민등록법 제16조 제1항, 제11조 및 제12조).
  - 세대주
  - 세대를 관리하는 사람
  - 본인
  - 세대주의 위임을 받은 세대주의 배우자
  - 세대주의 위임을 받은 세대주의 직계혈족
  - 세대주의 위임을 받은 세대주의 배우자의 직계혈족
  - 세대주의 위임을 받은 세대주의 직계혈족의 배우자
  - 기숙사나 여러 사람이 동거하는 숙소의 관리자
  - 기숙사나 여러 사람이 동거하는 숙소의 거주민

④ 전입신고를 하는 경우 전입지의 세대주 또는 세대를 관리하는 사람과 전(前) 거주지의 세대주 또는 세대를 관리하는 사람이 다른 경우에는 전 거주지의 세대주, 세대를 관리하는 사람 또는 전입자의 확인을 받아야 합니다(주민등록법 시행령 제23조 제2항 본문).

⑤ 전 거주지의 세대주, 세대를 관리하는 사람 또는 전입자의 확인을 받기 어려운 경우에는 읍·면·동장 또는 출장소장의 사실조사로 대신할 수 있습니다(주민등록법 시행령 제23조2항 단서).

2. 확정일자받기

2-1. 확정일자의 효력

① 전세나 월세 세입자의 경우에는 가급적 이사당일에 전입신고를 하고 이와 더불어 임대차계약서상에 확정일자를 받아두는 것이 좋은데요. 이렇게 하면 소중한 보증금을 떼일 염려가 없도록 임차권에 대항력과 우선변제권이라는 힘이 생기기 때문입니다.

② "대항력"이란 임차인이 제3자(임차주택의 양수인, 임대할 권리를 승계한 사람, 그 밖에 임차주택에 관해 이해관계를 가지고 있는 사람을 말함)에게 임대차의 내용을 주장할 수 있는 법률상의 힘을 말합니다(주택임대차보호법 제3조 제1항).

③ 대항력은 임차인이 임대인으로부터 주택을 인도받고 전입신고를 하여 주민등록을 마치면 다음 날 오전 0시부터 생깁니다(주택임대차보호법 제3조 제1항 및 대법원 1999. 5. 25. 선고 99다9981 판결).

④ "우선변제권"이란 임차주택이 경매 또는 공매되는 경우에 임차주택의 환가대금에서 후순위권리자나 그 밖의 채권자보다 우선하여 보증금을 변제받을 권리를 말합니다(주택임대차보호법 제3조의2 제2항).

⑤ 우선변제권은 임차인이 대항력(주택의 인도 및 전입신고)을 갖추고 임대차계약서상에 확정일자를 받은 경우에 취득할 수 있습니다(주택임대차보호법 제3조의2 제2항).

2-2. 확정일자는 어떻게 받나요?

① 임차인은 주택임대차계약서 원본 또는 사본을 소지하고 임차주택 소재지의 읍사무소, 면사무소, 동 주민센터 또는 시·군·구의 출장소에서 방문

하면 확정일자를 부여받을 수 있습니다(주택임대차보호법 제3조의2 제2항 및 주택임대차계약증서상의 확정일자 부여 및 임대차 정보제공에 관한 규칙 제2조 제1항).

② 확정일자를 부여받으려는 사람은 확정일자부여기관에 출석하여 계약증서 원본과 주민등록증, 운전면허증, 여권 또는 외국인등록증 등 본인을 확인할 수 있는 신분증을 제시해야 합니다(주택임대차계약증서상의 확정일자 부여 및 임대차 정보제공에 관한 규칙 제2조 제2항).

③ 또한, 정보처리시스템을 이용하여 주택임대차계약을 체결한 경우 해당 주택의 임차인은 정보처리시스템을 통해 전자계약증서에 확정일자 부여를 신청할 수 있습니다. 이 경우 확정일자 부여 신청은 확정일자부여기관 중 주택 소재지의 읍·면사무소, 동 주민센터 또는 시(특별시·광역시·특별자치시는 제외하고, 특별자치도는 포함)·군·구(자치구를 말함)의 출장소에 해야 합니다(주택임대차계약증서상의 확정일자 부여 및 임대차 정보제공에 관한 규칙 제2조의2).

④ 확정일자를 취득하려는 경우 주택임대차계약서에 다음의 요건을 갖추어야 합니다(주택임대차계약증서상의 확정일자 부여 및 임대차 정보제공에 관한 규칙 제3조).
- 임대인·임차인의 인적 사항, 임대차목적물, 임대차기간, 차임·보증금 등이 적혀 있는 완성된 문서일 것
- 계약당사자(대리인에 의하여 계약이 체결된 경우에는 그 대리인을 말함)의 서명 또는 기명날인이 있을 것
- 글자가 연결되어야 할 부분에 빈 공간이 있는 경우에는 계약당사자가 빈 공간에 직선 또는 사선을 그어 그 부분에 다른 글자가 없음이 표시되어 있을 것
- 정정한 부분이 있는 경우에는 그 난의 밖이나 끝부분 여백에 정정한 글자 수가 기재되어 있고, 그 부분에 계약당사자의 서명이나 날인이 되어 있을 것
- 계약증서(전자계약증서 제외)가 두 장 이상인 경우에는 간인(間印)이 있을 것
- 확정일자가 부여되어 있지 않을 것(다만, 이미 확정일자를 부여받은 계약증서에 새로운 내용을 추가 기재해 재계약을 한 경우에는 그렇지 않습니다.)

⑤ 확정일자부여기관에 내야 하는 수수료는 확정일자 부여에 관한 수수료와 정보제공에 관한 수수료로 구분되며, 수수료 금액은 다음과 같습니다(주택임대차보호법 시행령 제7조 제1항 및 주택임대차계약증서상의 확정일자 부여 및 임대차 정보제공에 관한 규칙 제8조 제1항).

- 확정일자 부여 수수료 : 1건마다 600원(계약증서가 4장을 초과할 경우 초과 4장마다 100원 추가)

- 정보제공 수수료 : 1건마다 600원(출력물이 10장을 초과할 경우 초과 1장마다 50원 추가)

⑥ 다음에 해당하는 사람에 대해서는 수수료를 면제할 수 있습니다(주택임대차보호법 시행령 제7조 제2항 및 주택임대차계약증서상의 확정일자 부여 및 임대차 정보제공에 관한 규칙 제8조 제3항).

- 「국민기초생활 보장법」 제2조제2호에 따른 수급자

- 「독립유공자예우에 관한 법률」 제6조에 따라 등록된등록된 독립유공자 또는 그 유족(선순위자만 해당함)

- 「국가유공자 등 예우 및 지원에 관한 법률」 제6조에 따라 등록된등록된 국가유공자 또는 그 유족(선순위자만 해당된다)

- 「고엽제후유의증 환자지원 등에 관한 법률」 제4조에 따라 등록된 고엽제후유증환자, 고엽제후유의증환자 또는 고엽제 후유증 2세 환자

- 「참전유공자예우 및 단체설립에 관한 법률」 제5조에 따라 등록된 참전유공자

- 「5·18민주유공자예우 및 단체설립에 관한 법률」 제7조에 따라 등록 결정된 5·18민주유공자 또는 그 유족(선순위자만 해당함)

- 「특수임무수행자 지원 및 단체설립에 관한 법률」 제6조에 따라 등록된 특수임무수행자 또는 그 유족(선순위자만 해당 함)

- 「의사상자 등 예우 및 지원에 관한 법률」 제5조에 따라 인정된 의상자 또는 의사자유족(선순위자만 해당함)

- 「한부모가족지원법」 제5조에 따른 보호대상자

- 정보처리시스템을 이용하여 주택임대차계약을 체결하고 전자계약증서에 확정일자 부여를 신청한 사람

3. 아이 전학시키기

3-1. 초등학생의 전학

① 초등학교의 학생이 주소의 이전으로 전학하는 경우 그 학생의 보호자는 재학 중인 학교의 장과 해당 학생이 전입한 지역을 관할하는 읍·면·동의 장으로부터 전학할 학교로 지정받은 학교의 장에게 각각 그 사실을 알려야 합니다.

② 이 경우 학생의 보호자로부터 학생의 전학 사실을 통보받은 전학할 학교의 장은 해당 학생의 주소지 변경을 확인하기 위하여 「전자정부법」 제36조 제1항에 따른 행정정보의 공동이용을 통하여 주민등록전산정보자료를 확인하여야 하며, 해당 학생의 보호자가 그 확인에 동의하지 않는 경우에는 주소지 변경이 확인되는 서류를 제출하게 해야 합니다(초·중등교육법 시행령 제21조 제1항 및 제4항).

3-2. 중학생의 전학

중학교의 전학은 거주지를 학구로 하는 초등학교가 속하는 학교군 또는 중학구 내의 중학교에 한하며, 이 경우 학교군에 있어서는 전학의 신청 서류 접수일부터 7일 이내에 교육장이 정하는 방법에 따라 교육장이 추첨·배정하고, 중학구에 있어서는 그 중학구안의 중학교의 장이 이를 허가합니다(초·중등교육법 시행령 제73조 제1항 본문).

3-3. 고등학생의 전학

① 일반계 주간부 고등학교에서 평준화 지역에 소재하는 일반계 주간부 고등학교로 전학하는 경우에는 전학하려는 사람의 거주지가 학교군 또는 시·도가 다른 지역에서 이전된 경우에 한정하며, 교육감이 전학할 학교를 배정합니다(초·중등교육법 시행령 제89조 제2항 전단 및 교육감이 고등학교의 입학전형을 실시하는 지역에 관한 규칙).

② 이 경우 거주지가 이전된 자 중 해당 학교군에 소재하는 학교에 결원이

없고 인근 학교군에 소재하는 학교에 결원이 있는 경우로서 본인이 원하는 경우에는 거주지의 인근 학교군에 소재하는 학교로의 전학을 허용할 수 있습니다(초·중등교육법 시행령 제89조 제2항 후단).

제4장

입주생활

Part 1. 임차료

1. 차임의 지급 및 연체

1-1. 임차인의 차임지급 의무

임차인은 임차주택의 사용·수익의 대가로 임대인에게 차임을 지급해야 합니다(민법 제618조).

1-2. 차임의 지급시기

임차인과 임대인 사이에 차임의 지급시기에 관한 약정이 없는 경우에는, 매월 말에 지급하면 됩니다(민법 제633조).

1-3. 차임의 연체와 해지

① 임대인은 임차인이 차임을 2회 이상 연체한 경우에는 임대차계약을 해지할 수 있습니다(민법 제640조).

② 2회는 차임의 지급시기를 기준으로 판단합니다. 예를 들어 1년에 한 번씩 120만원을 지급하기로 한 임대차의 경우에는 2년분의 차임, 240만원이 됩니다.

③ 연체액이 2회의 차임에 해당하면 되고, 연속적으로 차임을 연체할 필요는 없습니다. 예를 들어, 매월 차임을 지급하기로 약정한 때에는, 연속해서 두 달의 차임을 연체한 경우는 물론, 10월분 차임을 연체하고 11월분 차임은 지불하고 다시 12월분 차임을 연체하면 총 2개월분의 차임을 연체한 것이 되어 임대차계약이 해지될 수 있습니다.

④ 위 규정을 위반하는 약정으로서 임차인에게 불리한 것은 무효로 됩니다(민법 제652조). 예를 들어, 1회분의 차임을 연체한 때에 계약을 해지할 수 있는 것으로 약정하거나, 2회 이상의 연체가 있으면 해지의 의사표시가 없어도 임대차계약이 자동으로 종료한다는 계약조항은 임대인의 해지권 행사요건을 완화하여 임차인에게 불리하므로 무효입니다.

내 용 증 명

발 신 인 ○ ○ ○

　　　　　 주 소 ○○시 ○○로 ○○길 ○○　○○호

수 신 인 ○ ○ ○

　　　　　 주 소 ○○시 ○○로 ○○길 ○○　○○호

임대차계약 해지 통고

1. 본인은 귀하와 20○○년 ○○월 ○○일 본인 소유의 주택에 대하여 아래와 같이 임대차계약을 체결한 바 있습니다.

- 아　　래 -

목적물 : 주 소 ○○시 ○○로 ○○길 ○○호 아파트 ○○㎡

임차보증금 : 금 00,000,000원

월 임대료 : 금 000,000원

임대차기간 　:　20○○년 　○○월 　○○일부터 　20○○년 　○○월 ○○일까지

2. 귀하는 위 계약에 따라 본인에게 계약금 금0,000,000원을 계약 당일 지급하고, 나머지 금00,000,000원은 같은 해 00월 00일 지급하여 잔금지급일부터 입주해오고 있습니다.

3. 그런데, 귀하는 20○○년 ○○월부터 아무런 사유 없이 월임대료를 지급하지 아니하여 본인은 20○○년 ○○월 ○○일자 등 수 차례 귀하에게 체납 임대료 지급을 최고하였습니다.

4. 그럼에도 불구하고 귀하는 체납 임대료를 지급하지 않고 있어 본인은 귀하에게

서면으로 임대차계약 해지를 통지하오니 본 서면을 받는 즉시 위 건물을 명도해주시고 밀린 임대료를 지급하여 주시기 바랍니다. 만일, 위 기한내 건물명도 및 체납 임대료를 변제하시지 않으면 본인은 부득이 법적 조치를 하겠으니 양지하시기 바랍니다.

2000.　〇.　〇.

위 발신인　〇〇〇

2. 공동 임차인의 연대의무

여러 사람이 공동으로 주택을 임차하여 사용·수익하는 경우에는 임차인 각자가 연대해서 차임지급 의무를 부담하게 됩니다(민법 제616조 및 제654조).

3. 차임 또는 보증금의 증감청구

3-1. 차임 또는 보증금의 증액

3-1-1. 증액 청구

① 임대인은 임대차계약이 존속 중에 약정한 차임이나 보증금이 임대주택에 대한 조세, 공과금, 그 밖의 부담의 증가나 경제사정의 변동으로 적절하지 않게 된 때에는 장래에 대하여 그 증액을 청구할 수 있습니다(주택임대차보호법 제7조 본문).

② 임대차계약이 갱신되는 경우에도 임대차가 존속하고 있는 것으로 보아야 하므로 증액청구를 할 수 있습니다. 다만, 임대차계약이 종료된 후 재계약을 하는 경우 또는 임대차계약 종료 전이라도 당사자가 합의하는 경우에는 차임이나 보증금을 증액할 수 있습니다(대법원 2002. 6. 28. 선고 2002다23482 판결).

③ 임대인의 차임증액청구는 당사자 사이에 차임증액을 금지하는 특약이 있는 경우에는 할 수 없습니다. 그러나 임대인은 차임불증액의 특약이 있더라도 그 약정 후 그 특약을 그대로 유지시키는 것이 신의칙에 반한다고 인정될 정도의 사정변경이 있는 경우에는 차임증액청구를 할 수 있습니다(대법원 1996. 11. 12. 선고 96다34061 판결).

답 변 서

사　건　20○○가소○○ 임차료 등
원　고　○○○
피　고　◇◇◇

　위 사건에 관하여 피고는 아래와 같이 답변합니다.

청구취지에 대한 답변

1. 원고의 청구를 기각한다.
2. 소송비용은 원고의 부담으로 한다.
라는 판결을 구합니다.

청구원인에 대한 답변

원고의 청구원인 사실 중,
1. 이 사건 건물이 원래 소외 김◉◉의 소유였다가 그 뒤 소외 ■■■ 가 상속한 사실,
2. 또한 피고의 남편 망 이◆◆가 임대료 월 금 70,000원씩 주고 임차하여 사용하다가 사망한 뒤 그의 처인 피고가 계속 사용하고 있다는 원고의 주장은 이를 인정하나, 위 건물을 소외 제3자에게 전대하였다거나, 월 임차료가 10개월 연체되었다는 원고의 주장은 전혀 사실이 아니거나 피고가 모르는 사실입니다.

20○○.　　○.　　○.
위 피고　　◇◇◇ (서명 또는 날인)

○○지방법원 제○○민사단독　귀중

3-1-2. 증액의 제한

① 임대차계약 또는 차임이나 보증금의 증액이 있은 후 1년 이내에는 증액 청구를 할 수 없습니다(주택임대차보호법 제7조제1항 후단).

② 약정한 차임이나 임차보증금의 20분의 1의 금액을 초과하여 증액청구를 할 수 없습니다. 다만, 특별시·광역시·특별자치시·도 및 특별자치도는 관할 구역 내의 지역별 임대차 시장 여건 등을 고려하여 위 20분의 1의 범위에서 증액청구의 상한을 조례로 달리 정할 수 있습니다(주택임대차보호법 제7조제2항).

③ 증액의 제한은 2020년 7월 31일 이전부터 존속 중인 임대차에 대하여도 적용됩니다(주택임대차보호법 부칙〈제17470호〉 제2조 제1항). 그러나 2020년 7월 31일 전에 임대인이 갱신을 거절하고 제3자와 임대차계약을 체결한 경우에는 적용되지 않습니다(주택임대차보호법 부칙〈제17470호〉 제2조 제2항).

3-1-3. 증액 부분에 대한 대항력 및 우선변제권의 취득

① 증액청구에 따라 차임이나 보증금을 올려주었거나 재계약을 통해서 올려준 경우에는 그 증액된 부분을 위한 임대차계약서를 작성하여, 그 증액부분의 임대차계약서에 확정일자를 받아 두어야만 그 날부터 후순위권리자보다 증액부분에 대해서 우선하여 변제받을 수 있습니다.

② 따라서 차임이나 보증금을 증액하는 경우에는 부동산등기부을 확인하여 임차주택에 저당권 등 담보물권이 새롭게 설정되어 있지 않는지를 확인한 후 증액 여부를 결정하는 것이 안전합니다.

③ 대항력을 갖춘 임차인이 저당권설정등기 이후에 임대인과의 합의에 의하여 보증금을 증액한 경우에는 보증금 중 증액부분에 관해서는 저당권에 기하여 건물을 경락받은 소유자에게 대항할 수 없게 됩니다(대법원 1990.8.14. 선고 90다카11377 판결).

3-2. 차임 또는 보증금의 감액

3-2-1. 감액 청구

① 임차인은 임대차계약의 존속 중에 약정한 차임이나 보증금이 임대주택에 대한 조세, 공과금, 그 밖의 부담의 증가나 경제사정의 변동으로 적절하지 않게 된 때에는 장래에 대하여 그 감액을 청구할 수 있습니다(주택임대차보호법 제7조 본문).

② 임대차계약이 갱신되는 경우에도 임대차가 존속하고 있는 것으로 보아야 하므로 감액청구를 할 수 있습니다.

3-2-2. 감액의 제한

① 증액금지의 특약과는 달리, 감액금지의 특약은 임차인에게 불리하기 때문에 효력이 없습니다(주택임대차보호법 제10조, 민법 제652조 및 제628조).

② 따라서 임차인은 차임감액금지특약을 하였더라도 경제사정의 변경 등을 원인으로 차임감액청구를 할 수 있습니다.

3-2-3. 민법에 따른 전세권의 경우-전세금의 증감청구

① 전세금이 목적 부동산에 관한 조세·공과금 그 밖의 부담의 증감이나 경제사정의 변동으로 상당하지 않게 된 때에는 당사자는 장래에 대하여 전세금의 증감을 청구할 수 있습니다(민법 제312조의2 본문).

② 다만, 전세금의 증액청구는 약정한 전세금의 20분의 1을 초과하지 못하고, 전세권설정계약이 있은 날 또는 약정한 전세금의 증액이 있은 날로부터 1년 이내에는 할 수 없습니다(민법 제312조의2 단서).

조 정 신 청 서

신 청 인 ○○○(주민등록번호)

　　　　○○시 ○○구 ○○로 ○○(우편번호 ○○○○○)

　　　　전화·휴대폰번호:

　　　　팩스번호, 전자우편(e-mail)주소:

피신청인 ◇◇◇(주민등록번호)

　　　　○○시 ○○구 ○○로 ○○(우편번호 ○○○○○)

　　　　전화·휴대폰번호:

　　　　팩스번호, 전자우편(e-mail)주소:

임차보증금감액청구

신 청 취 지

피신청인은 신청인에게 금 15,000,000원을 지급한다.

라는 조정을 구합니다.

분 쟁 내 용

1. 신청인은 200○. ○. ○. 피신청인으로부터 그의 소유인 ○○시 ○○구 ○○로 ○○ 소재 건물을 임대차보증금 30,000,000원으로 하면서 임대차보증금 전액을 지급하였습니다. 그 뒤 200○. ○○. ○. 신청인은 피신청인과 위 임대차계약을 갱신하기로 합의하고 임대차보증금 50,000,000원, 임대차기간 200○. ○○. ○.부터 2년간으로 하는 재계약을 체결하고, 증액된 임대차보증금 20,000,000원을 지급하였습니다.

2. 그런데 최근 경제불황과 부동산가격의 하락 및 임대료의 하락에 따라 위 아파트와 유사한 인근 아파트의 임대차보증금이 금 35,000,000원까지 떨어진 상황입니다.

그에 따라 신청인은 피신청인에 대하여 위 아파트에 대한 임대차보증금을 현 시세와 같은 금 35,000,000원으로 감액해줄 것을 청구하였으나 피신청인은 이에 응하지 않고 있습니다.

3. 따라서 신청인은 피신청인으로부터 현재의 임대차보증금과 현 시세와의 차액인 금 15,000,000원을 반환 받고자 조정을 신청합니다.

입 증 방 법

1. 갑 제1호증   임대차계약서
1. 갑 제2호증   주민등록표등본
1. 갑 제3호증   영수증
1. 갑 제4호증   부동산중개업자확인서

첨 부 서 류

1. 위 입증방법   각 1통
1. 신청서부본   1통
1. 송달료납부서   1통

20○○.   ○○.   ○○.
위 신청인 ○○○ (서명 또는 날인)

○○지방법원 귀중

소 장

원 고   ○○○ (주민등록번호)
　　　　○○시 ○○구 ○○길 ○○(우편번호)
　　　　전화·휴대폰번호:
　　　　팩스번호, 전자우편(e-mail)주소:
피 고   ◇◇◇ (주민등록번호)
　　　　○○시 ○○구 ○○길 ○○(우편번호)
　　　　전화·휴대폰번호:
　　　　팩스번호, 전자우편(e-mail)주소:

임대료청구의 소

청 구 취 지

1. 피고는 원고에게 금 ○○○○원 및 이에 대한 20○○. ○○. ○○.부터 이 사건 소장부본 송달일까지는 연 5%의, 그 다음날부터 다 갚는 날까지는 연 12%의 각 비율에 의한 돈을 지급하라.
2. 소송비용은 피고의 부담으로 한다.
3. 위 제1항은 가집행 할 수 있다.
라는 판결을 구합니다.

청 구 원 인

1. 원·피고의 신분관계
　원고는 원고의 위 주소지에 5층 건물을 소유하고 있으면서 임대업을 하는 사람이고, 피고는 원고 소유건물 중 일부를 임차한 임차인입니다.

2. 원고는 20○○. ○. ○. 피고와 원고 소유인 ○○시 ○○구 ○○길 ○○ 소재 ◎◎빌딩 1층을 보증금 ○○○원, 월임대료 금 ○○○원, 월임대료 지급기일 매월 15일, 임대차기간 12개월로 하는 상가임대차계약을 체결하고, 피고는 잔금을 치른 20○○. ○. ○○.부터 원고로부터 위 임대차목적물의 점유를 이전 받아 같은 장소에서 "○○베이커리"라는 상호로 제과점을 운영하였습니다.

3. 그런데 피고는 위 임대차계약일로부터 3월간은 매월 15일에 월임대료를 지급하였습니다. 그러나 임대차계약일로부터 3월이 지난 뒤로는 월임대료를 지급하지 않았습니다. 그러므로 원고는 피고에게 월임대료를 지급해줄 것을 여러 차례 독촉한 뒤 내용증명으로 최고하였으나 피고는 사업이 잘 되지 않아 그러니 사정이 좋아질 때까지 임대차보증금에서 월세를 공제해줄 것을 요구하여 원고는 피고의 입장을 고려하여, 원고의 손해를 감수하면서 기간은 정하지 않은 채 월임대료를 보증금에서 공제하기로 하였습니다.

4. 위와 같이 월임대료를 보증금에서 공제하기로 한 이후부터 원고는 피고와의 약정대로 임대차보증금에서 임대료를 공제하는 방법으로 월임대료를 정산하였습니다. 그러나 피고는 임대차보증금이 모두 없어진 20○○. ○○. ○.부터는 원고에게 월임대료를 지급하거나 아니면 임대차목적물을 비워주어야 함에도 불구하고 상가를 계속 사용하여 원고는 피고에게 임대차계약의 해지를 통보하고 임대차목적물의 명도를 요구하였습니다. 이에 피고는 시설비등 권리금을 받을 수 있도록 해달라며 가게가 양도 될 때까지는 명도에 응할 수 없다고 하였습니다. 그러던 중 피고의 위 가게가 소외 ◆◆◆에게 양도되어 피고는 위 임대차목적물에서 퇴거하고 위 임대차목적물을 소외 ◆◆◆에게 인도하였습니다. 이에 원고는 피고에게 금 ○○○○원(=20○○. ○○. ○. - 20○○. ○○. ○○.까지 ○개월×금 ○○○원)을 변제 할 것을 요구하였으나 피고는 지금까지 위 금액을 변제하지 않고 있는 것입니다.

5. 그렇다면 피고는 원고에게 체불된 월임대료 금 ○○○○원 및 이에

대한 20○○. ○○. ○○.부터 이 사건 소장부본 송달일까지는 민법에서 정한 연 5%의, 그 다음날부터 다 갚는 날까지는 소송촉진등에관한특례법에서 정한 연 12%의 각 비율에 의한 지연손해금을 지급할 의무가 있다 할 것이므로, 원고는 그 지급을 구하고자 이 사건 청구에 이른 것입니다.

입 증 방 법

1. 갑 제1호증   임대차계약서
1. 갑 제2호증   최고서
1. 갑 제3호증   답변서
1. 갑 제4호증   확인서

첨 부 서 류

1. 위 입증방법   각 1통
1. 소장부본   1통
1. 송달료납부서   1통

20○○. ○. ○.
위 원고   ○○○   (서명 또는 날인)

○○지방법원 귀중

소   장

원   고   ○○○ (주민등록번호)
　　　　　○○시 ○○구 ○○길 ○○(우편번호)
　　　　　전화·휴대폰번호:
　　　　　팩스번호, 전자우편(e-mail)주소:
피   고   ◇◇◇ (주민등록번호)
　　　　　○○시 ○○구 ○○길 ○○(우편번호)
　　　　　전화·휴대폰번호:
　　　　　팩스번호, 전자우편(e-mail)주소:

임대료 및 손해배상청구의 소

청 구 취 지

1. 피고는 원고에게 20○○. ○○. ○○.부터 이 사건 소장부본 송달일까지는
　연 5%의, 그 다음날부터 다 갚는 날까지는 연 12%의 각 비율에 의한 돈
　을 지급하라.
2. 소송비용은 피고의 부담으로 한다.
3. 위 제1항은 가집행 할 수 있다.
라는 판결을 구합니다.

청 구 원 인

1. 원·피고의 신분관계
　원고는 ○○시 ○○구 ○○길 ○○ 소재 1층 상가 30㎡의 상가임대차계약
　에 있어서 임대인이고, 피고는 위 상가의 임차인입니다.
2. 원고는 20○○. ○. ○. 피고와 ○○시 ○○구 ○○길 ○○ 소재 상가 1층
　30㎡를 임대차보증금 5,000,000원, 월임대료를 금 1,000,000원, 20○○.

○. ○.부터 임차기간을 12개월로 각 약정하고 상가임대차계약을 부동산중개사 무소에게 체결하였습니다.

3. 피고는 위 상가 입주일에 임대차보증금 5,000,000원을 지급하고 입주하 여 ◎◎이라는 상호로 농수산물도소매를 하면서 20○○. ○. ○.까지는 월 임대료를 제때에 지급하다가 피고가 도박에 빠지자 가게문을 제대로 열 지도 아니하는 등 불성실한 영업으로 인하여 매출이 격감하여 20○○. ○. ○○.부터 월임대료를 연체하기 시작하였습니다.

4. 피고는 원고에게 월임대료를 지급할 수 없게 되자 원고에게 임대차보증금 에서 월임대료를 공제하고 임대차보증금이 소진될 때 상가를 원고에게 명 도하여 주겠다는 피고의 약속을 믿고 원고는 부득이 이에 동의를 하였으 나 피고는 임대차보증금 5,000,000원을 모두 소진한 뒤에도 계속 명도를 거부하다가 겨우 20○○. ○○. ○. 위 상가를 원고에게 명도 하였습니다.

5. 또한, 피고는 상가를 임차한 임차인으로 상가건물을 통상 용도에 맞게 사 용하여야 함에도 불구하고 피고는 무단으로 대형창문을 폐쇄하고 벽돌막 음 공사를 하여 영업을 하였는바, 피고는 명도시 이를 원상회복 하여 원 고에 명도 하여야 함에도 불구하고 그대로 방치된 상태로 명도 하였으므 로, 원고는 부득이 금 1,000,000원을 들여 이를 원상회복 하였습니다.

6. 따라서 피고는 월임대료 금 4,000,000원과 상가시설훼손에 따른 손해금 1,000,000원 합계 금 5,000,000원을 원고에게 지급할 의무가 있다 할 것입니다.

7. 그렇다면 피고는 원고에게 금 5,000,000원 및 이에 대한 위 상가건물 명 도일의 다음날인 20○○. ○○. ○○.부터 이 사건 소장부본 송달일까지는 민법에서 정한 연 5%의, 그 다음날부터 다 갚는 날까지는 소송촉진등에 관한특례법에서 정한 연 12%의 각 비율에 의한 지연손해금을 지급할 의 무가 있으므로 원고는 이를 지급 받기 위하여 이 사건 청구에 이른 것입 니다.

입 증 방 법

1. 갑 제1호증	임대차계약서
1. 갑 제2호증	견적서
1. 갑 제3호증	영수증

1. 갑 제4호증   통고서
1. 갑 제5호증   답변서

첨 부 서 류

1. 위 입증방법   각 1통
1. 소장부본   1통
1. 송달료납부서   1통

                           20○○. ○. ○.
                 위 원고   ○○○ (서명 또는 날인)

○○지방법원 귀중

Part 2. 당사자의 권리·의무

1. 임차인의 권리

1-1. 사용·수익권(임차권)

① 임차인은 임대차계약을 통해 임차주택을 사용·수익할 수 있는 임차권을 취득하게 됩니다(민법 제618조). 이를 위해 임대인에게 임차주택의 인도를 청구할 수 있고, 그 임차기간 중 사용·수익에 필요한 상태를 유지해 줄 것을 청구할 수 있습니다.

② 임대차는 그 등기가 없는 경우에도 임차인이 주택의 인도와 주민등록을 마친 때에는 그 다음 날부터 제삼자에 대하여 효력이 생깁니다. 이 경우 전입신고를 한 때에 주민등록이 된 것으로 봅니다(주택임대차보호법 제3조 및 민법 제621조 제2항).

1-2. 임대차등기협력청구권

① 임대인과 임차인은 당사자간의 반대약정이 없으면, 임차인은 임대인에게 주택임대차 등기에 협력할 것을 청구할 수 있습니다(민법 제621조제1항 및 주택임대차보호법 제3조의4).

② 다만, 임차인은 임대인에게 임대차등기 절차에 협력해 줄 것을 청구할 수 있을 뿐이고, 등기청구권까지 주어져 있는 것은 아니므로 임대인이 협력하지 않으면 임차인은 '임차권설정등기절차를 이행하라'는 취지의 이행판결을 받아 단독으로 등기를 신청하거나 법원의 임차권등기명령제도를 이용하여 임대차등기를 할 수 있습니다(주택임대차보호법 제3조의3 제1항, 민법 제621조 제1항 및 부동산등기법 제23조 제4항 참조).

1-3. 차임감액청구권

① 임차인은 임대차계약의 존속 중에 약정한 차임이나 보증금이 임대주택에 대한 조세, 공과금, 그 밖의 부담의 증가나 경제사정의 변동으로 적절하

지 않게 된 때에는 장래에 대하여 그 감액을 청구할 수 있습니다(주택임대차보호법 제7조 본문).

② 차임 감액금지의 특약은 임차인에게 불리하기 때문에 효력이 없습니다(주택임대차보호법 제10조, 민법 제652조 및 제628조). 따라서 임차인은 차임감액금지특약을 하였더라도 경제사정의 변경 등을 원인으로 차임감액청구를 할 수 있습니다.

③ 임차인은 임차주택의 일부가 임차인의 과실 없이 멸실, 그 밖의 사유로 사용, 수익할 수 없는 때에는 그 부분의 비율에 의한 차임의 감액을 청구할 수 있습니다. 이 경우 그 잔존부분으로 임차의 목적을 달성할 수 없는 때에는 임차인은 계약을 해지할 수 있습니다(민법 제627조).

1-4. 부속물매수청구권 또는 철거권

① 임차인은 임차주택의 사용편익을 위해 임대인의 동의를 얻어 이에 부속한 물건이 있는 때에는 임대차의 종료 시에 임대인에게 그 부속물의 매수를 청구할 수 있으며, 임대인으로부터 매수한 부속물에 대해서도 그 매수를 청구할 수 있습니다(민법 제646조).

② 임차인은 부속물에 대해 임대인의 매수를 원하지 않는 경우 임차주택을 반환하는 때에 부속물을 철거할 수 있습니다(민법 제654조 및 제615조).

부 속 물 매 수 청 구 서

본인이 20○○년 ○월 ○일 귀하와 체결한 귀하 소유의 ○○시 ○○구 ○○동 ○○번지 대지에 관한 토지임대차계약이 20○○년 ○월 ○일의 경과로서 기간 만료 되었습니다. 또한 본인은 20○○년 ○월 ○일 귀하에게 계약의 갱신을 청구하였으나, 귀하로부터 이에 대한 거절의 통지를 받았습니다. 이에 본인은 귀하에게 위 대지상에 존재하는 본인 소유의 별지 기재 건물 및 본인이 권원에 의하여 위 대지에 부속시킨 것을 시가로 매수하여 주실 것을 청구합니다.

20○○년 ○월 ○일

임 차 인   ○   ○   ○ (인)

임대인(토지소유자)   ○   ○   ○   귀 하

○○시 ○○구 ○○길 ○○

1-5. 필요비상환청구권

① 임차인은 임차주택의 보존에 관해 필요비를 지출한 때에는 비용이 발생한 즉시 임대인에게 그 비용을 청구할 수 있습니다(민법 제626조 제1항).

② 「필요비」란 임대차계약이 목적에 따라 임차주택을 사용·수익하는데 적당한 상태를 보존, 유지하기 위해 필요한 모든 비용을 말합니다. 여기에는 임대인의 동의 없이 지출한 비용도 포함됩니다(민법 제203조 제1항 및 제618조 참조).

③ 민법에 따른 전세권의 경우 - 전세권자의 필요비상환청구권 : 전세권자는 그 부동산의 현상을 유지하고 통상의 관리에 필요한 수선을 해야 하므로, 전세권자는 주택의 통상적 유지 및 관리를 위해 필요비를 지출한 경우에도 그 비용의 상환을 청구할 수 없습니다(민법 제309조).

1-6. 유익비상환청구권

① 임차인이 유익비를 지출한 경우에는 임대인은 임대차 종료 시에 그 가액의 증가가 현존한 때에 한하여 임차인의 지출한 금액이나 그 증가액을 상환해야 합니다(민법 제626조제2항).

② "유익비"란 임차인이 임차물의 객관적 가치를 증가시키기 위하여 투입한 비용을 말합니다(민법 제203조제2항 및 대법원 1991. 8. 27. 선고 91다15591, 15607 반소 판결).

2. 임차인의 의무

2-1. 차임지급의무

임차인은 임차주택에 대한 사용·수익의 대가로 임대인에게 차임을 지급해야 합니다(민법 제618조).

2-2. 임차주택의 사용·수익에 따른 의무

① 임차인은 계약이나 임차주택의 성질에 따라 정해진 용법으로 이를 사용·수익해야 할 의무를 부담합니다(민법 제610조 제1항 및 제654조).

② 임차인은 임대차계약 기간 동안 임차주택을 선량한 관리자의 주의로 이를 보존해야 합니다(민법 제374조).

③ 임차인은 임차주택의 수선이 필요하거나 그 주택에 대하여 권리를 주장하는 사람이 있을 때에는 임대인에게 통지해야 합니다. 다만, 임대인이 이미 그 사실을 알고 있는 경우에는 통지하지 않아도 됩니다(민법 제634조).

④ 임차인은 임대인이 임차주택의 보존에 필요한 행위를 하는 때에는 이를 거절하지 못합니다. 다만, 임대인이 임차인의 의사에 반하여 보존행위를 하는 경우 이로 인해 임차의 목적을 달성할 수 없는 때에는 계약을 해지할 수 있습니다(민법 제624조 및 제625조).

2-3. 임차주택의 반환의무 및 원상회복의무

① 임차인은 주택임대차가 종료한 때에는 임대인에게 그 주택을 반환해야 합니다. 이 경우 임차주택을 원래의 상태로 회복하여 반환해야 합니다(민법 제615조 및 제654조).

② 임차인이 임차목적물을 수리하거나 변경한 때에는 원칙적으로 수리·변경 부분을 철거하여 임대 당시의 상태로 사용할 수 있도록 해야 합니다.

③ 다만, 원상회복의무의 내용과 범위는 임대차계약의 체결 경위와 내용, 임대 당시 목적물의 상태, 임차인이 수리하거나 변경한 내용 등을 고려하여 구체적·개별적으로 정해야 합니다(대법원 2019. 8. 30. 선고 2017다268142 판결).

소　　장

원　고　　○○○ (주민등록번호)
　　　　　　○○시 ○○구 ○○길 ○○(우편번호 ○○○○○)
　　　　　　전화·휴대폰번호:
　　　　　　팩스번호, 전자우편(e-mail)주소:
피　고　　◇◇◇ (주민등록번호)
　　　　　　○○시 ○○구 ○○길 ○○(우편번호 ○○○○○)
　　　　　　전화·휴대폰번호:
　　　　　　팩스번호, 전자우편(e-mail)주소:

건물인도 등 청구의 소

청 구 취 지

1. 피고는 원고에게 별지목록 기재 건물 중 별지도면 표시 1, 2, 5, 4, 1,의 각 점을 차례로 연결하는 선내 (ㄱ)부분 ○○㎡를 원상회복하고, 별지목록 기재 건물을 인도하라.
2. 소송비용은 피고가 부담한다.
3. 위 제1항은 가집행 할 수 있다
라는 판결을 구합니다.

청 구 원 인

1. 원고는 20○○. ○. ○. 피고에게 별지목록 기재 건물(단층주택)을 임차보증금 30,000,000원, 임대차기간을 12개월로 하여 임대한 사실이 있습니다.
2. 그런데 피고는 20○○. ○. ○. 원고의 동의 없이 임의로 별지목록

기재 주택 중 별지도면 표시 (ㄱ)부분 ○○㎡를 오락실로 개조하여 오락실 영업을 하고 있으며, 위 임대차계약은 20○○. ○. ○.자로 계약기간이 만료되었습니다.

3. 따라서 원고는 피고에게 별지목록 기재 주택 중 별지도면 표시 (ㄱ)부분 ○○㎡의 원상회복 및 별지목록 기재 주택의 인도를 청구하기 위하여 이 사건 소송제기에 이르렀습니다.

입 증 방 법

　　1. 갑 제1호증　　　　　　　건물등기사항증명서
　　1. 갑 제2호증　　　　　　　건축물대장
　　1. 갑 제3호증　　　　　　　임대차계약서
　　1. 갑 제4호증　　　　　　　내용증명통고서

첨 부 서 류

　　1. 위 입증방법　　　　　　　각 1통
　　1. 토지대장등본　　　　　　　1통
　　1. 소장부본　　　　　　　　　1통
　　1. 송달료납부서　　　　　　　1통

20○○. ○. ○.

위 원고　○○○　(서명 또는 날인)

○○지방법원 ○○지원　귀중

3. 임대인의 권리

3-1. 차임지급청구

임대인은 임차인에게 차임을 지급할 것을 청구할 수 있습니다(민법 제618조 참조).

3-2. 차임증액청구

① 임대인은 임대차계약이 존속 중에 약정한 차임이나 보증금이 임대주택에 대한 조세, 공과금, 그 밖의 부담의 증가나 경제사정의 변동으로 적절하지 않게 된 때에는 장래에 대하여 그 증액을 청구할 수 있습니다(주택임대차보호법 제7조 본문).

이 경우 증액청구는 임대차계약 또는 약정한 차임이나 보증금의 증액이 있은 후 1년 이내에는 하지 못합니다.

② 차임증액청구는 약정한 차임이나 보증금의 20분의 1의 금액을 초과하지 못합니다. 다만, 특별시·광역시·특별자치시·도 및 특별자치도는 관할 구역 내의 지역별 임대차 시장 여건 등을 고려하여 본문의 범위에서 증액청구의 상한을 조례로 달리 정할 수 있습니다

③ 당사자 사이에 차임증액을 금지하는 특약이 있는 경우에는 차임증액청구를 할 수 없습니다. 그러나 차임불증액의 특약이 있더라도 그 약정 후 그 특약을 그대로 유지시키는 것이 신의칙에 반한다고 인정될 정도의 사정변경이 있는 경우에는 차임증액청구를 할 수 있습니다(대법원 1996. 11. 12. 선고 96다34061 판결).

3-3. 임대물반환청구권

임대차계약이 종료하면 임대인은 임차인에게 임대물의 반환을 청구할 수 있으며, 이 경우 임차인에게 임대물의 원상회복을 요구할 수 있습니다 (민법 제615조, 제618조 및 제654조).

3-4. 그 밖에 임대물의 보존에 필요한 행위를 할 권리

임대인이 임대물의 보존에 필요한 행위를 하는 때에는 임차인이 이를 거절하지 못합니다(민법 제624조).

4. 임대인의 의무

4-1. 주택을 사용·수익하게 할 의무

① 임대인은 임차인이 목적물인 주택을 사용·수익할 수 있도록 할 의무를 집니다(민법 제618조).

② 이를 위해 임대인이 주택을 임차인에게 인도해야 하며, 임차인이 임대차 기간 중 그 주택을 사용·수익하는데 필요한 상태를 유지하게 할 수선의무를 집니다(민법 제623조).

③ 그러나 임대인은 주택의 파손·장해의 정도가 임차인이 별 비용을 들이지 않고 손쉽게 고칠 수 있을 정도의 사소한 것이어서 임차인의 사용·수익을 방해할 정도의 것이 아니라면 그 수선의무를 부담하지 않습니다. 다만, 그것을 수선하지 않아 임차인이 정해진 목적에 따라 사용·수익할 수 없는 상태로 될 정도의 것이라면 임대인은 그 수선의무를 부담하게 됩니다(대법원 2004. 6. 10. 선고 2004다2151, 2168 판결).

④ 임대인의 수선의무는 특약에 의하여 이를 면제하거나 임차인의 부담으로 돌릴 수 있습니다. 그러나 특별한 사정이 없는 한 건물의 주요 구성부분에 대한 대수선, 기본적 설비부분의 교체 등과 같은 대규모의 수선에 대해서는 임대인이 그 수선의무를 부담합니다(대법원 1994. 12. 9. 선고 94다34692, 94다34708 판결). 예를 들어, 주택의 벽이 갈라져 있거나 비가 새는 경우, 낙뢰로 인한 주택의 화재 발생 등 천재지변 또는 불가항력적인 사유로 주택이 파손된 경우 등에는 임대인이 수리를 해야 합니다.

⑤ 임차인은 임대인이 주택을 수선해주지 않는 경우, 1)손해배상을 청구할 수 있고, 2)수선이 끝날 때까지 차임의 전부 또는 일부의 지급을 거절할 수 있으며, 3)사용수익할 수 없는 부분의 비율에 따른 차임의 감액

을 청구하거나 4)나머지 부분만으로 임차의 목적을 달성할 수 없는 경우에는 임대차계약을 해지할 수 있습니다(민법 제627조 및 대법원 1997. 4. 25. 선고 96다44778, 44785 판결 참조).

4-2. 방해제거의무

주택임대차계약체결 후 임대인이 주택을 임차인에게 인도하였으나, 여전히 종전의 임차인 등 제3자가 주택을 계속 사용·수익하는 등 새로운 임차인의 주택의 사용·수익을 방해하는 경우 임대인은 그 방해의 제거에 노력해야 합니다(민법 제214조 및 제623조 참조).

누수로 인한 임대차계약 해지 통지 및 보증금 반환청구

수신인 : 김〇〇(주민등록번호)
　　　　　인천 동구 〇〇동 〇〇길 〇〇
발신인 : 이〇〇(주민등록번호)
　　　　　서울 중랑구 〇〇동 〇〇길 〇〇

1. 발신인은 귀사 소유인 서울 중랑구〇동〇〇, 지층 안쪽 방 2칸에 대하여 계약기간을 2012. 4. 15.부터 2014. 4. 15.까지 24개월로, 임대차보증금을 35,000,000원으로 정하고 거주하고 있는 임차인입니다.

2. 상기 물건지에 대해서 올해 7월부터 큰방 쪽의 심한 누수와 큰방과 작은방, 주방 벽면의 심한 곰팡이로 인하여 도저히 사람이 살 수 없는 상황이고, 발신인이 귀하에게 얘기하니 귀하는 수리해 준다고 했다가 보증금을 반환해 준다고 했다가 지키지도 않는 약속들을 반복하거나 사는 데 지장이 없다는 등 발신인의 요구사항을 전혀 받아들이지 않고 있습니다.

3. 이에 발신인은 계약기간 내이지만 위와 같은 사유로 계약 종료를 요구하며, 새로운 입주자가 결정되지 않더라도 이 내용증명을 송달받은 날로부터 7일 이내에 임대차 보증금 및 이사비용 원(단 이사 올 당시 기준임, 이하 같음), 부동산동개수수료 원 반환하여 주실 것을 본 내용증명으로 요구합니다.

4. 위와 같은 발신인의 요구사항에 불응할 경우, 발신인은 임차보증금반환 등 청구의 본안소송과 임차권등기신청사건의 각 소송비용, 판결 이후의 강제집행에 따른 집행비용 등을 귀하가 부담해야 한다는 사실을 미리 고지하니, 부디 빠른 시일 내에 보증금을 반환하여 상호간에 불미스런 일이 발생치 않도록 해 주시기 바랍니다.

　　　　　　　　　　　　　 20〇〇.　　〇.　　〇.
　　　　　　　　　　　　　　　　 발신인　이〇〇(서명 또는 날인)

* (해설)

1. 내용증명

① 내용증명은 우편법 시행규칙 제25조 ①항 4호 가목에 따라 등기취급을 전제로 우체국창구 또는 정보통신망을 통하여 발송인이 수취인에게 어떤 내용의 문서를 언제 발송하였다는 사실을 우체국이 증명하는 특수취급 제도입니다.

예컨대 채무이행의 기한이 없는 경우 채무자는 이행의 청구를 받은 때로부터 지체책임을 지게 되며 이 경우 이행의 청구를 하였음을 증명하는 문서로 활용할 수 있습니다.

2. 내용증명의 활용

① 민법은 시효중단의 한 형태로「최고」를 규정하고 있으며「최고」후 6월내에 재판상의 청구, 파산절차참가, 화해를 위한 소환, 임의출석, 압류 또는 가압류, 가처분을 하지 않는 경우 시효중단의 효력이 없는 것으로 규정하고 있습니다.

따라서 소멸시효가 임박한 경우「최고서」를 작성하여 내용증명우편으로 송부하고 소송 시「최고」를 하였음을 입증하는 자료로 사용할 수 있습니다.

② 계약의 해제(해지), 착오 등을 이유로 취소하는 경우 내용증명을 통하여 의사표시를 하는 것이 후일 분쟁을 미리 예방 할 수 있는 방법이 될 수 있습니다.

③ 민법 제450조는 지명채권의 양도는 양도인이 채무자에게 통지하거나 채무자의 승낙을 요하며, 통지나 승낙은 확정일자 있는 증서에 의하지 않으면 채무자 이외의 제3자에게 대항할 수 없도록 규정하고 있습니다.

따라서 채권의 양도통지를 할 경우 내용증명에 의하여 통지하면 제3자에게도 대항할 수 있게 됩니다.

4-3. 임차보증금의 반환의무

① 임대인은 임대차기간의 만료 등으로 임대차가 종료된 때에는 임차인에게 보증금을 반환할 의무가 있습니다(대법원1989. 1.19. 선고 87다카1315 판결).

② 임대인의 임차보증금의 반환의무는 임차인의 임차주택의 반환의무와 동시이행의 관계에 있습니다(대법원 1977. 9. 28. 선고 77다1241, 1242 판결).

소　　　장

원　　고　　○○○ (주민등록번호)

　　　　　　○○시 ○○구 ○○길 ○○(우편번호)

　　　　　　전화·휴대폰번호:

　　　　　　팩스번호, 전자우편(e-mail)주소:

피　　고　　◇◇◇ (주민등록번호)

　　　　　　○○시 ○○구 ○○길 ○○(우편번호)

　　　　　　전화·휴대폰번호:

　　　　　　팩스번호, 전자우편(e-mail)주소:

임차보증금반환청구의 소

청 구 취 지

1. 피고는 원고에게 금 21,000,000원 및 이에 대한 20○○. ○○. ○○.부터 이 사건 소장부본 송달일까지는 연 5%의, 그 다음날부터 다 갚는 날까지는 연 15%의 각 비율에 의한 돈을 지급하라.

2. 소송비용은 피고의 부담으로 한다.

3. 위 제1항은 가집행 할 수 있다.

라는 판결을 구합니다.

청 구 원 인

1. 원고는 20○○. ○. ○. 피고와 피고 소유의 ○○시 ○○구 ○○길 ○○○ 소재 주택 2층 방2칸에 대하여 계약기간은 20○○. ○. ○.부터 20○○. ○.

○○.까지 1년 6개월, 임차보증금은 금 21,000,000원으로 정하여 임대차계약을 체결하고, 20○○. ○. ○. 원고는 피고에게 임차보증금을 지급하고 위 방2칸을 인도 받아 계약기간 만료일까지 점유·사용하였습니다.

2. 원고는 위 임대차기간이 만료되어 피고에게 임차보증금의 반환을 요구하였으나 형편이 어렵다는 이유로 임차보증금의 반환을 해주지 않아 약 6개월 동안 기다리다가 20○○. ○○. ○. 임차보증금을 돌려 받지 못한 채 이사를 하였습니다.

3. 따라서 원고는 피고로부터 위 임차보증금 21,000,000원 및 이에 대한 원고가 위 방2칸을 피고에게 명도한 날의 다음날인 20○○. ○○. ○○.부터 이 사건 소장부본 송달일까지는 민법에서 정한 연 5%의, 그 다음날부터 다 갚는 날까지는 소송촉진등에관한특례법에서 정한 연 15%의 각 비율에 의한 지연손해금을 지급 받고자 이 사건 청구에 이른 것입니다.

입 증 방 법

1. 갑 제1호증   임대차계약서
1. 갑 제2호증   영수증
1. 갑 제3호증   통고서(내용증명우편)

첨 부 서 류

1. 위 입증방법   각 1통
1. 소장부본   1통
1. 송달료납부서   1통

20○○.　○.　○.

위 원고　○○○　(서명 또는 날인)

○○지방법원　귀중

소　　　장

원　　고　　○○○ (주민등록번호)

　　　　　　○○시 ○○구 ○○길 ○○(우편번호)

　　　　　　전화·휴대폰번호:

　　　　　　팩스번호, 전자우편(e-mail)주소:

피　　고　　◇◇◇ (주민등록번호)

　　　　　　○○시 ○○구 ○○길 ○○(우편번호)

　　　　　　전화·휴대폰번호:

　　　　　　팩스번호, 전자우편(e-mail)주소:

임차보증금반환청구의 소

청 구 취 지

1. 피고는 원고에게 금 30,000,000원 및 이에 대한 이 사건 소장부본 송달 다음날부터 다 갚는 날까지 연 15%의 비율에 의한 돈을 지급하라.

2. 소송비용은 피고의 부담으로 한다.

3. 위 제1항은 가집행 할 수 있다.

라는 판결을 구합니다.

청 구 원 인

1. 원고는 피고와 피고 소유의 ○○시 ○○구 ○○길 ○○ 소재 ○○ 연립 301호를 계약기간은 1년, 임차보증금은 금 30,000,000원으로 하고, 월 임차료는 금 200,000원을 매월 15일 지급하기로 약정하여

임차하였습니다.

2. 위 임대차계약은 20○○. ○. ○. 임대차기간이 만료되었고 원고는 피고에게 기간이 만료되기 전부터 이사를 하겠다고 통보하였음에도 기간만료 후 수개월이 지난 지금까지 새로운 임차인이 나타나지 않는다는 이유로 위 임차보증금을 반환해주지 않고 있어 이사를 하지 못하고 있습니다.

3. 따라서 원고는 피고로부터 위 임차보증금 30,000,000원 및 이에 대한 이 사건 소장부본 송달 다음날부터 다 갚는 날까지 소송촉진등에관한특례법에서 정한 연 15%의 비율에 의한 지연손해금을 지급 받고자 부득이 이 사건 청구에 이른 것입니다.

입 증 방 법

1. 갑 제1호증	임대차계약서
1. 갑 제2호증	보증금영수증
1. 갑 제3호증	통고서(내용증명우편)

첨 부 서 류

1. 위 입증방법	각 1통
1. 소장부본	1통
1. 송달료납부서	1통

20○○.　○.　○.

위 원고　○○○　(서명 또는 날인)

○○지방법원　귀중

소 장

원   고   ○○○ (주민등록번호)
            ○○시 ○○구 ○○길 ○○(우편번호)
            전화·휴대폰번호:
            팩스번호, 전자우편(e-mail)주소:
피   고   ◇◇◇ (주민등록번호)
            ○○시 ○○구 ○○길 ○○(우편번호)
            전화·휴대폰번호:
            팩스번호, 전자우편(e-mail)주소:

임차보증금반환청구의 소

청 구 취 지

1. 피고는 원고에게 금 15,000,000원 및 이에 대한 20○○. ○○. ○○.부터 이
   사건 소장부본 송달일까지는 연 5%의, 그 다음날부터 다 갚는 날까지는
   연 12%의 각 비율에 의한 돈을 지급하라.
2. 소송비용은 피고가 부담한다.
3. 위 제1항은 가집행 할 수 있다.
라는 판결을 구합니다.

청 구 원 인

1. 원고는 피고와 피고 소유의 ○○시 ○○구 ○○길 ○○ 소재 주택의 지하
   방2칸에 대하여 계약기간은 2년, 임차보증금은 금 15,000,000원으로 정
   하여 임대차계약을 체결하고 입주하면서 피고에게 위 임차보증금 전액을
   지급하였습니다.
2. 그런데 여름철 장마가 계속되면서 벽을 통하여 비가 스며들어 벽이 썩고
   배수시설이 나빠 지하로 물이 쏟아져 방이 침수되는 등 하자가 발생하여
   도저히 계속 거주할 수가 없어 피고에게 여러 차례에 걸쳐 하자보수를

요구하였으나, 피고는 하자보수를 해주지 않았습니다.

3. 원고는 할 수 없이 아직 기간이 만료되지 않았지만 위 임대차계약의 해지를 통보하고 피고에게 임차보증금반환을 요구하였으나 반환해주지 않아 20○○. ○○. ○. 이사를 하였습니다.

4. 따라서 원고는 피고로부터 위 임차보증금 15,000,000원 및 이에 대한 원고의 이사 다음날인 20○○. ○○. ○○.부터 이 사건 소장부본 송달일까지는 민법에서 정한 연 5%의, 그 다음날부터 다 갚는 날까지는 소송촉진등에관한특례법에서 정한 연 12%의 각 비율에 의한 지연손해금을 지급 받고자 이 사건 청구에 이른 것입니다.

입 증 방 법

1. 갑 제1호증 　　　　　　　　 임대차계약서
1. 갑 제2호증 　　　　　　　　 확인서
1. 갑 제3호증 　　　　　　　　 사진
1. 갑 제4호증 1, 2 　　　　 각 통고서(내용증명우편)

첨 부 서 류

1. 위 입증방법 　　　　　　　 각 1통
1. 소장부본 　　　　　　　　　 1통
1. 송달료납부서 　　　　　　　 1통

20○○. ○. ○.

위 원고 　○○○　 (서명 또는 날인)

○○지방법원　귀중

소   장

원   고   ○○○ (주민등록번호)
        ○○시 ○○구 ○○길 ○○(우편번호)
        전화·휴대폰번호:
        팩스번호, 전자우편(e-mail)주소:
피   고   ◇◇◇ (주민등록번호)
        ○○시 ○○구 ○○길 ○○(우편번호)
        전화·휴대폰번호:
        팩스번호, 전자우편(e-mail)주소:

임차보증금반환청구의 소

청 구 취 지

1. 피고는 원고에게 금 68,000,000원 및 이에 대한 이 사건 소장부
   본 송달 다음날부터 다 갚는 날까지 연 12%의 비율에 의한 돈을
   지급하라.
2. 소송비용은 피고의 부담으로 한다.
3. 위 제1항은 가집행 할 수 있다.
라는 판결을 구합니다.

청 구 원 인

1. 원고는 피고와 20○○. ○. ○. 피고 소유의 ○○시 ○○구 ○길 ○
   ○ 소재 ○○아파트 203동 401호를 임차보증금 68,000,000원,
   임대차기간 20○○. ○. ○.부터 2년으로 하여 임차한 사실이 있습
   니다.

2. 원고는 임대차계약기간이 끝나기 1개월 전에 임대인인 피고에게 임대차계약갱신거절의 통지를 하고 임차보증금의 반환을 요구하였으나, 피고는 별다른 사유 없이 임차보증금의 반환을 계속 미루고 있습니다.

3. 따라서 원고는 피고로부터 위 임차보증금 68,000,000원 및 이에 대한 이 사건 소장부본 송달 다음날부터 다 갚는 날까지 소송촉진등에관한특례법에서 정한 연 12%의 비율에 의한 지연손해금을 지급 받기 위하여 이 사건 청구에 이른 것입니다.

입 증 방 법

1. 갑 제1호증   임대차계약서
1. 갑 제2호증   영수증
1. 갑 제3호증   통고서(내용증명우편)

첨 부 서 류

1. 위 입증방법   각 1통
1. 소장부본   1통
1. 송달료납부서   1통

2000. ○. ○.

위 원고   ○○○ (서명 또는 날인)

○○지방법원 귀중

Part 3. 임대차 승계

1. 임차권 양도의 제한

① 임차권의 양도는 임차인(양도인)과 양수인 사이의 계약만으로 유효하게 성립하나, 민법은 임차인은 임대인의 동의 없이 임차권을 양도하지 못하도록 제한하고 있으며, 임대인은 자신의 동의 없이 임차권을 양도한 경우 임대차계약을 해지할 수 있도록 하고 있습니다(민법 제629조).

② 그러나, 임차인이 비록 임대인으로부터 별도의 승낙을 얻지 않고 제3자에게 임차물을 사용·수익하도록 한 경우에 있어서도, 임차인의 당해 행위가 임대인에 대한 배신적 행위라고 할 수 없는 특별한 사정이 인정되는 경우에는, 임대인은 자신의 동의 없이 임차권 양도가 이루어졌다는 것만을 이유로 임대차계약을 해지할 수 없으며, 임차권 양수인은 임차권 양수 및 그에 따른 사용·수익을 임대인에게 주장할 수 있습니다(대법원 2010.6.10, 선고, 2009다101275, 판결).

③ 임대인과 임차인 당사자 간의 특약으로 임차권 양도에 임대인의 동의가 필요하지 않는 것으로 하는 것은 유효합니다(민법 제652조).

2. 임대인의 동의 있는 임차권의 양도

2-1. 양도의 효과

① 임차권이 임대인의 동의 아래 양도되면, 임차인이 임대차계약에 따라 가지는 권리와 의무는 포괄적으로 양수인에게 이전됩니다. 즉, 임차인은 종전의 임대차관계에서 벗어나며 아무런 권리의무를 가지지 않게 되고, 양수인이 새로운 임차인으로서 임대인과 임대차관계를 가지게 됩니다.

② 다만, 임차권의 양도에 대해 임대인의 동의가 있기 전에 이미 발생한 임차인의 연체차임채무나 그 밖의 손해배상채무 등은 별도의 다른 특약이 없는 한 양수인에게 이전되지 않습니다.

2-2. 대항력 및 우선변제권의 취득

① 임차권의 양수인은 임차권의 양도인이 대항력을 갖춘 후 저당권을 설정하거나 소유권을 이전받은 등의 제3자에게 대항할 수 있습니다.

② 주택임대차보호법 제3조 제1항에 따른 대항력을 갖춘 주택임차인이 임대인의 동의를 얻어 적법하게 임차권을 양도한 경우 양수인에게 점유가 승계되고 주민등록이 단절된 것으로 볼 수 없을 정도의 기간 내에 전입신고가 이루어졌다면 비록 위 임차권의 양도에 의하여 임차권의 공시방법인 점유와 주민등록이 변경되었다 하더라도 원래의 임차인이 갖는 임차권의 대항력은 소멸되지 아니하고 동일성을 유지한 채로 존속합니다 (대법원 2010.6.10, 선고, 2009다101275, 판결).

③ 임차권 양도에 의하여 임차권은 동일성을 유지하면서 양수인에게 이전되고 원래의 임차인은 임대차관계에서 탈퇴하므로, 임차권 양수인은 원래의 임차인이 가지는 우선변제권을 행사할 수 있습니다(대법원 2010.6.10, 선고, 2009다101275, 판결).

3. 임대인의 동의가 없는 임차권의 양도

3-1. 임차인(양도인)과 양수인 사이의 법률관계

임차권의 양도계약은 이들 사이에서 유효하게 성립하고, 양도인은 양수인을 위해 임대인의 동의를 받아 줄 의무를 지게 됩니다(대법원 1986. 2. 25. 선고 85다카1812 판결 및 대법원 1996. 6. 14. 선고 94다41003 판결).

3-2. 임대인과 임차인 사이의 법률관계(해지권의 발생)

임대인은 무단 양도를 이유로 임차인과의 계약을 해지할 수 있습니다 (민법 제629조제2항). 그 해지를 하기까지는 임차인은 임대차계약에 따른 권리와 의무를 가집니다.

3-3. 임대인과 양수인 사이의 법률관계(대항력 취득 유무)

① 임대인의 동의 없는 임차권의 양도는 임대인에게 그 효력을 주장할 수 없으므로, 양수인이 임차주택을 점유하는 때에는 임대인에 대한 관계에서 불법점유가 되고, 임대인은 소유권에 기해 그 반환을 청구할 수 있습니다(민법 제213조 및 제214조).

② 임차인이 임대인의 동의 없이 임차권을 양도하면 원칙적으로 그 효력이 없으므로, 임차인이나 양수인은 임차권의 양도를 가지고 제3자에게는 물론 임대인에게도 대항할 수 없습니다(대법원 1986. 2. 25. 선고 85다카1812 판결).

③ 따라서 임차인이 대항력을 취득하였다고 하더라도 임차권의 양도에 따른 양수인은 임차인의 대항력을 원용하거나 자신의 고유한 대항력을 취득할 수 없습니다. 이 경우 원래의 임차인도 제3자에게 임차권을 양도함으로써 임차주택의 점유를 중단하였다면 대항력이 상실됩니다.

3-4. 민법에 따른 전세권의 경우–전세권 처분의 자유

① 상가건물의 전세권자는 전세권을 다른 사람에게 양도하거나 담보로 제공할 수 있고, 그 존속기간 내에 그 건물을 다른 사람에게 전전세 또는 임대할 수 있습니다(민법 제306조).

② 다만, 전세권의 처분은 당사자가 설정행위로 이를 금지한 때에는 처분의 자유를 제한할 수 있습니다(민법 제306조 단서). 이와 같은 전세권 처분의 자유에 대한 제한은 등기를 해야 제3자에게 대항할 수 있습니다(부동산등기법 제3조).

4. 전대차의 제한

4-1. 전대차의 개념

① 주택의 전대차란 임차인이 자기의 임차권에 기초하여 임차주택을 제3자에게 사용·수익할 수 있게 하는 계약입니다.

② 계약당사자는 전대인(임차인)과 전차인(제3자)입니다. 따라서 전대차 계약을 하면, 전대인(임차인)과 전차인(제3자) 사이에는 별개의 새로운 임대차 관계가 생기나, 임차인(전대인)과 임대인의 관계는 그대로 존속하게 됩니다.

4-2. 전대차의 제한

① 전대차계약은 임대인의 동의 여부와 관계없이 전대인(원래의 임차인)과 전차인(새로운 임차인) 당사자 간의 계약으로 유효하게 성립합니다. 그러나 임차인은 임대인의 동의 없이 임차물을 전대할 수 없으며, 이를 위반한 경우 임대인은 임대차계약을 해지할 수 있습니다(민법 제629조).

② 임차인이 비록 임대인으로부터 별도의 승낙을 얻지 않고 제3자에게 임차물을 사용·수익하도록 한 경우에 있어서도, 임차인의 당해 행위가 임대인에 대한 배신적 행위라고 할 수 없는 특별한 사정이 인정되는 경우에는, 임대인은 자신의 동의 없이 전대차가 이루어졌다는 것만을 이유로 임대차계약을 해지할 수 없으며, 전차인은 전대차 및 그에 따른 사용·수익을 임대인에게 주장할 수 있습니다(대법원 2010.6.10, 선고, 2009다101275, 판결).

③ 임대인, 임차인 당사자 간의 특약으로 전대차에 임대인의 동의가 필요하지 않는 것으로 하는 것은 유효합니다(민법 제652조).

4-3. 임대인의 동의가 있는 전대차

4-3-1. 전대차에 따른 법률관계

① 전대인(임차인)과 전차인 사이의 관계
전대인과 전차인 사이의 관계는 전대차 계약의 내용에 따라 정해지고, 전대인은 전차인에 대해 임대인으로서의 권리의무를 가지게 됩니다.

② 임대인과 임차인(전대인) 사이의 관계
임대인과 임차인의 관계는 전대차의 영향을 받지 않습니다. 즉 임대인은 임차인에 대해 임대차계약에 따른 권리를 행사할 수 있습니다(민법 제

630조제2항).

③ 임대인과 전차인 사이의 관계
- 전차인은 임대인에 대해 직접의무를 부담합니다. 즉, 전차인은 전대차 계약에 따라 전대인에 대해 차임지급 등의 의무를 부담하게 되는데, 이러한 의무를 일정한 전제 하에 직접 임대인에게 이행하면 임차인에 대한 의무는 면하게 됩니다. 그러나 전차인은 전대인에 대한 차임의 지급으로써 임대인에게 대항할 수 없습니다(민법 제630조제1항).
- 임대차관계가 기간만료 등이 아닌 임대인과 임차인의 합의로 계약을 종료한 경우에는 전차인의 권리는 소멸하지 않습니다. 따라서 전대차의 존속을 임대인과 임차인에게 주장할 수 있습니다(민법 제631조).
- 임대차계약이 해지의 통고로 종료되더라도 임차주택이 적법하게 전대되었을 때에는 임대인은 전차인에게 그 사유를 통지하지 않으면 해지로써 전차인에게 대항하지 못합니다. 전차인이 해지의 통지를 받은 때에도 6개월이 지나야 해지의 효력이 생깁니다(민법 제638조).
- 전차인은 주택 사용의 편익을 위해 임대인의 동의를 얻어 부속한 물건, 임대인으로부터 매수하였거나 임대인의 동의를 얻어 임차인으로부터 매수한 부속한 물건에 대해서는 전대차의 종료 시에 그 부속물의 매수를 청구할 수 있습니다(민법 제647조).

4-3-2. 임차주택의 전대와 대항력

① 임차인이 이미 대항력을 취득한 후 임차주택을 전대한 경우
주택임대차보호법 제3조 제1항에 의한 대항력을 갖춘 주택임차인이 임대인의 동의를 얻어 적법하게 전대한 경우, 전차인에게 점유가 승계되고 주민등록이 단절된 것으로 볼 수 없을 정도의 기간 내에 전입신고가 이루어졌다면 비록 위 전대에 의하여 임차권의 공시방법인 점유와 주민등록이 변경되었다 하더라도 원래의 임차인이 갖는 임차권의 대항력은 소멸되지 아니하고 동일성을 유지한 채로 존속합니다(대법원 2010.6. 10, 선고, 2009다101275, 판결).

② 임차인이 대항력을 취득하지 않고 임차주택을 전대한 경우

임차인이 임차주택의 인도와 주민등록을 하지 않은 채 임대인의 동의를 얻어 임차주택을 전대하고, 그 전차인이 주택을 인도받아 자신의 주민등록을 마친 경우, 임차인은 그 때부터 대항력을 취득합니다(대법원 1994. 6.18. 선고 94다3155 판결).

③ 주택임대차보호법 제3조 제1항에 의한 대항력을 갖춘 주택임차인이 임대인의 동의를 얻어 적법하게 전대한 경우, 전차인은 원래의 임차인이 주택임대차보호법 제3조의2 제2항 및 제8조 제1항에 의해 가지는 우선변제권을 대위 행사할 수 있습니다(대법원 2010.6.10, 선고, 2009다 101275, 판결).

4-4. 임대인의 동의가 없는 전대차

4-4-1. 전대차에 따른 법률관계

① 전대인(임차인)과 전차인 사이의 관계
전대차 계약은 전대인(임차인)과 전차인 사이에서 유효하게 성립하고, 전차인은 전대인에게 주택을 사용·수익하게 해 줄 것을 내용으로 하는 채권을 취득하며, 전대인은 전차인에 대해 차임청구권을 가집니다. 전대인은 전차인을 위해 임대인의 동의를 받아 줄 의무를 지게 됩니다(대법원 1986. 2. 25. 선고 85다카1812 판결).

② 임대인과 임차인(전대인) 사이의 관계
임차인이 전대를 하더라도 임대인과 임차인 사이의 임대차 관계는 그대로 존속합니다. 물론 임대인은 무단 전대를 이유로 임차인과의 계약을 해지할 수 있습니다(민법 제629조 제2항).

③ 임대인과 전차인 사이의 관계
임대인의 동의 없는 임차주택의 전대는 임대인에게 그 효력을 주장할 수 없으므로, 전차인이 주택을 점유하는 때에는 임대인에 대해서는 불법 점유가 되고, 임대인은 소유권에 기해 전차인에게 임차주택의 반환을 청구할 수 있습니다(민법 제213조 및 제214조).

4-4-2. 임차주택의 전대와 대항력

① 임차인이 임대인의 동의 없이 임차주택을 전대하면 원칙적으로 그 효력이 없으므로, 임차인이나 전차인은 임차주택의 전대를 가지고 제3자는 물론 임대인에게도 대항할 수 없습니다.

② 따라서 임차인이 대항력을 취득하였다고 하더라도 임차주택의 전대에 따른 전차인은 임차인의 대항력을 원용하거나 자신의 고유한 대항력을 취득할 수 없습니다. 이 경우 원래의 임차인도 제3자에게 임차주택을 전대함으로써 그 주택의 점유를 중단하였다면 대항력이 상실됩니다.

4-5. 주택 소부분의 전대차

① 주택의 임차인이 그 주택의 소부분을 다른 사람에게 사용하게 할 때에는 다음과 같이 전대의 제한, 전대의 효과 및 전차인의 권리의 확정에 관한 규정이 적용되지 않습니다(민법 제632조).

② 임차인은 임대인의 동의를 얻지 않고 그 주택의 소부분을 다른 사람에게 사용하게 할 수 있으며, 이 경우에도 임대인은 계약을 해지할 수 없습니다(민법 제629조 참조).

③ 주택의 소부분의 전차인은 임대인에게 직접 의무를 부담하지 않습니다(민법 제630조제1항 참조).

④ 임대인과 임차인의 합의로 계약을 종료한 경우에는 전차인의 권리가 소멸합니다(민법 제631조 참조).

⑤ 임대인, 임차인 당사자 간의 특약으로 주택 소부분의 전대차를 주택 전체의 전대차와 같이 취급하는 것은 유효합니다(민법 제652조 참조).

소   장

원   고   ○○○ (주민등록번호)
　　　　○○시 ○○구 ○○길 ○○(우편번호 ○○○○○)
　　　　전화·휴대폰번호:
　　　　팩스번호, 전자우편(e-mail)주소:
피   고   1. 정◇◇ (주민등록번호)
　　　　　○○시 ○○구 ○○길 ○○(우편번호 ○○○○○)
　　　　　전화·휴대폰번호:
　　　　　팩스번호, 전자우편(e-mail)주소:
　　　　2. 김◇◇ (주민등록번호)
　　　　　○○시 ○○구 ○○길 ○○(우편번호 ○○○○○)
　　　　　전화·휴대폰번호:
　　　　　팩스번호, 전자우편(e-mail)주소:

건물인도청구의 소

청 구 취 지

1. 가. 피고 정◇◇은 원고로부터 95,000,000원을 지급 받음과 동시에
　　　원고에게 별지목록 기재 건물을 인도하라.
　　나. 피고 김◇◇은 원고에게 별지목록 기재 건물 1층 ○○㎡ 중 별지도
　　　면 표시 1, 2, 5, 4, 1의 각 점을 차례로 연결하는 선내 (가)부분
　　　○○.○㎡에서 퇴거하라.
2. 소송비용은 피고들이 부담한다.
3. 위 제1항은 가집행 할 수 있다.
라는 판결을 구합니다.

청 구 원 인

1. 원고는 피고 정◇◇에게 20○○. ○. ○. 별지목록 기재 건물을 임차 보증금 95,000,000원, 월세 1,000,000원, 임차기간 24개월로 정하여 임대하였습니다.

2. 그런데 피고 정◇◇는 원고로부터 별지목록 기재 건물을 임차하여 운영한지 2개월도 채 안되어 원고에게는 한 마디의 상의도 없이 별지목록 기재 건물의 일부를 자신의 친구인 피고 김◇◇에게 월세 1,500,000원에 다시 세를 놓았습니다.

3. 그러므로 원고는 피고 정◇◇에게 원고의 동의 없이 위와 같이 임차물을 전대차 한 것을 이유로 민법 제629조 제2항에 따라 원고와 피고 정◇◇ 사이의 별지목록 기재 건물에 대한 임대차계약을 해지함과 아울러 별지목록 기재 건물을 인도 해줄 것을 통고하고, 피고 김◇◇에게는 피고 정◇◇로부터 전차하여 점유하는 별지목록 기재 건물 1층 ○○㎡ 중 별지도면 표시 1, 2, 5, 4, 1의 각 점을 차례로 연결하는 선내 (가)부분 ○○.○㎡에서 퇴거할 것을 요청하는 통지를 하였으나, 피고 정◇◇와 피고 김◇◇ 모두 원고의 요청을 거절하고 있습니다.

4. 따라서 원고는 피고 정◇◇로부터는 별지목록 기재 건물을 인도받고, 피고 김◇◇를 별지목록 기재 건물 1층 ○○㎡ 중 별지도면 표시 1, 2, 5, 4, 1의 각 점을 차례로 연결하는 선내 (가)부분 ○○.○㎡에서 퇴거시키기 위하여 이 사건 소송제기에 이른 것입니다.

입 증 방 법

1. 갑 제1호증   임대차계약서
1. 갑 제2호증   부동산등기사항증명서
1. 갑 제3호증   건축물대장등본
1. 갑 제4호증의 1, 2   각 통고서

첨 부 서 류

1. 위 입증방법   각 1통
1. 토지대장등본   1통
1. 소장부본   1통
1. 송달료납부서   1통

2000. O. O.
위 원고   OOO   (서명 또는 날인)

○○지방법원 귀중

4-6. 민법에 따른 전세권의 경우 - 전전세

4-6-1. 전전세

전전세란, 민법에 따라 전세권자가 그 전세권의 범위 내에서 전세 목적물의 일부 또는 전부에 대해 제3자에게 다시 전세권을 설정해 주는 것을 말합니다.

4-6-2. 전전세의 요건

① 전세권자는 설정행위로 전전세가 금지되어 있지 않는 한, 그의 전세권의 존속기간 내에서 전전세할 수 있습니다(민법 제306조).

② 전전세권은 원전세권자와 전전세권자 사이에 전전세권설정의 합의와 등기에 의해 성립됩니다(민법 제186조).

③ 전전세권의 존속기간은 원전세권의 존속기간 내이여야 합니다(민법 제306조).

④ 전전세의 경우에도 전세금을 지급해야 합니다. 전전세권은 원전세권을 기초로 하여 성립하는 것이므로, 전전세의 전세금은 원전세의 전세금을 초과할 수는 없습니다.

4-6-3. 전전세의 효과

① 전전세권이 설정되더라도 원전세권은 그대로 유지되나, 원전세권자는 전전세권에 의해 제한되는 한도에서 스스로 그 목적 부동산을 사용·수익할 수 없게 됩니다.

② 전전세권자는 그 목적 부동산을 점유하여 사용·수익할 수 있으며, 그 밖에 전세권자로서의 모든 권리를 가지게 됩니다. 다만, 원전세권설정자에 대해서는 아무런 권리의무를 가지지 않습니다.

③ 원전세권자는 전전세하지 않았으면 면할 수 있는 불가항력으로 인한 손해에 대해 그 책임을 부담하게 됩니다(민법 제308조).

④ 전전세권자는 전전세권이 소멸한 때에 전전세권 설정자에게 목적물을 인도하고, 전세권설정등기의 말소등기에 필요한 서류를 교부를 하는 동시

에 전전세금의 반환을 청구할 수 있습니다(민법 제317조).

⑤ 전전세권자는 전전세권설정자가 전전세금의 반환을 지체한 때에는 전전세권 목적물의 경매를 청구할 수 있습니다(민법 제318조). 이 경우 전전세권 목적물 전부에 대해 후순위권리자 그 밖의 채권자보다 전전세금의 우선변제를 받을 수 있습니다(민법 제303조제1항). 다만, 이 경매청구권은 원전세권도 소멸하고 원전세권설정자가 원전세권자에 대한 원전세금의 반환을 지체하고 있는 경우에만 행사할 수 있습니다.

5. 사망 등에 대한 임차권의 승계

5-1. 임차권 상속

5-1-1. 임차인이 사망하고 상속인이 없는 경우

① 임차인이 상속인 없이 사망한 경우에는 그 임차주택에서 가정공동생활을 하던 사실상의 혼인관계에 있는 사람이 단독으로 임차인의 권리와 의무를 승계합니다(주택임대차보호법 제9조제1항).

② 「가정공동생활」이란 동거를 하면서 생계를 함께하는 것을 의미합니다.

③ 그러나 임차인이 사망하고 임차주택에서 가정공동생활을 하던 사실상의 혼인관계에 있는 사람도 없는 경우에는 임차권을 포함한 임차인의 상속재산은 국가에 귀속하게 됩니다(민법 제1058조 제1항).

5-1-2. 임차인이 사망하고 상속인이 있는 경우

① 임차인이 사망할 당시에 민법에 따른 상속인이 임차인과 함께 임차주택에서 가정공동생활을 하고 있는 경우에는 상속인이 승계하게 되고, 사실상의 혼인관계에 있는 사람은 임차권을 승계할 수 없습니다(민법 제1000조, 제1001조 및 제1003조).

② 임차인이 사망할 당시에 민법에 따른 상속인이 임차인과 함께 임차주택에서 가정공동생활을 하고 있지 않았던 경우에는 임차주택에서 가정공동생활을 하던 사실상의 혼인관계에 있는 사람과 2촌 이내의 친족이 공동으로

임차인의 권리와 의무를 승계합니다(주택임대차보호법 제9조 제2항).

③ 만일, 2촌 이내의 친족이 없는 경우에는 임차주택에서 가정공동생활을 하던 사실상의 혼인관계에 있는 사람이 단독으로 임차권을 승계하게 됩니다.

소   장

원   고   1. ○○○ (주민등록번호)
          2. ◉①○ (주민등록번호)
          3. ◉②○ (주민등록번호)
          위 원고들 주소 ○○시 ○○구 ○○길 ○○(우편번호)
          전화·휴대폰번호:
          팩스번호, 전자우편(e-mail)주소:
피   고   ◇◇◇ (주민등록번호)
          ○○시 ○○구 ○○길 ○○(우편번호)
          전화·휴대폰번호:
          팩스번호, 전자우편(e-mail)주소:

임차보증금반환청구의 소

청 구 취 지

1. 피고는 원고 ○○○에게 금 30,000,000원, 원고 ◉①○, 원고 ◉②
   ○에게 각 금 20,000,000원 및 각 이에 대한 이 사건 소장부본
   송달 다음날부터 다 갚는 날까지 연 12%의 비율에 의한 돈을 지
   급하라.
2. 소송비용은 피고의 부담으로 한다.
3. 위 제1항은 가집행 할 수 있다.
라는 판결을 구합니다.

청 구 원 인

1. 신분관계

가. 원고 ○○○는 소외 망 ◉◉◉의 배우자이고, 원고 ◉①○, 원고 ◉②
○는 각 소외 망 ◉◉◉의 아들이고, 소외 망 ◉◉◉는 ○○시 ○
○구 ○○길 ○○-○ 소재 피고 소유의 건물을 피고로부터 임차
한 임차인입니다.

나. 피고는 원고들의 피상속인인 소외 망 ◉◉◉에게 피고 소유의 건
물을 임대한 임대인입니다.

2. 소외 망 ◉◉◉는 피고와 20○○. ○. ○. ○○시 ○○구 ○○길 ○
○-○ 소재 피고 소유의 건물을 임대차보증금 70,000,000원, 임
대차기간 20○○. ○. ○.부터 2년으로 하여 임차·거주하던 중 20
○○. ○. ○○. 갑작스런 심장마비로 사망하였던 바, 원고들은 소
외 망 ◉◉◉의 배우자 및 아들로서 소외 망 ◉◉◉를 상속한 정
당한 상속인입니다.

3. 원고들은 임대차기간만료 1개월 전인 20○○. ○○. ○. 임대인인
피고에게 임대차계약갱신거절의 통지를 하고 임대차보증금의 반환
을 요구하였으나, 피고는 임대차기간이 만료된 지금까지 별다른
사유 없이 임대차보증금을 반환하지 않고 있습니다.

4. 따라서 피고는 법정상속지분에 따라 원고 ○○○에게 금
30,000,000원(70,000,000원×3/7), 원고 ◉①○, 원고 ◉②○에게
각 금 20,000,000원(70,000,000원×2/7) 및 각 이에 대한 이 사
건 소장부본 송달 다음날부터 다 갚는 날까지 소송촉진등에관한특
례법에서 정한 연 12%의 비율에 의한 지연손해금을 지급할 의무
가 있다고 할 것이므로 이를 구하기 위하여 이 사건 청구에 이른
것입니다.

<h2>입 증 방 법</h2>

1. 갑 제1호증   부동산등기사항증명서
1. 갑 제2호증   임대차계약서
1. 갑 제3호증   주민등록등본

1. 갑 제4호증   기본증명서(망 ◉●●)
1. 갑 제5호증   가족관계증명서(망 ◉●●)

첨 부 서 류

1. 위 입증방법   각1통
1. 소장부본   1통
1. 송달료납부서   1통

2000. ○. ○.
위 원고   1. ○○○ (서명 또는 날인)
           2. ◉①○ (서명 또는 날인)
           3. ◉②○ (서명 또는 날인)

○○지방법원   귀중

5-2. 임차권 승계의 포기

　사망한 임차인의 채무가 보증금반환채권을 초과하여 임차권을 승계하는 것이 불리하다는 등과 같은 사유로 임차권의 승계권자가 임차권 승계를 받지 않으려는 경우에는 임차인이 사망한 후 1개월 이내에 임대인에게 반대의사, 즉 임차권을 승계하지 않겠다는 뜻을 표시하고 임차권의 승계를 포기할 수 있습니다(주택임대차보호법 제9조 제3항).

5-3. 임차권 승계의 효과

① 임차인의 권리의무를 승계한 사람은 임대차 관계에서 생긴 채권(예를 들어, 임차주택인도청구권, 임차주택수선청구권, 차임감액청구권, 보증금반환청구권 등)과 채무(예를 들어, 차임지급의무, 원상회복의무 등)를 승계합니다(주택임대차보호법 제9조 제4항).

② 임차권의 승계는 법률의 규정에 따른 승계이므로 임대인에게 승계의 의사표시를 할 필요는 없습니다.

③ 그러나 임대인과 사망한 임차인 사이에서 발생한 채권이라도 임대차와 관련이 없이 발생한 채권, 예를 들어 대여금청구권, 손해배상청구권 등은 승계되지 않고, 민법의 상속규정에 따라 상속인이 상속하게 됩니다.

6. 임대인의 지위 승계

6-1. 임대인의 지위 승계

① 임차주택의 양수인, 그 밖에 상속, 경매 등으로 임차주택의 소유권을 취득한 사람은 임대인의 지위를 승계합니다(주택임대차보호법 제3조 제4항).

② 이러한 승계는 법률의 규정에 따른 승계이므로 그 지위의 승계에 임차인의 동의를 받을 필요는 없고, 임차인에게 통지할 필요도 없습니다(대법원 1996.2.27.선고 95다35616 판결).

③ 임차주택의 양도에 따라 양도인인 임대인의 지위가 양수인에게 포괄적으로 이전됩니다. 그 결과 임대인의 지위는 면책적으로 소멸되고, 차임지

급청구권을 비롯한 일체의 채권과 보증금반환채무를 포함한 일체의 채무가 양수인에게 이전됩니다(대법원 1995. 5. 23. 선고 93다47318 판결 및 대법원 1996. 2. 27. 선고 95다35616 판결).

④ 양도인인 임대인과 양수인 사이에 임차인에 대한 의무를 승계하지 않는다는 특약이 포함된 계약을 체결했다 하더라도 이는 임차인에게 불리한 약정으로 그 효력이 없습니다(주택임대차보호법 제10조).

6-2. 임대차의 종료 후 임차주택을 양도한 경우

① 대항력 있는 주택임대차의 경우 임대차가 종료된 상태에서 임차주택이 양도되는 경우라도, 임차인이 보증금을 반환받을 때까지 양수인에게 임대차가 종료된 상태에서의 임대인으로서의 지위가 당연히 승계됩니다.

② 이 경우에는 임차보증금반환채무도 임차주택의 소유권과 결합하여 당연히 양수인에게 이전합니다(주택임대차보호법 제4조 제2항 및 대법원 2002. 9. 4. 선고 2001다64615 판결).

6-3. 임대인의 지위승계와 임대차계약의 해지 여부

① 임차주택의 대항력을 갖춘 임차인은 임차주택이 양도되는 경우에도 임차주택을 계속하여 사용·수익할 수 있습니다(주택임대차보호법 제3조 제1항 및 제4항).

② 그런데 임차주택의 양수인에게 대항할 수 있는 임차인이 스스로 임대인의 지위승계를 원하지 않는 경우에는 임차인이 승계되는 임대차관계의 구속으로부터 벗어날 수 있다고 보아야 하므로, 임차주택이 임대차기간의 만료 전에 경매되는 경우 임대차계약을 해지하고, 우선변제를 청구할 수 있습니다(대법원 1998. 9. 2. 자 98마100 결정 및 대법원 2002. 9. 4. 선고 2001다64615 판결).

Part 4. 임대차계약의 갱신

1. 당사자 합의에 의한 임대차계약의 갱신

1-1. 합의에 의한 계약 갱신

① 임대차 만료기간에 즈음하여 임대인과 임차인은 임대차계약의 조건을 변경하거나, 그 기간을 변경하는 등 계약조건을 변경하여 합의 갱신하거나, 기존의 임대차와 동일한 계약조건으로 합의 갱신할 수 있습니다.

② 합의 갱신은 임대차관계가 완전히 소멸한 후에 동일한 임대인과 임차인 간에 새로운 임대차관계를 설정하는 임대차의 재설정과 구별되고, 임대차기간 중에 미리 일정기간의 연장을 합의하는 기간연장의 합의와도 구별됩니다.

임대차계약갱신청구서

 20○○년 ○월 ○일자로 임대인 ○○○와 체결한 식목을 목적으로한 토지 임대차계약에 따라, 임차하고 있는 ○○시 ○○구 ○○동 소재 ○○○평방미터 토지에 대해 임차인의 임차권이 20○○년 ○월 ○일자로 존속기간이 만료되어 소멸예정입니다. 그러나, 위 토지 상에는 본인이 식재한 수목이 현존하고 있으므로 계약의 갱신을 청구합니다.

20○○년 ○월 ○일

임차인 ○ ○ ○

○○시 ○○구 ○○길 ○○번지

임대인 ○ ○ ○   귀하
　　　　○○시 ○○구 ○○길 ○○번지

임대차계약 갱신거절통지서

본인 소유의 ○○도 ○○군 ○○면 ○○리 ○○대지 300평방미터에
대한 귀하와의 3년의 토지임대차계약이 20○○년 ○월 ○일 기간만료
로써 소멸되었으나 귀하는 위 대지를 더 사용할 사정이 있다는 이유
로 위 계약의 갱신을 요청하였는바, 본인은 조만간 위 지상에 주택을
건립할 예정에 있으므로 귀하의 갱신청구를 거절합니다.

20○○년 ○월 ○일

○○시 ○○구 ○○길 ○○
토지임대인 : ○　○　○ (서명 또는 날인)

○○시 ○○구 ○○길 ○○
토지임차인　양　○　○　귀 하

1-2. 민법에 따른 전세권의 경우-합의 갱신

① 전세권은 그 존속기간을 정한 경우는 물론, 그 기간을 정하지 않는 경우에도 당사자의 합의로 갱신할 수 있습니다. 어떠한 내용으로 갱신할 지는 자유지만, 그 존속기간은 갱신한 날로부터 10년을 넘지 못합니다(민법 제312조 제3항).

② 전세권의 갱신은 권리의 변경으로서 그 등기를 해야 효력이 생깁니다(민법 제186조).

1-3. 합의 갱신의 효과

① 합의 갱신의 효과는 합의의 내용에 따라 정해집니다.

② 임대차계약의 조건을 변경하는 합의 갱신의 경우에는 변경내용에 대하여 전 임대차와 이해관계가 있는 제3자에게 대항할 수 없습니다. 또한 임차보증금을 증액하는 경우에는 이에 대한 확정일자를 받아야 후순위권리자에게 우선변제권을 취득할 수 있습니다.

2. 주택임대차보호법에 따른 묵시의 갱신

2-1. 묵시의 갱신 요건 : 갱신 거절 또는 계약조건변경의 미통지

① 임대인이 임대차기간이 끝나기 6개월 전부터 2개월(2020년 12월 10일 이후 최초로 체결되거나 갱신된 임대차부터 적용됨) 전까지의 기간에 임차인에게 갱신거절의 통지를 하지 않거나, 계약조건을 변경하지 않으면 갱신하지 않는다는 뜻의 통지를 하지 않은 경우에는 그 기간이 끝난 때에 전 임대차와 동일한 조건으로 다시 임대차한 것으로 봅니다. 임차인이 임대차기간이 끝나기 2개월 전까지 통지하지 않은 경우에도 또한 같습니다(주택임대차보호법 제6조 제1항 및 부칙〈법률 제17363호, 2020. 6. 9.〉 제2조).

② 임대인이나 임차인 중 한쪽이라도 갱신거절이나 계약조건 변경의 통지를 한 경우에는 그 임대차계약은 묵시적으로 갱신되지 않습니다.

③ 갱신거절의 통지는 임대차기간이 끝나면 더 이상 임대차관계를 존속시키지 않겠다는 통지를 말하고, 이러한 통지는 명시적이든 묵시적이든 상관없습니다.

④ 계약조건 변경의 통지는 임대차기간이 끝나면 임대차계약 내용을 변경하겠으며, 만일 상대방이 응하지 않으면 더 이상 임대차관계를 존속시키지 않겠다는 통지를 말하고, 이러한 통지에는 변경하려는 계약조건을 구체적으로 밝혀야 합니다.

⑤ 임차인이 2기(期)의 차임액(借賃額)에 달하도록 연체하거나 그 밖에 임차인으로서의 의무를 현저히 위반한 경우에는 묵시의 갱신을 할 수 없습니다(주택임대차보호법 제6조 제3항).

⑥ 따라서 임대인이 이러한 사유로 임대차계약을 해지하지 않더라도, 임차인에게 이러한 사유가 있으면 묵시의 갱신이 인정되지 않기 때문에 임대차는 그 기간의 만료로 종료됩니다.

소   장

원 고   ○○○ (주민등록번호)
         ○○시 ○○구 ○○길 ○○(우편번호 ○○○○○)
         전화·휴대폰번호:
         팩스번호, 전자우편(e-mail)주소:
피 고   ◇◇◇ (주민등록번호)
         ○○시 ○○구 ○○길 ○○(우편번호 ○○○○○)
         전화·휴대폰번호:
         팩스번호, 전자우편(e-mail)주소:

건물인도 등 청구의 소

청 구 취 지

1. 피고는 원고에게 별지목록 기재 건물을 인도하고, 20○○. ○.   ○.
부터 인도일까지 매월 금 200,000원의 돈을 지급하라.
2. 소송비용은 피고가 부담한다.
3. 위 제1항은 가집행 할 수 있다.
라는 판결을 구합니다

청 구 원 인

1. 원고는 199○. ○. ○.에 별지목록 기재 건물(주택)을 임대차보

증금 25,000,000원, 월세 금 200,000원(매월말일 지급), 임대차 기간을 인도일로부터 24개월로 하는 주택임대차계약을 체결하고, 199○. ○. ○. 임대차보증금을 지급 받음과 동시에 별지목록 기 재 주택을 피고에게 인도하였습니다.

2. 그 후 피고는 약정한 주택임대차기간이 만료될 당시 원고에 게 재계약여부 등 별도의 의사표시가 없었으며, 이로 인하여 주택임 대차계약 기간이 2년으로 묵시적 갱신된 상태에서 피 고는 현재까지 주택을 점유하면서 사용하고 있습니다.

3. 그런데 원고는 199○. ○. ○.자 내용증명우편으로 묵시적으 로 갱신된 주택임대차기간의 만료일인 20○○. ○. ○.에 임대 차보증금을 반환 받음과 동시에 주택을 인도해 달라는 주택임 대차계약해지의 의사를 피고에게 표시하였으며, 이 우편은 20○ ○. ○. ○. 피고에게 도달하였습니다. 하지만 피고는 임대차기 간이 만료된 20○ ○. ○. ○.에 원고에게 별지목록 기재 주택을 인도하지 아니한 채 지금까지 별지목록 기재 주택을 점유하여 사 용하면서, 임대차기간이 만료된 20○○. ○. ○. 이후로는 월세 상 당의 돈도 지급하지 않고 있습니다.

4. 따라서 원고는 피고에 대하여 묵시적으로 갱신된 주택임대차 계약의 기간만료를 근거로 피고에 대하여 별지목록 기재 주택의 인 도를 청구하고, 아울러 법률상 원인 없는 점유를 이유로 한 20○ ○. ○. ○.부터 인도일까지 차임상당의 부당이득금을 지급 받기 위 하여 이 사건 소송을 제기하는 것입니다.

입 증 방 법

  1. 갑 제1호증   임대차계약서

1. 갑 제2호증   부동산등기사항증명서
1. 갑 제3호증   건축물대장등본
1 .갑 제4호증   통고서

첨 부 서 류

1. 위 입증방법   각 1통
1. 토지대장등본   1통
1. 소장부본   1통
1. 송달료납부서   1통

2000.   O.   O.
위 원고   OOO   (서명 또는 날인)

OO지방법원 OO지원 귀중

[별 지]

부동산의 표시

OO시 OO구 OO동 OO
[도로명주소] OO시 OO구 OO길 OO 지상 철근콘크리트조 평스라브지붕 단층주택
86.6㎡. 끝.

2-2. 묵시의 갱신의 효과

① 주택임대차계약이 묵시적으로 갱신되면, 종전의 임대차와 동일한 조건으로 다시 임대차한 것으로 간주됩니다(주택임대차보호법 제6조 제1항 전단).

② 주택임대차계약이 묵시적으로 갱신되면, 보증금과 차임도 종전의 임대차와 동일한 조건으로 임대차한 것으로 됩니다.

③ 주택임대차계약이 묵시적으로 갱신되면, 임대차의 존속기간은 2년으로 됩니다(주택임대차보호법 제4조 제1항 및 제6조 제2항).

2-3. 묵시적으로 갱신된 임대차계약의 해지

① 주택임대차계약이 묵시적으로 갱신된 경우, 임차인은 언제든지 갱신된 임대차계약을 해지할 수 있고, 2년의 임대차기간을 주장할 수도 있습니다(주택임대차보호법 제4조 제1항 및 제6조의2 제1항).

② 임차인이 임대차계약을 해지하는 경우에는 임대인이 통지를 받은 날부터 3개월이 지나면 그 효력이 발생합니다(주택임대차보호법 제6조의2 제2항).

2-4. 민법에 따른 전세권의 경우 - 묵시의 갱신

① 전세권설정자가 전세권의 존속기간 만료 전 6개월부터 1개월까지 사이에 전세권자에게 갱신거절의 통지 또는 조건을 변경하지 않으면 갱신하지 않는다는 뜻의 통지를 하지 아니한 경우에는, 그 기간이 만료된 때에 종전의 전세권과 동일한 조건으로 다시 전세권을 설정한 것으로 봅니다. 이 경우 전세권의 존속기간은 그 정함이 없는 것으로 봅니다(민법 제312조 제4항).

② 묵시적 갱신이 된 전세권은 존속기간의 정함이 없는 전세권이므로, 언제든지 상대방에게 전세권의 소멸을 통고할 수 있고, 상대방이 이 통고를 받은 날로부터 6개월이 지나면 전세권은 소멸하게 됩니다(민법 제313조).

③ 건물에 대한 전세권의 묵시적 갱신은 법률의 규정에 따른 전세권 존속기간의 변경이므로, 그 등기가 없어도 효력이 발생합니다. 그러나 전세권을 처분하려는 때에는 등기를 해야 합니다(민법 제187조).

3. 「주택임대차보호법」에 따른 계약갱신 요구

3-1. 계약갱신요구권

① 위 「주택임대차보호법」에 따른 묵시의 갱신 규정에도 불구하고 임대인은 임차인이 임대차 기간이 끝나기 6개월 전부터 2개월(2020년 12월 10일 이후 최초로 체결되거나 갱신된 임대차부터 적용됨) 전까지 계약갱신을 요구할 경우 정당한 사유 없이 거절하지 못합니다(주택임대차보호법 제6조의3 제1항 본문, 제6조 제1항 전단 및 부칙〈법률 제17363호, 2020. 6. 9.〉 제2조).

② 임차인은 계약갱신요구권을 1회에 한하여 행사할 수 있고, 갱신되는 임대차의 존속기간은 2년으로 봅니다(주택임대차보호법 제6조의3 제2항).

③ 또한 갱신되는 임대차는 전 임대차와 동일한 조건으로 다시 계약된 것으로 봅니다. 다만, 차임과 보증금은 「주택임대차보호법」 제7조(차임 등의 증감청구권)의 범위에서 증감할 수 있습니다(주택임대차보호법 제6조의3 제3항).

④ 다만, 다음의 어느 하나에 해당하는 경우에는 임대인은 임차인의 계약갱신 요구를 거절할 수 있습니다(주택임대차보호법 제6조의3 제1항 단서).
- 임차인이 2기의 차임액에 해당하는 금액에 이르도록 차임을 연체한 사실이 있는 경우
- 임차인이 거짓이나 그 밖의 부정한 방법으로 임차한 경우
- 서로 합의하여 임대인이 임차인에게 상당한 보상을 제공한 경우
- 임차인이 임대인의 동의 없이 목적 주택의 전부 또는 일부를 전대(轉貸)한 경우
- 임차인이 임차한 주택의 전부 또는 일부를 고의나 중대한 과실로 파손한 경우
- 임차한 주택의 전부 또는 일부가 멸실되어 임대차의 목적을 달성하지 못할 경우
- 임대인이 다음의 어느 하나에 해당하는 사유로 목적 주택의 전부 또는 대부분을 철거하거나 재건축하기 위하여 목적 주택의 점유를 회복할 필요가

있는 경우

　-- 임대차계약 체결 당시 공사시기 및 소요기간 등을 포함한 철거 또는 재건축 계획을 임차인에게 구체적으로 고지하고 그 계획에 따르는 경우

　-- 건물이 노후·훼손 또는 일부 멸실되는 등 안전사고의 우려가 있는 경우

　-- 다른 법령에 따라 철거 또는 재건축이 이루어지는 경우

　-- 임대인(임대인의 직계존속·직계비속을 포함함)이 목적 주택에 실제 거주하려는 경우

⑤ 위 사유로 갱신을 거절하였음에도 불구하고 갱신요구가 거절되지 아니하였더라면 갱신되었을 기간이 만료되기 전에 정당한 사유 없이 제3자에게 목적 주택을 임대한 경우 임대인은 갱신거절로 인하여 임차인이 입은 손해를 배상해야 합니다(주택임대차보호법 제6조의3 제5항).

⑥ 이에 따른 손해배상액은 거절 당시 당사자 간에 손해배상액의 예정에 관한 합의가 이루어지지 않는 한 다음의 어느 하나의 금액 중 큰 금액으로 합니다(주택임대차보호법 제6조의3제6항).

　- 갱신거절 당시 월차임(차임 외에 보증금이 있는 경우에는 그 보증금을 「주택임대차보호법」 제7조의2 각 호 중 낮은 비율에 따라 월 단위의 차임으로 전환한 금액을 포함. 이하 "환산월차임"이라 함)의 3개월분에 해당하는 금액

　- 임대인이 제3자에게 임대하여 얻은 환산월차임과 갱신거절 당시 환산월차임 간 차액의 2년분에 해당하는 금액

　- 위 사유로 인한 갱신거절로 인하여 임차인이 입은 손해액

　- 그 밖에 임차인이 임차인으로서의 의무를 현저히 위반하거나 임대차를 계속하기 어려운 중대한 사유가 있는 경우

⑦ 갱신되는 임대차의 해지는 「주택임대차보호법」 제6조의2(묵시적 갱신의 경우 계약의 해지)를 준용합니다(주택임대차보호법 제6조의3 제4항).

⑧ 계약갱신요구권은 2020년 7월 31일 이전부터 존속 중인 임대차에 대하여도 적용됩니다(주택임대차보호법 부칙〈제17470호〉 제2조 제1항). 그러나 2020년 7월 31일 전에 임대인이 갱신을 거절하고 제3자와 임대차계약을 체결한 경우에는 적용되지 않습니다(주택임대차보호법 부칙〈제17470호〉 제2조제2항).

제5장

임대차관계 종료

Part 1. 주택임대차계약의 종료

1. 주택임대차의 종료 원인

1-1. 임대차 기간의 만료

① 임대차는 임대차 기간의 정함이 있는 경우에는 그 기간의 만료로 종료됩니다.

② 물론, 임대차 기간의 정함이 있는 경우에도 해지권 유보의 특약을 한 경우, 임차인이 파산선고를 받은 경우 등 해지사유가 있는 경우에는 계약해지의 통고로써 임대차계약을 중도에 해지할 수 있습니다(민법 제636조 및 제637조).

③ 임대인이 임대차기간이 끝나기 6개월 전부터 2개월 전까지의 기간에 임차인에게 갱신거절의 통지를 하지 않거나, 계약조건을 변경하지 않으면 갱신하지 않는다는 뜻의 통지를 한 경우에는 임대차 기간이 끝난 때에 종료합니다(주택임대차보호법 제6조 제1항 참조).

1-2. 계약해지의 통고

① 임차인은 임대차계약이 묵시적으로 갱신된 경우에는 언제든지 그 계약을 해지할 수 있으며, 이 경우 임차인이 계약해지를 통지하는 경우에는 임대인이 그 통지를 받은 날부터 3개월이 지나면 임대차는 종료됩니다(주택임대차보호법 제4조 제1항 및 제6조의2).

② 임차인 또는 임대인은 임대차계약을 체결하면서 그 계약서에 예를 들어 "전근, 취학 등 부득이한 사유가 생기면 임차인이 통보한 날부터 1개월 후에 계약이 해지된 것으로 본다"라는 해지권 유보의 특약을 약정한 경우에는 임대차 기간의 약정이 있는 경우에도 그 부득이한 사유를 증명하고 중도에 임대차계약을 해지할 수 있으며, 이 경우 임대인이 해지 통고를 받은 날부터 1개월이 지나면 임대차는 해지됩니다(민법 제635조 및 제636조)·

임대차계약해지통지

수 신 인 임 대 인 ○ ○ ○
　　　　　　　　주소 :　○○시 ○○구 ○○길 ○○
발 신 인 임 차 인 ○ ○ ○
　　　　　　　　주소 :　○○시 ○○구 ○○길 ○○

목적물 : ○○시 ○○구 ○○길 ○○○번지 ○○호 철근콘크리트 기와
지붕 4층 건물중 3층 302호

제목 : 임대차계약해지

상기 물건지에 대해서 임대인과 임차인은 20○○년 ○월 ○일부터 20
○○년 ○월 ○일까지 ○년간 임대차계약을 체결하였는 바, 20○○년
○월 ○일에 계약이 종료되므로 이에 계약을 해지하고자 본 통지서를
보냅니다. 20○○년 ○월 ○일까지 건물을 비우겠사오니 이때에 맞추
어 임대차보증금 전액을 반환해주시기를 부탁드립니다.

20○○년 ○월 ○일
임차인 ○ ○ ○ (서명 또는 날인)

1-3. 임차인의 파산

① 임차인이 파산선고를 받은 경우에는 임대차 기간의 약정이 있는 경우에도 임대인 또는 파산관재인은 계약해지의 통고를 할 수 있고, 임차인이 해지통고를 받은 날부터 6개월이 지나면 임대차는 종료됩니다(민법 제637조 제1항).

② 이 경우 각 당사자는 상대방에 대해 계약해지로 생긴 손해배상을 청구하지 못합니다(민법 제637조 제2항).

1-4. 즉시 해지

① 임대차 기간의 약정이 있더라도 다음과 같은 해지 사유가 있는 경우에는 임대차계약을 중도에 해지할 수 있습니다. 이 경우에는 해지의 의사표시가 상대방에게 도달한 때에 임대차는 종료됩니다.

② 임차인이 해지할 수 있는 경우
  1) 임대인이 임차인의 의사에 반하여 보존행위를 하는 경우 임차인이 이로 인해 임차의 목적을 달성할 수 없는 때(민법 제625조)
  2) 임차주택의 일부가 임차인의 과실 없이 멸실 그 밖의 사유로 사용·수익할 수 없는 경우 그 잔존부분으로 임차의 목적을 달성할 수 없는 때(민법 제627조)

③ 임대인이 해지할 수 있는 경우
  1) 임차인이 임대인의 동의 없이 임차권을 양도하거나 임차주택을 전대한 경우(민법 제629조 제2항).
  2) 임차인이 차임을 2회 이상 연체한 경우(민법 제640조, 주택임대차보호법 제6조 제3항)
  3) 임차인이 임차주택을 계약 또는 그 주택의 성질에 따라 정하여진 용법으로 이를 사용, 수익하지 않은 경우(민법 제654조에 따른 제610조 제1항의 준용)
  4) 그 밖에 임차인으로서의 의무를 현저히 위반한 경우

1-5. 임대차계약의 해지 방법

① 임대차계약을 중도에 해지하려는 경우에는 내용증명 우편으로 해지의 의사표시를 하는 편이 좋으며, 이 경우 내용증명 우편에는 중도해지의 사유와 임대차계약의 해지 의사를 표명하고, 임차보증금을 반환해 달라는 등의 내용을 기재하면 됩니다.

② 가까운 우체국에 가서 내용증명서 3통을 작성하여 접수창구에 제출하면, 1통은 발송인이, 1통은 우체국이 각각 보관하고, 나머지 1통은 상대방에게 발송됩니다. 우체국에서는 그 내용증명서를 3년간 보관하기 때문에 보관기간 내에는 그 등본을 교부받을 수 있습니다(우편법 시행규칙 제48조, 제55조).

임대차계약 해지 통지 및 보증금 반환청구

수신인 : 임대인 ○○○ (주민등록번호)
        서울 광진구 ○○○
발신인 : 임차인 ○○○ (주민등록번호)
        서울 광진구 ○○○

1. 임대차계약내용
   부동산소재지 : 서울 광진구 구의동 ○○번지 지층
   임대차 계약기간 : 2010년 7월 15일부터 2012년 7월 14일
   임대차 보증금 : 일금 오천만원 정

2. 상기 물건지에 대해서 귀하와 발신인이 2010년 7월 15일부터 2012년 7월 14일까지 전세(임대차) 계약을 체결하여 2012년 7월 14일부로 계약이 종료되며, 2011년 7월부터 작은방의 누수 및 심한 곰팡이로 사용하지 못하였으며 방안 물건에도 심각한 손상을 입었습니다.
   이에 발신인은 계약 만기 내이지만 위와 같은 사유로 계약 종료를 요구하며, 새로운 입주자가 결정되지 않더라도 이 내용증명을 송달받은 날로부터 5일 이내에 임대차 보증금을 발신인의 계좌(우리은행 : ○○○-○○○○○○-○○-○○○ 예금주 : 황임차) 반환하여 주실 것을 본 내용증명으로 요구합니다.

3. 발신인은 현재 다른 집을 2012. 7. 14. 전세보증금 3천만원에 월차임 30만원으로 계약한 상태인바, 귀하가 보증금을 반환치 않을 경우 발신인은 월 30만원씩의 차임을 지급하게 될 것입니다.

4. 또한 귀하도 알고 있듯이 발신인의 임차보증금 5천만원 중 3,500만원은 우리은행으로부터 근로자 전세대출로 대출받은 돈이므로 귀하가 이를 늦게 반환할 경우에는 그에 대한 월 14만원씩의 이자가 발생합니다.

5. 위 3항 및 4항의 돈은, 민법상 특별손해에 해당하는 것으로서 미리 통지하는 것이며, 추후 소송 시에는 임차보증금반환의 본안사건과 임차권등기신청사건의 소송비용뿐만 아니라 위와 같은 특별손해에 대하여도 귀하가 부담해야 한다는 사실을 미리 특정하여 고지하는 것이므로, 부디 빠른 시일 내에 보증금을 반환하여 상호간에 불미스런 일이 발생치 않도록 해 주시기 바랍니다.

20 년   월   일

임차인 ○○○ (서명 또는 날인)

2. 임대차 종료의 효과

2-1. 임대차관계의 소멸 및 손해배상

① 임대인 또는 임차인이 임대차계약을 해지한 때에는 임대차관계는 장래를 향해 그 효력이 소멸됩니다(민법 제550조).

② 임대차계약의 해지는 손해배상의 청구에 영향을 미치지 않으므로, 상대방에게 과실이 있으면 그 손해배상을 청구할 수 있습니다(민법 제551조).

2-2. 임차주택의 반환 및 임차보증금의 반환

① 임대차가 종료되면, 임대차계약의 내용에 따라 임차인은 임차주택을 반환할 의무 등을 지게 되고, 임대인은 임차보증금을 반환할 의무를 지게 됩니다(민법 제536조).

② 임차인이 임대차계약을 중도에 해지하는 경우 임차보증금을 돌려받기가 쉽지 않습니다. 이와 같이 임대차가 종료되었는데도 임대인이 보증금을 돌려주지 않는 경우에는 보증금을 반환해줄 때까지 이사를 가지 않는 것이 좋습니다. 이사를 가면 대항력과 우선변제권이 없어지기 때문입니다(대법원 2008. 3. 13 선고, 2007다54023 판결).

③ 그러나 임대차가 종료되더라도 임차인이 보증금을 돌려받을 때까지는 임대차관계가 존속하는 것으로 간주되므로, 임대인과 임차인은 임대차계약상의 권리의무를 그대로 가지게 됩니다(주택임대차보호법 제4조 제2항).

④ 따라서 임차인은 차임지급의무를 지는 한편 보증금을 반환받을 때까지 임차주택의 인도를 거절하는 동시이행항변권을 가지게 되고, 임대인은 차임지급청구권을 가지는 한편 임차주택을 인도받을 때까지 보증금의 지급을 거절하는 동시이행항변권을 가지게 됩니다. 다만, 임차인은 반대의무인 임차주택의 인도를 하지 않더라도 집행권원을 받게 되면 강제집행을 개시할 수 있습니다(주택임대차보호법 제3조의2 제1항 및 민사집행법 제41조).

소 장

원 고   ○○○ (주민등록번호)
         ○○시 ○○구 ○○길 ○○(우편번호)
         전화·휴대폰번호:
         팩스번호, 전자우편(e-mail)주소:
피 고   ◇◇◇ (주민등록번호)
         ○○시 ○○구 ○○길 ○○(우편번호)
         전화·휴대폰번호:
         팩스번호, 전자우편(e-mail)주소:

임차보증금반환청구의 소

청 구 취 지

1. 피고는 원고에게 금 68,000,000원 및 이에 대한 이 사건 소장부본 송달 다음날부터 다 갚는 날까지 연 12%의 비율에 의한 돈을 지급하라.
2. 소송비용은 피고의 부담으로 한다.
3. 위 제1항은 가집행 할 수 있다.
라는 판결을 구합니다.

청 구 원 인

1. 원고는 피고와 20○○. ○. ○. 피고 소유의 ○○시 ○○구 ○길 ○○ 소재 ○○아파트 203동 401호를 임차보증금 68,000,000원, 임대차기간 20○○. ○. ○.부터 2년으로 하여 임차한 사실이 있습니다.

2. 원고는 임대차계약기간이 끝나기 1개월 전에 임대인인 피고에게 임대차계약갱신거절의 통지를 하고 임차보증금의 반환을 요구하였으나, 피고는 별다른 사유 없이 임차보증금의 반환을 계속 미루고 있습니다.

3. 따라서 원고는 피고로부터 위 임차보증금 68,000,000원 및 이에 대한 이 사건 소장부본 송달 다음날부터 다 갚는 날까지 소송촉진등에관한특례법에서 정한 연 12%의 비율에 의한 지연손해금을 지급 받기 위하여 이 사건 청구에 이른 것입니다.

입 증 방 법

1. 갑 제1호증   임대차계약서
1. 갑 제2호증   영수증
1. 갑 제3호증   통고서(내용증명우편)

첨 부 서 류

1. 위 입증방법   각 1통
1. 소장부본   1통
1. 송달료납부서   1통

20○○. ○. ○.

위 원고   ○○○   (서명 또는 날인)

○○지방법원 귀중

2-3. 임차권등기명령신청권의 취득

① 임차인은 임대차가 종료된 후 보증금을 반환받지 못한 경우 임차권등기명령을 신청할 수 있는 권한을 얻게 되고, 임대차등기명령에 따라 임차권등기를 마치면 대항력과 우선변제권을 취득하거나 유지할 수 있게 됩니다(주택임대차보호법 제3조의3 제5항).

② 따라서 임차인은 임대차등기를 마친 후 임차주택을 인도하고 이사를 가더라도 대항력과 우선변제권을 유지할 수 있으며, 그 경우에는 차임지급의무를 면하는 한편 보증금반환채권의 지체에 따른 지연손해금채권을 가지게 됩니다.

2-4. 유익비상환청구 및 부속물매수청구

① 임차인은 일정한 경우에 한해 임대인에게 유익비의 상환을 청구하거나 부속물의 매수를 청구할 수 있습니다(민법 제626조 제2항 및 제646조).

② 다만, 임대차계약이 임차인의 차임연체 등 채무불이행으로 해지된 경우에는 부속물의 매수를 청구할 수 없습니다(대법원 1990. 1. 23. 선고 88다카7245, 88다카7252 판결).

2-5. 민법에 따른 전세권의 경우-전세권의 소멸사유

2-5-1. 일반적인 소멸사유

전세권은 물권의 일반적 소멸원인, 즉 존속기간의 만료, 혼동, 소멸시효, 전세권에 우선하는 저당권의 실행에 의한 경매, 토지수용 등으로 소멸합니다.

2-5-2. 전세권에 특유한 소멸사유

① 전세권설정자의 소멸 청구
전세권설정자는 전세권자가 전세권설정계약 또는 그 건물의 성질에 따라 정해진 용법으로 이를 사용 수익하지 않은 경우에는 전세권의 소멸을 청구할 수 있습니다. 이 경우 전세권자에게 원상회복 또는 손해배상을 청구할 수 있습니다.

② 전세권의 소멸 통고

각 당사자는 전세권의 존속기간을 약정하지 아니한 때에는 언제든지 상대방에 대해 전세권의 소멸을 통고할 수 있고, 상대방이 이 통고를 받은 날로부터 6개월이 지나면 전세권은 소멸됩니다.

③ 목적 부동산의 멸실

ⓐ 전세권의 목적물 전부가 불가항력으로 멸실된 때에는 전세권은 소멸됩니다. 이 경우 전세권자는 전세권설정자에 대해 전세권의 소멸을 통고하고 전세금의 반환을 청구할 수 있습니다.

ⓑ 전세권의 목적물 전부가 전세권자의 귀책사유로 멸실된 때에는 전세권은 소멸하고, 전세권자는 손해를 배상할 책임을 지게 됩니다. 이 경우 전세권설정자는 전세금으로써 손해배상에 충당하고 남는 것이 있으면 반환해야 하며, 부족이 있으면 다시 청구할 수 있습니다.

ⓒ 전세권의 목적물 일부가 불가항력으로 멸실된 때에는 그 멸실된 부분의 전세권은 소멸됩니다. 이 경우 전세권자가 그 잔존부분으로 전세권의 목적을 달성할 수 없는 때에는 전세권설정자에게 전세권의 소멸을 통고하고 전세금의 반환을 청구할 수 있습니다.

ⓓ 전세권 목적물의 일부가 전세권자의 귀책사유로 멸실된 때에는 전세권설정자는 전세권자의 부동산 용법 위반을 이유로 전세권의 소멸을 청구할 수 있습니다. 이 경우 전세권설정자는 전세권이 소멸한 후 전세금으로써 손해배상에 충당하고 남는 것이 있으면 반환해야 하며, 부족이 있으면 다시 청구할 수 있습니다.

④ 전세권의 포기

전세권자는 전세권의 존속기간을 약정하고 있더라도 자유로이 이를 포기할 수 있습니다. 그러나 전세권이 제3자의 권리의 목적이 된 때에는 제3자의 동의 없이는 포기할 수 없습니다.

Part 2. 보증금의 회수

1. 임차권등기명령제도

① 주택임대차보호법은 주택의 인도와 주민등록을 대항력의 취득 및 존속 요건으로 하고 있기 때문에 임차인이 임대차가 종료되었음에도 보증금을 돌려받지 못하고 이사를 가게 되면 종전에 취득하였던 대항력 및 우선변제권이 상실되므로 보증금을 돌려받기 어려워지게 됩니다.

② 이러한 문제를 해결하기 위해 임차권등기명령제도는 법원의 집행명령에 따른 등기를 마치면 임차인에게 대항력 및 우선변제권을 유지하게 하면서 임차주택에서 자유롭게 이사할 수 있게 하는 제도입니다.

2. 임차권등기명령의 신청

2-1. 신청요건

① 임대차가 끝난 후, 보증금이 반환되지 않은 경우 임차인은 임차주택의 소재지를 관할하는 지방법원·지방법원지원 또는 시·군 법원에 임차권등기명령을 신청할 수 있습니다(주택임대차보호법 제3조의3 제1항).

② 임차인은 임대차가 종료되어야 임차권등기명령을 신청할 수 있습니다. 즉, 계약기간의 만료로 임대차가 종료된 경우는 물론, 해지통고에 따라 임대차가 종료되거나 합의 해지된 경우에도 임차권등기명령을 신청할 수 있습니다.

   1) 기간의 약정이 없는 임대차의 해지통고는 임차인이 해지통고한 날부터 1개월이 지난 경우(민법 제635조 제2항 제1호)

   2) 기간의 약정은 있지만, 임대인이 임차인의 반대에도 임차주택에 대한 보존행위를 하여 임차인이 임차의 목적을 달성할 수 없어 해지통고를 하고 그 통고가 임대인에게 도달한 경우(민법 제625조)

   3) 임차주택의 일부가 임차인의 과실 없이 멸실 그 밖의 사유로 사용·수익할 수 없게 되고, 그 잔존부분으로는 임대차의 목적을 달성할 수 없어

임차인이 해지통고를 하고, 그 통고가 임대인에게 도달한 경우(민법 제
627조)

4) 묵시의 갱신이 이루어진 경우 임차인이 해지통고를 하고, 그 통고가 된
날부터 3개월이 경과한 경우(주택임대차보호 법 제6조의2)

5) 임대차계약을 체결한 후 임차주택이 멸실되어 잔존부분으로는 임대차의
목적을 달성할 수 없어 해지하는 경우(민법 제627조)

③ 임차보증금을 돌려받지 못한 경우란 임차보증금의 전액을 돌려받지 못한
경우는 물론, 일부라도 돌려받지 못한 경우도 포함됩니다(임차권등기명
령 절차에 관한 규칙 제2조 제1항).

2-2. 신청절차

① 임차권등기명령을 신청하는 임차인은 아래의 사항을 기재한 임차권등기
명령신청서를 작성하여 기명날인 또는 서명한 후 관련 첨부서류와 함께
임차주택의 소재지를 관할하는 지방법원·지방법원지원 또는 시·군 법원
에 접수해야 합니다(주택임대차보호법 제3조의3 제1항).

1) 사건의 표시

2) 임차인과 임대인의 성명, 주소, 임차인의 주민등록번호(임차인이나 임대
인이 법인 또는 법인 아닌 단체인 경우에는 법인명 또는 단체명, 대표
자, 법인등록번호, 본점·사업장소재지)

3) 대리인이 신청할 때는 그 성명과 주소

4) 임대차의 목적인 주택 또는 건물의 표시(임대차의 목적이 주택 또는 건
물의 일부인 경우에는 그 목적인 부분을 표시한 도면을 첨부합니다)

5) 반환받지 못한 임차보증금액 및 차임(등기하지 아니한 전세계약의 경우
에는 전세금)

6) 신청의 취지와 이유
신청이유에는 임대차계약의 체결사실 및 계약내용과 그 계약이 종료한
원인 사실을 기재하고, 임차인이 신청 당시 대항력을 취득한 경우에는
임차주택을 점유하기 시작한 날과 주민등록을 마친 날 및 확정일자를 받
은 날을, 우선변제권을 취득한 경우에는 임대차 주택을 점유하기 시작한

날과 확정일자를 받은 날을 기재합니다(임차권등기명령 절차에 관한 규칙 제2조제2항).

7) 첨부서류의 표시

8) 연월일

9) 법원의 표시

② 임차인은 임차권등기명령의 신청과 그에 따른 임차권등기와 관련하여 든 비용을 임대인에게 청구할 수 있습니다(주택임대차보호법 제3조의3 제8항).

2-3. 임차권등기명령신청서 제출 시 첨부서류

① 임대인 소유로 등기된 주택 또는 건물의 등기사항증명서

② 임대인의 소유가 아닌 주택 또는 건물은 즉시 임대인의 명의로 소유권보존등기를 할 수 있음을 증명하는 서면(예를 들면, 건축물대장)

③ 임대차계약증서

④ 신청당시 대항력을 취득한 임차인은 임차주택을 점유하기 시작한 날과 주민등록을 마친 날을 소명하는 서류

⑤ 신청당시 우선변제권을 취득한 임차인은 임차주택을 점유하기 시작한 날과 주민등록을 마친 날을 소명하는 서류 및 공정증서로 작성되거나 확정일자가 찍혀있는 임대차계약증서

⑥ 임대차 목적물에 관한 등기부상의 용도가 주거시설이 아닌 경우에는 임대차계약체결 시부터 현재까지 주거용으로 사용하고 있음을 증명하는 서류

주택임차권등기명령신청

신 청 인 (임차인)　○　○　○(111111-1111111)
　　○○시 ○○구 ○○로 ○○(우편번호 : ○○○○○)
피신청인(임대인)　○　○　○(111111-1111111)
　　○○시 ○○구 ○○로 ○○(우편번호 : ○○○○○)

신 청 취 지

별지목록 기재 건물에 관하여 아래와 같은 주택임차권등기를 명한다.
라는 결정을 구합니다.

아　　　래

1. 임대차계약일자 : 20○○년　○월　○○일
2. 임차보증금액　　: 금　　　　　원,　차임 : 금　　　원
3. 주민등록일자　　: 20○○년　○월　○○일
4. 점유개시일자　　: 20○○년　○월　○○일
5. 확 정 일 자　　: 20○○년　○월　○○일

신 청 이 유

신청인은 피신청인 소유 별지목록 기재 건물에 대하여 신청취지 기재
와 같이 임차한 후 임차기한이 만료하였으나 피신청인이 임차보증금
을 반환하지 않아 부득이 임차권 등기명령을 구함

첨 부 서 류

1. 건물등기사항증명서   1통
1. 주민등록등본   1통
1. 임대차계약증서 사본   1통

20○○년 ○월 ○일

신청인 ○ ○ ○ (서명 또는 날인)

○ ○ 지 방 법 원 귀중

[별 지]

부동산의 표시

1동 건물의 표시

○○시 ○○구 ○○동 ○○ (우편번호 ○○○○○)

[도로명주소] ○○시 ○○구 ○○로 ○○

철근콘크리트조 슬래브지붕 6층 아파트

제3층 제302호

1층 201㎡

2층 260㎡

3층 260㎡

4층 260㎡

5층 260㎡

6층 260㎡

지층 238㎡

전유부분의 건물표시

제3층 제302호

철근콘크리트조

59㎡

대지권의 목적인 토지의 표시

〇〇시 〇〇구 〇〇동 〇〇 (우편번호 〇〇〇〇〇)

대 1861.5㎡, 대 1909.9㎡

대지권의 표시

소유대지권

대지권비율 3771.4분의 37.67. 끝.

주택임차권등기명령신청

신 청 인 ○ ○ ○(111111-1111111)
　　　　　○○시 ○○구 ○○로 ○○(우편번호 : ○○○○○)
피신청인 △ △ △(111111-1111111)
　　　　　○○시 ○○구 ○○로 ○○(우편번호 : ○○○○○)

신 청 취 지

별지1목록 기재 건물중 ○층의 일부 별지2도면 표시 ㄱ, ㄴ, ㄷ, ㄹ,
ㄱ의 각점을 차례로 연결한 선내 (가)부분 30평방미터에 관하여 아래와 같
은 주택임차권등기를 명한다.
라는 결정을 구합니다.

아　　　래

1. 임대차계약일자 : 20○○년 ○월 ○○일
2. 임대차보증금액 : 금 10,000,000원차임(월세) : 금 100,000원
3. 주민등록일자　 : 20○○년 ○월 ○○일
4. 점유개시일자　 : 20○○년 ○월 ○○일
5. 확정일자　　　 : 20○○년 ○월 ○○일

신 청 이 유

1. 신청인은 피신청인과 위 주택에 대하여 20○○. ○. ○.부터 1년간
   임대차계약을 체결하고 현재까지 거주하고 있습니다.
2. 그러나 임대차기간이 20○○. ○.　○. 만료되어 나가려고 하나 보

증금을 반환 받지 못하여 부득이 이건 신청에 이르게 되었습니다.

첨 부 서 류

1. 건물등기사항증명서   1통
1. 주민등록등본   1통
1. 임대차계약증서 사본   1통
1. 부동산목록 및 도면   각 5통

20○○. ○. ○.

신청인 ○ ○ ○ (서명 또는 날인)

○○ 지 방 법 원   귀중

[별 지 1]

부동산의 표시

○○시 ○○구 ○○동 ○○-○

[도로명주소] ○○시 ○○구 ○○로 ○○

위 지상

벽돌조 슬래브위 기와지붕 2층 주택

1층 100.09평방미터(㎡)

2층 100.09평방미터(㎡).   끝.

[별 지 2]

도면 (1층 중 동쪽 10평방미터)

주 방	욕실	방	ㄱ	ㄹ
거 실		방	방 (가) 부분	
			주 방	
			ㄴ	ㄷ
				끝.

(참고)

1. 관할법원 : 임차주택의 소재지를 관할하는 지방법원·지방법원지원 또는 시·군법원 (주택임대차보호법 3조의3 1항)
2. 제출시기 : 임대차가 종료되었으나 보증금을 반환받지 못한 때(동법 3조의3 1항)
3. 불복절차 및 기간 :
   ① 임차권등기명령의 결정에 대한 임대인의 이의신청(동법 3조의3 2항),
   ② 기간에 대한 규정 없음
4. 첨부서류 :
   ① 건물등기사항증명서 1부
   ② 주민등록등본 1부(전입날짜를 확인할 수 있는 등본이나 초본)
   ③ 확정일자가 찍힌 임대차계약서 사본1부
   ④ 거주사실확인서 1부
   ⑤ 별지목록 6부(주택의 일부를 임차한 경우에는 별지도면 첨부)
5. 기타 첨부서류 :
   ① 등기사항증명서상 용도가 주거용이 아닌 경우 : 건물사진등 주거로 사용하고 있음을 증명할 수 있는 자료 첨부
   ② 건물이 등기되어 있지 않은 경우 : 건축물관리대장 첨부
   ③ 대리신청의 경우 : 위임장 및 인감증명 첨부
   ④ 계약해지통고서를 보낸 경우 : 사본첨부

주택임차권등기명령취하 및 해제신청

사   건   20○○카기 ○○○호 주택임차권등기

신 청 인   ○   ○   ○

피신청인   △   △   △

위 사건에 관하여   신청인은 피신청인과 원만히 합의를 하여 별지 목
록 기재 부동산에 대한 주택임차권등기명령신청을 취하하므로 해제하
여 주시기 바랍니다.

20○○.   ○.   ○.

위 신청인의 대리인

변호사 ○   ○   ○ (서명 또는 날인)

○ ○ 지 방 법 원 귀 중

[별   지]

부 동 산 의 표 시

1동의 건물의 표시

　　　　○○시 ○○구 ○○동 ○○

　　　　○○아파트 ○동

　　　　[도로명주소]

　　　　○○시 ○○구 ○○로 ○○

전유부분의 건물표시

　　　　건물의 번호 : 5 - 2 - 205

　　　　　구　　　　조 : 철근콘크리트라멘조 슬래브지붕
　　　　　면　　　　적 : 2층 205호 84.87㎡
대지권의 표시
　　　　　토지의 표시 : ○○시 ○○구 ○○동 ○○
　　　　　　　　　　　　　　대 9355㎡
　　　　　대지권의 종류 : 소유권
　　　　　대지권의 비율 : 935500분의 7652.　　끝.

2-4. 임차권등기명령신청에 대한 재판

① 관할 법원은 임차권등기명령신청의 신청에 대한 재판을 변론 없이 할 수 있고, 임차권등기명령에 대한 재판은 결정으로 임차권등기명령을 발하거나 기각합니다(주택임대차보호법 제3조의3 제3항, 민사집행법 제280조 제1항 및 제281조 제1항).

② 임차권등기명령은 판결에 의한 경우에는 선고를 한 때, 결정에 의한 경우에는 상당한 방법으로 임대인에게 고지한 때에 그 효력이 발생합니다(임차권등기명령 절차에 관한 규칙 제4조).

③ 임대인의 임차보증금의 반환의무가 임차인의 임차권등기 말소의무보다 먼저 이행되어야 합니다.

④ 임차권등기명령에 따른 임차권등기는 이미 사실상 이행지체에 빠진 임대인의 임차보증금의 반환의무와 그에 대응하는 임차인의 권리를 보전하기 위하여 새로이 경료 하는 것이기 때문에 임차권등기에 대한 임차인의 말소의무를 동시이행관계에 있는 것으로 해석할 것은 아니기 때문입니다(대법원 2005. 6. 9. 선고 2005다4529 판결).

⑤ 임차인은 임차권등기명령신청을 기각하는 결정에 대해 항고할 수 있습니다(주택임대차보호법」 제3조의3 제4항). 이 항고는 제기기간에 제한이 없는 통상 항고로서 항고의 이익이 있는 한 보증금을 전부 돌려받을 때까지 언제든지 제기할 수 있습니다(임차권등기명령 절차에 관한 규칙 제8조).

3. 임차권등기의 효과

3-1. 대항력 및 우선변제권의 유지

① 임차인이 임차권등기명령 이전에 이미 대항력이나 우선변제권을 취득한 경우에, 그 대항력이나 우선변제권은 그대로 유지되며, 임차권등기 이후에 대항요건을 상실하더라도 이미 취득한 대항력이나 우선변제권을 상실하지 않습니다(주택임대차보호법 제3조의3 제5항 단서).

② 따라서 임차인이 임차권등기 이후에 이사를 가더라도 여전히 종전의 임차주택에 대한 대항력과 우선변제권은 유지되므로 보증금을 우선하여 변제받을 수 있습니다.

3-2. 대항력 및 우선변제권의 취득

① 임차인이 임차권등기명령 이전에 대항력이나 우선변제권을 취득하지 못한 경우에, 임차권등기가 마쳐지면 대항력과 우선변제권을 취득하게 됩니다(주택임대차보호법 제3조의3 제5항 본문).

② 다만, 임차권등기를 마치면, 그 등기 시점을 기준으로 대항력과 우선변제권의 취득여부를 판단하기 때문에 임차권등기 이전에 임차주택에 대한 저당권 등의 담보권이 설정된 경우에는 담보권실행을 위한 경매절차에서 매각허가를 받은 매수인에게 대항하거나 그 담보권보다 우선하여 배당을 받을 수는 없게 됩니다.

3-3. 소액보증금의 최우선변제권 배제

① 임차권등기가 끝난 주택을 그 이후에 임차한 임차인은 소액보증금의 우선변제를 받을 수 없게 됩니다(주택임대차보호법 제3조의3 제6항).

② 이것은 임차권등기 후의 소액임차인에 의한 최우선변제권의 행사로 임차권등기를 한 임차인이 입을지 모르는 예상하지 못한 손해를 방지하기 위한 취지입니다.

4. 소액보증금 우선변제권

4-1. 소액임차인의 우선변제권

① 소액임차인은 비록 확정일자가 늦어 선순위로 변제를 받지 못하는 경우라도 임차주택에 대하여 선순위담보권자의 경매신청 등기 전에 대항력을 갖춘 경우에는 보증금 중 일정액을 다른 담보물권자보다 우선하여 변제받을 권리가 있습니다(주택임대차보호법 제3조 제1항 및 제8조 제1항).

② 소액임차인의 우선변제를 받을 수 있는 채권은 압류하지 못합니다(민사집행법 제246조 제1항 제6호).

4-2. 소액임차인의 우선변제 요건

4-2-1. 소액임차인의 범위에 속할 것

　　최우선변제 받을 수 있는 임차인은 보증금이 다음의 구분에 따른 금액 이하인 임차인이어야 합니다(주택임대차보호법 제8조 제3항, 제8조의2 및 동법 시행령 제11조 제1항).

① 서울특별시 : 1억6천5백만원

② 「수도권정비계획법」에 따른 과밀억제권역(서울특별시 제외), 세종특별자치시, 용인시, 화성시 및 김포시 : 1억4천5백만원

　※ 과밀억제권역에 해당되는 지역은, 서울특별시, 인천광역시(강화군, 옹진군, 서구 대곡동·불로동·마전동·금곡동·오류동·왕길동·당하동·원당동, 인천경제자유구역 및 남동 국가산업단지 제외), 의정부시, 구리시, 남양주시(호평동·평내동·금곡동·일패동·이패동·삼패동·가운동·수석동·지금동 및 도농동에 한함), 하남시, 고양시, 수원시, 성남시, 안양시, 부천시, 광명시, 과천시, 의왕시, 군포시, 시흥시(반월특수지역 제외)입니다

③ 광역시(「수도권정비계획법」에 따른 과밀억제권역에 포함된 지역과 군지역 제외), 안산시, 광주시, 파주시, 이천시 및 평택시: 8천5백만원

④ 그 밖의 지역 : 7천5백만원

4-2-2. 주택에 대한 경매신청의 등기 전까지 대항요건을 갖출 것

① 임차인은 임차주택에 대한 경매신청의 등기 전에 대항요건인 주택의 인도와 주민등록을 갖추어야 합니다(주택임대차보호법 제3조 제1항 및 제8조 제1항 후단).

② 이러한 대항요건은 집행법원이 정한 배당요구의 종기인 경락기일까지 계속 존속되어야 합니다(대법원 1997. 10. 10. 선고 95다44597 판결).

4-2-3. 임차주택이 경매 또는 체납처분에 따라 매각될 것

① 소액임차인이 우선변제권을 행사하기 위해서는 임차주택이 경매 또는 체납처분에 따라 매각되는 경우이어야 합니다(주택임대차보호법 제3조의2 제4항 및 제8조 제2항).

② 이는 경매나 체납처분에 의하지 않고 단순히 매매, 교환 등의 법률행위에 따라 임차주택이 양도되는 경우에는 대항력의 여부만이 문제될 뿐이고, 우선변제권이 인정될 여지가 없기 때문입니다.

4-2-4. 배당요구 또는 우선권행사의 신고가 있을 것

① 임차주택이 경매 또는 체납처분에 따라 매각되는 경우에 집행법원에 배당요구를 하거나 체납처분청에 우선권행사의 신고를 해야 합니다(대법원 2002.1.22. 선고 2001다70702판결).

② 배당요구는 채권의 원인과 액수를 적은 서면으로 하면 됩니다. 이 경우 배당요구의 자격을 증명하는 서면을 첨부해야 합니다(민사집행법 제88조 제1항 및 민사집행규칙 제48조).

4-3. 우선변제권의 효과(보증금 중 일정액의 보호)

① 소액임차인이 임차주택에 대한 경매신청의 등기 전에 대항력을 갖춘 경우에는 보증금 중 일정액을 다른 담보물권자보다 우선하여 변제받을 권리를 가집니다(주택임대차보호법 제3조제1항 및 제8조 제1항).

② 소액임차인이 우선변제를 받을 수 있는 금액은 그 보증금 중 다음의 구분에 따른 금액 이하입니다. 이 경우 우선변제 금액이 주택가액의 2분의 1을 초과하는 경우에는 주택가액의 2분의 1에 해당하는 금액에 한합니다(주택임대차보호법 시행령 제10조 제1항 및 제2항).

  1) 서울특별시 : 5천500만원

  2) 「수도권정비계획법」에 따른 과밀억제권역(서울특별시 제외), 세종특별자치시, 용인시, 화성시 및 김포시: 4천800만원

  3) 광역시(「수도권정비계획법」에 따른 과밀억제권역에 포함된 지역과 군지역

제외), 안산시, 광주시, 파주시, 이천시 및 평 택시: 2천800만원

4) 그 밖의 지역 : 2천500만원

※ 다만, 위 규정은 2023년 2월 21일 당시 존속 중인 임대차계약에 대
해서도 적용하되, 2023년 2월 21일 전에 임차주택에 대하여 담보물
권을 취득한 자에 대해서는 종전의 규정에 따릅니다(주택임대차보호
법 시행령〈대통령령 제33254〉부칙 제2조).

③ 이 경우 하나의 주택에 임차인이 2명 이상이고, 그 각 보증금 중 일정
액의 합산액이 주택의 가액의 2분의 1을 초과하는 경우에는 그 각 보증
금 중 일정액의 합산액에 대한 각 임차인의 보증금 중 일정액의 비율로
그 주택의 가액의 2분의 1에 해당하는 금액을 분할한 금액을 각 임차인
의 우선변제 금액으로 봅니다(주택임대차보호법 시행령 제10조 제3항).

4-4. 우선변제권을 행사할 수 없는 소액임차인

① 임차주택이 임차권등기명령의 집행에 따라 임차권등기가 끝난 주택을 그
이후에 임차한 임차인은 소액임차인에 해당되어도 우선변제권을 행사할
수 없습니다(주택임대차보호법 제3조의3 제6항).

② 처음 주택임대차계약을 체결할 때에는 소액임차인에 해당되었지만 그 후
계약을 갱신하는 과정에서 보증금이 증액되어 소액임차인에 해당하지
않는 경우에는 우선변제권을 행사할 수 없습니다(대구지법 2004.3.31.
선고2003가단134010 판결).

Part 3. 집행권원 확보

1. 집행권원 확보

① 임대차기간이 만료되었는데도 임대인이 보증금을 반환하지 않는 경우, 임차인은 임차주택에 대해 보증금반환청구소송의 확정판결이나 그 밖에 이에 준하는 집행권원에 기한 경매를 신청하여 보증금을 회수할 수 있습니다.

② 보증금 회수 강제집행의 집행권원을 확보하기 위한 소송은 임대차가 종료한 후라면 임차주택에서 퇴거를 하지 않더라도 임차인이 제기할 수 있습니다(주택임대차보호법 제3조의2 제1항).

③ "집행권원"이란, 국가의 강제력에 의해 실현될 청구권의 존재와 범위를 표시하고 집행력이 부여된 공정증서를 말하는 것으로서, 확정판결에 준하는 효력이 있는 집행권원에는 화해조서, 조정조서, 확정된 조정에 갈음하는 결정, 화해권고결정, 집행증서, 확정된 지급명령 그 밖에 판결과 같은 효력이 있는 일체의 집행권원을 포함합니다.

2. 집행권원 확보 전 준비사항

2-1. 내용증명우편의 발송

① 임대인이 임대차가 종료되었음에도 보증금을 돌려주지 않는 경우에는 임차인은 임대차계약 사실, 임대차의 종료됨에 따라 반환받아야 할 보증금의 액수 등을 적은 내용증명우편을 발송하여 보증금의 반환을 독촉합니다.

② 그럼에도 불구하고 보증금을 돌려주지 않을 경우에는 민사조정, 지급명령 등의 재판 외의 민사분쟁 해결 제도나 보증금반환청구소송을 제기하는 등 법적 절차를 취할 수밖에 없습니다.

2-2. 가압류 신청

① 임대인이 재산을 은닉하거나 빼돌릴 가능성이 있으면, 임차인은 보증금반환청구소송을 제기하기 전에 동산 또는 부동산에 대한 강제집행을 보전하기 위해 임대인의 재산에 가압류를 해 둘 필요가 있습니다.

② 가압류란, 금전이나 금전으로 환산할 수 있는 청구권을 그대로 두면 장래 강제집행이 불가능하게 되거나 곤란하게 될 경우에 미리 일반담보가 되는 채무자의 재산을 압류하여 현상을 보전하고, 그 변경을 금지하여 장래의 강제집행을 보전하는 절차를 말합니다(민사집행법 제276조 제1항 참조).

※ 주택임대차분쟁조정제도

주택임대차분쟁이 발생한 경우 복잡한 소송절차를 통하지 않고 주택임대차분쟁조정위원회의 분쟁조정 절차를 통하여 문제를 해결할 수 있습니다(주택임대차보호법 제21조).

2-3. 지급명령 신청

2-3-1. 지급명령의 개념

① "지급명령"이란, 금전 그 밖의 대체물(代替物) 또는 유가증권의 일정수량의 지급을 목적으로 하는 청구에 관하여 채권자의 일방적 신청이 있으면 채무자를 신문하지 않고 채무자에게 그 지급을 명하는 재판을 말합니다(민사소송법 제462조).

② 이와 같은 지급명령은 채권자가 법정에 나가지 않고도 적은 소송비용으로 신속하게 민사 분쟁을 해결할 수 있는 장점이 있는 제도이나, 상대방이 지급명령에 대해 이의신청을 하면 결국 통상의 소송절차로 이행되는 잠정적인 분쟁의 해결절차입니다.

③ 따라서 임대인이 보증금반환의무가 있다는 사실을 인정하고, 임차인의 채권의 존재자체를 다투지 않을 것으로 예상되는 경우에는 지급명령 절차를 이용하는 것이 편리합니다.

2-3-2. 지급명령의 신청

지급명령을 신청하려는 임차인은 임대인의 주소지를 관할하는 법원에 가서 다음의 사항을 기재한 지급명령신청서를 작성하여 제출해야 합니다(민사소송법 제463조, 제464조 및 제468조).

- 임대인과 임차인의 성명
- 지급명령 정본을 송달하는데 필요한 주소 및 연락처
- 청구금액
- 그 금액을 청구할 수 있는 취지 및 원인

지 급 명 령 신 청

채권자 ○○○(주민등록번호)
　　　　○○시 ○○구 ○○길 ○○(우편번호 ○○○○○)
　　　　전화·휴대폰번호:
　　　　팩스번호, 전자우편(e-mail)주소:
채무자 ◇◇◇(주민등록번호)
　　　　○○시 ○○구 ○○길 ○○(우편번호 ○○○○○)
　　　　전화·휴대폰번호:
　　　　팩스번호, 전자우편(e-mail)주소:

임차보증금반환청구의 독촉사건
청구금액 : 금 35,000,000원

신 청 취 지

　채무자는 채권자에게 금 35,000,000원 및 이에 대하여 20○○. ○
○. ○○.부터 이 사건 지급명령정본을 송달 받는 날까지는 연 5%, 그
다음날부터 다 갚는 날까지는 연 12%의 각 비율에 의한 금액 및 아
래 독촉절차비용을 합한 금액을 지급하라는 지급명령을 구합니다.

아 　 　 래

　금　　원　　　　독촉절차비용

내 　 　 역

　금　　원　　　인　지　대
　금　　원　　　송　달　료

신 청 이 유

1. 채권자와 채무자는 20○○. ○. ○. 피고 소유 ○○시 ○○구 ○○길 ○○ 소재 목조기와지붕 평가건물 단층주택 47.36㎡ 중 방 1칸 및 부엌에 대하여 임차보증금 35,000,000원, 임대차기간은 2년으로 하는 임대차계약을 체결하고 점유·사용하여 오다가 20○○. ○○. ○. 임대차계약기간의 만료로 인하여 임대인인 채무자에게 건물을 명도 하였습니다.
2. 그렇다면 채무자는 채권자에게 위 임차보증금을 지급할 의무가 있음에도 불구하고 지급하지 아니하여 채권자는 채무자에게 임차보증금을 반환하여 줄 것을 여러 차례에 걸쳐 독촉하였음에도 채무자는 지금까지 위 임차보증금을 반환하지 않고 있습니다.
3. 따라서 채권자는 채무자로부터 위 임차보증금 35,000,000원 및 이에 대한 20○○. ○○. ○○.부터 이 사건 지급명령결정정본을 송달 받는 날까지는 민법에서는 연 5%, 그 다음날부터 다 갚는 날까지는 소송촉진등에관한특례법에서 정한 연 12%의 각 비율에 의한 지연손해금 및 독촉절차 비용을 합한 금액의 지급을 받기 위하여 이 사건 신청을 하기에 이르게 된 것입니다.

첨 부 서 류

1. 부동산임대차계약서   1통
1. 부동산등기사항증명서   1통
1. 송달료납부서   1통

20○○.   ○○.   ○○.
위 채권자 ○○○ (서명 또는 날인)

○○지방법원 귀중

당 사 자 표 시

채권자 ○○○(주민등록번호)
　　　○○시 ○○구 ○○길 ○○(우편번호 ○○○○○)
　　　전화·휴대폰번호:
　　　팩스번호, 전자우편(e-mail)주소:
채무자 ◇◇◇(주민등록번호)
　　　○○시 ○○구 ○○길 ○○(우편번호 ○○○○○)
　　　전화·휴대폰번호:
　　　팩스번호, 전자우편(e-mail)주소:

임차보증금반환청구의 독촉사건
청구금액 : 금 35,000,000원

신 청 취 지

　채무자는 채권자에게 금 35,000,000원 및 이에 대하여 20○○. ○
○. ○○.부터 이 사건 지급명령정본을 송달 받는 날까지는 연 5%, 그
다음날부터 다 갚는 날까지는 연 12%의 각 비율에 의한 금액 및 아
래 독촉절차비용을 합한 금액을 지급하라는 지급명령을 구합니다.

아　　　래

　금　　원　　　독촉절차비용

내　　　역

　금　　원　　　인　지　대

금 원   송 달 료

신 청 이 유

1. 채권자와 채무자는 20○○. ○. ○. 피고 소유 ○○시 ○○구 ○○
   길 ○○ 소재 목조기와지붕 평가건물 단층주택 47.36㎡ 중 방 1칸
   및 부엌에 대하여 임차보증금 35,000,000원, 임대차기간은 2년으
   로 하는 임대차계약을 체결하고 점유·사용하여 오다가 20○○. ○.
   ○. ○. 임대차계약기간의 만료로 인하여 임대인인 채무자에게 건
   물을 명도 하였습니다.
2. 그렇다면 채무자는 채권자에게 위 임차보증금을 지급할 의무가 있
   음에도 불구하고 지급하지 아니하여 채권자는 채무자에게 임차보
   증금을 반환하여 줄 것을 여러 차례에 걸쳐 독촉하였음에도 채무
   자는 지금까지 위 임차보증금을 반환하지 않고 있습니다.
3. 따라서 채권자는 채무자로부터 위 임차보증금 35,000,000원 및
   이에 대한 20○○. ○○. ○○.부터 이 사건 지급명령결정정본을
   송달 받는 날까지는 민법에서는 연 5%, 그 다음날부터 다 갚는
   날까지는 소송촉진등에관한특례법에서 정한 연 12%의 각 비율에
   의한 지연손해금 및 독촉절차비용을 합한 금액의 지급을 받기 위
   하여 이 사건 신청을 하기에 이르게 된 것입니다.

2-3-3. 지급명령의 심리

① 지급명령의 신청을 받은 법원은 임대인을 심문하지 않고, 임차인이 제출한 서류 등을 참고하여 서면심리를 하여 지급명령을 결정합니다(민사소송법 제467조).

② 지급명령 결정에 따라 임대인에게 지급명령 정본을 송달하게 됩니다(민사소송법 제469조 제1항).

③ 임차인이 지급명령신청서에 기재한 임대인의 주소가 실제로는 임대인이 거주하지 않아 지급명령 정본이 송달될 수 없는 경우, 법원은 임차인에게 일정 보정기간 내에 송달할 수 있는 임대인의 주소를 보정하도록 하거나 주소의 보정이 어려울 경우에는 소 제기 신청을 할 수 있습니다(민사소송법 제466조 제1항).

④ 이 경우 임차인이 주소를 보정하면 보정한 주소로 지급명령 정본이 다시 송달되고, 보정기한 내에 임차인이 주소를 보정하지 않은 채 보정기한이 지난 경우에는 지급명령 신청이 각하됩니다.

2-3-4. 지급명령에 대한 이의신청

① 임대인이 지급명령을 송달받은 날부터 2주 이내에 이의신청을 한 때에는 지급명령은 그 범위 안에서 효력을 잃습니다(민사소송법 제470조 제1항).

② 임대인이 지급명령 정본을 송달받고도 2주일 이내에 이의신청을 하지 않은 채 그 기간이 지나면 지급명령은 확정되고, 임차인은 확정된 지급명령에 기한 강제집행을 신청할 수 있습니다.

③ 임대인이 이의신청을 하였으나, 그 이의신청이 부적법하다고 결정되는 경우에는 법원은 이의신청을 각하합니다. 이 경우 임대인은 각하결정에 대해 즉시 항고할 수 있습니다(민사소송법 제471조).

④ 임대인의 이의신청이 적법한 경우에는 이의신청에 따라 그 지급명령은 효력은 상실되고, 지급명령을 신청한 때에 이의신청된 청구목적의 값에 관하여 소가 제기된 것으로 봅니다(민사소송법 제472조 제2항).

이 의 신 청

사 건 번 호
신 청 인(채무자) ◇◇◇
피신청인(채권자) ○○○

신 청 취 지

위 당사자간 귀원 임차보증금반환 청구의 독촉사건에 관한 지급명령 결정정본을 채무자는 20○○. ○. ○.에 송달 받았으나 이에 불복하므로 이의신청합니다.

20○○. ○○. ○○.
위 신청인(채무자) ◇◇◇ (서명 또는 날인)

○○지방법원 귀중

2-3-5. 소송절차로의 이행

① 임대인이 적법한 이의신청을 하거나 임차인이 소 제기 신청을 한 경우 또는 법원이 직권으로 소송절차에 부치는 결정을 한 경우에는 지급명령을 신청한 때에 소가 제기된 것으로 처리됩니다(민사소송법 제472조 제1항).

② 이 경우 임차인은 지급명령 신청서에 붙인 수수료를 공제한 소장의 인지액을 추가 납부해야 합니다. 임차인이 기간 내에 추가 인지액을 납부하지 않는 경우에는 지급명령신청서를 각하 결정하며, 이 결정에 대해서는 즉시 항고할 수 있습니다(민사소송법 제473조 제1항 및 제2항).

2-3-6. 지급명령의 효력

지급명령에 대하여 임대인의 이의신청이 없거나, 이의신청을 취하하거나, 부적법한 이의신청의 각하 결정이 확정된 경우에는 지급명령은 확정판결과 같은 효력이 생깁니다(민사소송법 제474조).

2-4. 민사조정 신청

2-4-1. 민사조정제도의 개념

① 민사조정제도는 판결에 의하지 않고, 조정 절차에 따라 조정담당판사, 상임 조정위원 또는 조정위원회가 분쟁 당사자로부터 주장을 듣고 여러 사정을 참작하여 조정안을 제시하고 당사자의 자주적·자율적 분쟁 해결 노력을 존중하면서 적정·공정·신속하고 효율적으로 해결하는 제도입니다(민사조정법 제1조 참조).

② 임대차기간이 만료되었는데도 임대인이 보증금을 반환하지 않는 경우에는 보증금을 회수하는 방법으로 정식 소송을 제기하기 전에 간이한 민사소송절차인 민사조정제도를 이용할 수 있습니다.

2-4-2. 민사조정의 절차

① 조정신청서의 접수
　　㉠ 임차인은 민사조정신청서를 작성하여 임대인의 주소지를 관할하는

법원에 제출하면 됩니다. 구술로도 신청이 가능하나, 구술로 신청하는 때에는 법원서기관 등의 면전에서 진술하여야 합니다(민사조정법 제3조, 제5조 제1항 및 제2항).

ⓛ 조정신청서에는 당사자, 대리인, 신청의 취지와 분쟁의 내용을 명확히 기재하여야 하며, 증거서류가 있는 경우에는 신청과 동시에 이를 제출해야 합니다. 이 경우 피신청인 수에 상응하는 부본을 제출해야 합니다(민사조정규칙 제2조).

② 조정 기일에 출석

㉠ 조정신청서를 제출하면 얼마 후에 법원으로부터 신청인과 상대방에게 조정기일이 통지됩니다(민사조정법 제15조 제1항).

ⓛ 조정 기일에는 본인이 출석하는 것이 원칙이며, 조정담당판사의 허가가 있으면 친족이나 피용인 등을 보조인이나 대리인으로 출석하게 할 수 있습니다(민사조정규칙 제6조 제1항 및 제2항).

ⓒ 조정담당판사가 상당하다고 인정하는 때에는 당사자의 신청을 받거나 동의를 얻어 비디오 등 중계장치에 의한 중계시설을 통하거나 인터넷 화상장치를 이용하여 조정기일을 열 수 있습니다(민사조정규칙 제6조의2 제1항).

ⓔ 신청인이 조정 기일에 두 번 출석하지 않으면 조정 신청은 취하된 것으로 봅니다. 다만, 상대방이 출석하지 않으면 조정담당판사가 상당하다고 인정하는 때에는 직권으로 조정에 갈음하는 결정을 할 수 있습니다(민사조정법 제31조 및 제32조).

③ 조정의 심리

㉠ 조정기일에 출석한 신청인과 상대방은 조정담당판사, 상임 조정위원 또는 조정위원회로부터 신청한 조정사건에 대해 심리를 받습니다(「민사조정규칙」 제8조 참조).
신청인과 상대방은 각자 의견을 진술하며, 의견을 청취한 조정담당판사, 상임 조정위원 또는 조정위원회로부터 합의를 권고받는 등의 심리를 받습니다.

ⓛ 조정담당판사나 조정장(調停長)은 조정위원으로 하여금 분쟁해결방안을 도출하기 위해 사건 관계인의 의견을 들어 조정기일 외에서 합의안을 도출하거나 그 밖에 조정사건의 처리를 위하여 필요한 사무는 당사자의 의견을 들어 비디오 등 중계장치에 의한 중계시설을 통하거나 인터넷 화상장치를 이용하여 수행할 수 있습니다(민사조정법 제7조 제6항 및 민사조정규칙 제6조의3 참조).

④ 조정의 성립
  ㉠ 조정 기일에 당사자가 합의하면 조정이 성립됩니다. 조정의 성립되면 그 합의내용을 조서에 기재하게 됩니다(민사조정법 제28조).
  ㉡ 조정조서의 내용은 재판상 화해와 같은 효력이 있습니다(민사조정법 제29조).
  ㉢ 재판상 화해와 동일한 효력이 있다는 것은, 동일한 내용의 판결이 있는 경우, 그 판결과 같은 법적 효력이 부여되는 것을 의미하며, 만일 상대방이 조정 조항에서 정한 의무를 성실하게 이행하지 않는 경우에는 조정조서에 기하여 강제집행을 할 수 있습니다.

⑤ 조정에 갈음하는 결정
  ㉠ 조정담당판사는 합의가 성립되지 않은 사건 또는 당사자 사이에 성립된 합의의 내용이 적당하지 않다고 인정한 사건에 관해 직권으로 당사자의 이익 그 밖의 모든 사정을 참작하여 신청인의 신청취지에 반하지 않는 한도 내에서 사건의 공평한 해결을 위해 조정에 갈음하는 결정을 할 수 있습니다(민사조정법 제30조).
  ㉡ 당사자는 조정에 갈음하는 결정에 대해 조서정본이 송달된 날부터 2주일 이내에 이의를 신청할 수 있으며, 그 기간 내에 이의신청이 있으면 그 결정은 효력을 상실하고 사건은 자동으로 소송으로 이행되며, 이의신청이 없으면 그 결정은 재판상 화해와 같은 효력이 생기게 됩니다(민사조정법 제34조 및 제36조 제1항).

⑥ 조정을 하지 않는 결정
  조정담당판사는 사건이 성질상 조정을 함에 적당하지 않다고 인정하거

나 당사자가 부당한 목적으로 조정의 신청을 한 것임을 인정하는 때에는 조정을 하지 않는 결정으로 사건을 종결시킬 수 있습니다.(민사조정법 제26조 제1항).

⑦ 조정의 불성립

조정담당판사는 당사자 사이에 합의가 성립되지 않거나 성립된 합의의 내용이 상당하지 않다고 인정하는 경우에 조정에 갈음하는 결정을 하지 아니할 때에는 조정이 성립되지 아니한 것으로 사건을 종결합니다(민사조정법 제27조).

⑧ 소송절차로의 이행

㉠ 신청인이 조정을 신청하였으나, 조정을 하지 않는 결정, 조정의 불성립, 조정에 갈음하는 결정에 이의 신청을 한 경우에는 조정을 신청한 때에 소송이 제기된 것으로 처리되어, 당사자가 별도의 신청을 하지 않더라도 그 사건을 자동적으로 소송절차에서 심리됩니다(민사조정법 제36조 제1항).

㉡ 이 경우 신청인은 처음부터 소송을 제기하였다면 소장에 첨부하여야 할 인지액에서 조정을 신청할 때 납부한 수수료를 공제한 차액을 추가로 납부해야 합니다(민사조정법 제36조 제2항).

2-5. 소액사건심판 제기

2-5-1. 소액사건심판의 개념

① "소액사건심판"이란 3,000만원을 초과하지 않는 금전, 그 밖의 대체물이나 유가증권의 일정한 수량 지급을 목적으로 하는 사건을 간이한 절차에 따라 신속히 재판을 받을 수 있는 제도입니다(소액사건심판법 제1조, 제2조 및 소액사건심판규칙 제1조의2).

② 따라서 임차보증금이 3,000만원을 초과하지 않는 경우, 임차인은 소액사건심판을 통해 보증금을 돌려받을 수 있습니다.

③ 그러나 임차보증금이 3,000만원을 초과하는 임차인이 그 보증금 채권을

분할하여 일부 보증금의 반환을 청구하는 경우에는 소액사건에 해당되지 않습니다(소액사건심판법 제5조의2).

2-5-2. 소액사건의 판단 시기

① 소액사건에 해당하는지의 판단은 제소한 때를 표준으로 합니다(대법원 1986. 5. 27. 선고 86다137, 86다138 판결).

② 만약, 소액사건으로 제소되어 심리해야 할 수 개의 소액사건을 법원이 병합하여 심리하는 경우, 그 소송물 가액의 합산액이 소액사건의 범위를 넘어도 이미 결정된 소액사건에는 변동이 생기지 않습니다(대법원 1986. 5. 27. 선고 86다137, 86다138 판결).

2-6. 약속어음 공증

2-6-1. 임대인이 지급한 약속어음의 공증

임대인이 임차인에게 임차보증금의 반환을 약속하면서 어음을 발행해 주는 경우, 임차인은 임대인이 발행해 준 약속어음에 공증을 받아두는 것이 안전합니다. 공증을 받은 약속어음은 법률상 공적인 증거력이 인정되어 당사자 간의 분쟁을 사전에 방지해주는 역할을 합니다.

2-6-2. 공증 절차

① 임차인과 임대인은 함께 공증업무를 취급하는 공증인가를 받은 합동법률사무소 또는 법무법인 등의 공증기관을 방문하면 공증을 받을 수 있습니다. 공증기관이 없는 지역에서는 지방검찰청의 지청에서 공증 받을 수 있습니다(공증인법 제8조 참조).

② 임대인 또는 임차인 중 일방이 공증을 신청하는 경우에는, 신분증, 도장, 상대방의 위임장과 상대방 인감증명서를 가지고 가야 합니다.

③ 대리인이 공증을 신청하는 경우에는, 대리인의 신분증과 도장 그리고 임대인과 임차인의 위임장 및 임대인과 임차인의 인감증명서를 가지고 가야 합니다.

④ 공증을 받은 약속어음에는 강제집행을 할 수 있다는 취지가 기재된 공

정증서가 첨부됩니다(공증인법 제56조의2 제1항).

⑤ 공정증서가 첨부된 약속어음의 정본은 임차인에게, 공정증서가 첨부된 약속어음의 등본은 임대인에게 각각 교부되며, 원본은 공증인이 가지고 있게 됩니다(공증인법 제56조의2 제3항).

2-6-3. 공증의 효과

① 공증인이 일정한 금액의 지급이나 대체물 또는 유가증권의 일정한 수량의 급여를 목적으로 하는 청구에 관하여 작성한 공정증서로서 채무자가 강제집행을 승낙한 취지가 적혀 있는 것, 즉 공정증서가 첨부된 약속어음은 집행권원으로서 집행력이 있습니다(공증인법 제56조의2 제4항).

② 따라서 임대인이 약속어음의 지급기일에도 금전을 지급하지 않는 등 약속을 지키지 않는 경우, 임차인은 공정증서를 작성한 공증기관에서 집행문을 받아 강제경매를 신청할 수 있습니다.

2-7. 보증금반환청구소송 제기

2-7-1. 보증금반환청구의 소

① 임대차기간이 만료되었는데도 임대인이 보증금을 반환하지 않는 경우 임차인은 임차주택 퇴거 전·후를 불문하고 임차주택에 대해 보증금반환청구소송의 확정판결에 기한 경매를 신청하여 보증금을 회수할 수 있습니다(주택임대차보호법 제3조의2 제1항).

② 지급명령 등 재판 외의 간이절차에서 보증금을 돌려받지 못하는 경우에는 최후의 수단으로 소송을 통해 보증금을 돌려받을 수밖에 없습니다.

2-7-2. 보증금반환청구의 소의 제기

임차인은 임대인 또는 본인의 주소지를 관할하는 법원에 임차주택에 대한 보증금반환청구의 소를 제기할 수 있습니다. 이 경우 임대인과 임차인이 합의로 관할법원을 정할 수 있으므로 합의로 정한 법원에 소장을 제출할 수도 있습니다(민사소송법 제29조).

소 장

원 고   ○○○ (주민등록번호)
        ○○시 ○○구 ○○길 ○○(우편번호)
        전화·휴대폰번호:
        팩스번호, 전자우편(e-mail)주소:
피 고   ◇◇◇ (주민등록번호)
        ○○시 ○○구 ○○길 ○○(우편번호)
        전화·휴대폰번호:
        팩스번호, 전자우편(e-mail)주소:

임차보증금반환청구의 소

청 구 취 지

1. 피고는 원고에게 금 25,000,000원 및 이에 대하여 20○○. ○○. ○○.부터 이 사건 소장부본 송달일까지는 연 5%의, 그 다음날부터 다 갚는 날까지는 연 12%의 각 비율에 의한 돈을 지급하라.
2. 소송비용은 피고의 부담으로 한다.
3. 위 제1항은 가집행 할 수 있다.
라는 판결을 구합니다.

청 구 원 인

1. 원고는 20○○. ○. ○. 피고와 피고소유의 ○○시 ○○구 ○○길 ○○○ 소재 다세대주택 203호에 대하여 계약기간은 2년, 임차보증금은 금 50,000,000원으로 정하여 주택임대차계약을 체결하고 입주하여 기간이 만료된 뒤에도 새로운 계약을 체결하지 않고 계

속하여 약 3년간 거주하였습니다.

2. 그 뒤 원고는 20○○. ○. ○○.경 피고에게 위 주택임대차계약을 더 이상 연장할 의사가 없음을 명백히 통지하고 임차보증금의 반환을 요구하였으나, 피고는 새로운 임차인이 나타나지 않는다는 이유로 20○○. ○○. ○.에 와서야 임차보증금 중 금 25,000,000원만을 반환하고 나머지 임차보증금 25,000,000원은 지금까지 지급해주지 않고 있습니다. 한편, 원고는 20○○. ○○. ○. 피고로부터 임차보증금 중 위 일부금만을 지급 받은 채 임차목적물인 위 다세대주택 203호를 피고에게 명도하였습니다.

3. 따라서 원고는 피고로부터 위 임차보증금 잔액 금 25,000,000원 및 이에 대한 위 임차주택을 피고에게 명도한 날의 다음날인 20○○. ○○. ○○. 이 사건 소장부본 송달일까지는 민법에서 정한 연 5%의, 그 다음날부터 다 갚는 날까지는 소송촉진등에관한특례법에서 정한 연 12%의 각 비율에 의한 지연손해금을 지급 받기 위하여 이 사건 청구에 이른 것입니다.

입 증 방 법

1. 갑 제1호증   임대차계약서
1. 갑 제2호증   영수증
1. 갑 제3호증   통고서(내용증명우편)

첨 부 서 류

1. 위 입증방법   각 1통
1. 소장부본   1통
1. 송달료납부서   1통

20○○.   ○.   ○.

　　　　　　　　　위 원고　　○○○　(서명 또는 날인)

○○지방법원　귀중

2-7-3. 보증금반환청구소송의 특례

일반 민사소송은 제1회 변론기일까지 상당한 기간이 지나야 되고, 증거조사도 엄격하게 진행되어 소제기 후 판결에 이르기까지 상당한 시간이 필요하게 됩니다. 그런데, 임차주택에 대한 보증금반환청구소송에서는 보증금이 3,000만원을 초과하는 경우에도 「소액사건심판법」에 따라 소송절차를 신속하게 진행할 수 있습니다(주택임대차보호법 제13조, 소액사건심판법 제6조, 제7조, 제10조 및 제11조의2).

① 소장의 송달
임차인이 보증금반환청구의 소장을 법원에 접수하면, 법원은 지체 없이 소장 부본을 임대인에게 송달합니다(소액사건심판법 제6조).

② 기일의 지정
판사는 보증금반환청구의 소가 제기되면 바로 변론기일을 정하여, 되도록 제1회의 변론기일로 심리를 종결합니다. 이를 위해 판사는 변론기일 전이라도 당사자에게 증거신청을 하게 하는 등의 필요한 조치를 취할 수 있습니다(소액사건심판법 제7조).

③ 증거조사에 관한 특칙
  ㉠ 판사는 필요한 때에는 직권으로 증거조사를 할 수 있으나, 그 증거조사의 결과에 관하여는 당사자의 의견을 들어야 합니다(소액사건심판법 제10조 제1항).
  ㉡ 판사가 증인을 신문하지만, 임차인과 임대인도 판사에게 알린 후에는 증인신문을 할 수 있습니다(소액사건심판법 제10조 제2항).
  ㉢ 판사가 상당하다고 인정하는 때에는 증인신문 없이 증언할 내용을 기재한 서면을 제출하게 할 수 있습니다(소액사건심판법 제10조 제3항 및 소액사건심판규칙 제6조).

④ 판결에 관한 특례
판결의 선고는 변론종결 후 즉시 할 수 있으며, 이 경우 주문을 낭독하고 주문이 정당함을 인정할 수 있는 범위 안에서 그 이유의 요지를 구

술로 설명해야 하며, 판결서에는 이유가 기재되지 않을 수 있습니다(소액사건심판법 제11조의2).

2-7-4. 보증금반환청구소송의 확정판결의 효과

① 반대의무의 이행 또는 이행의 제공의 불요

    ㉠ 임대인이 보증금반환청구소송의 판결문에 기재된 대로 의무이행을 하지 않는 때에는 임차인은 확정판결에 기한 강제경매를 신청하는 경우 임차인의 임차주택 인도(퇴거)의 이행 또는 이행의 제공을 집행개시의 요건으로 하지 않습니다(주택임대차보호법 제3조의2 제1항).

    ㉡ 따라서 임대인에게 보증금반환의 최고는 물론 임차주택의 인도 또는 인도의 제공을 하지 않고도 바로 강제경매신청을 할 수 있고, 임차인은 대항력과 우선변제권을 유지할 수 있습니다.

② 우선변제권의 행사

대항요건과 임대차계약증서 상의 확정일자를 갖춘 임차인은 경매 또는 공매를 할 때에 임차주택(대지를 포함한다)의 환가대금에서 후순위권리자나 그 밖의 채권자보다 우선하여 보증금을 변제받을 권리가 있고, 소액임차인의 경우에는 최우선변제권을 행사할 수 있습니다(주택임대차보호법 제3조의2 제2항 및 제8조 제1항).

③ 배당금의 수령

임차인은 임차주택의 환가대금에서 배당금을 수령하기 위해서는 임차주택을 양수인에게 인도해야 합니다(주택임대차보호법 제3조의2 제3항). 왜냐하면, 반대의무의 이행 또는 이행의 제공을 요하지 않는 것은 집행개시의 경우에만 한정되기 때문입니다.

Part 4. 강제경매 신청

1. 강제경매 신청

1-1. 강제경매의 개념

"강제경매"란 부동산에 대한 강제집행 방법의 하나로서 법원에서 채무자의 부동산을 압류·매각하여 그 대금으로 채권자의 금전채권의 만족에 충당시키는 절차입니다(민사집행법 제78조).

1-2. 강제집행

1-2-1. 강제집행의 의의

"강제집행"이란, 채권자의 신청에 따라 집행권원에 표시된 사법상의 이행청구권을 국가권력에 의해 강제적으로 실현하는 법적 절차를 말합니다.

1-2-2. 강제집행의 요건

① 강제집행을 신청하려면 집행권원과 집행문이 있어야 합니다.

② 집행권원은 실체법상의 청구권의 존재와 범위를 표시하고 법률상 집행력을 인정한 공문서로서, 주로 이용되는 것은 확정판결, 가집행선고부 판결, 화해조서, 인낙조서, 조정조서, 확정된 지급명령, 공정증서 등이 있습니다.

③ 집행문은 집행권원에 집행력이 있다는 것과 누가 집행당사자인가를 집행권원 끝에 덧붙여 적는 공증문서입니다. 예컨대 "이 판결 정본은 피고 아무개에 대한 강제집행을 실시하기 위해 원고 아무개에게 준다."라고 기재하고, 법원사무관 등이 기명·날인한 후 내어 줍니다.

2. 강제경매의 신청

부동산에 대한 강제경매는 ① 강제경매의 신청, ② 강제경매개시의 결정, ③ 배당요구의 종기 결정 및 공고, ④ 매각의 준비, ⑤ 매각기일 및 매각결정기일 등의 지정·공고·통지, ⑥ 매각의 실시, ⑦ 매각결정 절차, ⑧ 매각대금의 납부, ⑨ 배당절차, ⑩ 소유권이전등기와 인도의 순서에 따라 진행됩니다.

2-1. 강제경매의 신청

① 임차인은 다음의 사항을 적은 강제경매신청서를 부동산이 있는 곳의 지방법원에 제출하면 됩니다(민사집행법 제79조 제1항 및 제80조).
   - 채권자·채무자와 법원의 표시
   - 부동산의 표시
   - 경매의 이유가 된 일정한 채권과 집행할 수 있는 일정한 집행권원

② 강제경매신청서에는 집행력 있는 집행권원의 정본과 채무자의 소유로 등기된 부동산의 등기사항증명서를 첨부해야 합니다(민사집행법 제81조 제1항).

③ 민사집행의 신청을 하는 때에는 채권자는 민사집행에 필요한 비용으로서 법원이 정하는 금액을 미리 내야 합니다(민사집행법 제18조 제1항).

부동산강제경매신청

채 권 자　○○○(주민등록번호)
　　　　　○○시 ○○구 ○○길 ○○(우편번호)
　　　　　전화·휴대폰번호:
　　　　　팩스번호, 전자우편(e-mail)주소:
채 무 자　◇◇◇(주민등록번호)
　　　　　○○시 ○○구 ○○길 ○○(우편번호)
　　　　　전화·휴대폰번호:
　　　　　팩스번호, 전자우편(e-mail)주소:

청 구 금 액

금 ○○○원 및 이에 대한 20○○. ○. ○.부터 다 갚는 날까지 연 ○○%의 비율에 의한 이자 및 지연손해금

집행권원의 표시

채권자의 채무자에 대한 ○○지방법원 20○○차(전) ○○○호 임금 청구사건의 집행력 있는 지급명령정본

경매할 부동산의 표시

　별지목록 기재와 같음.

신 청 취 지

1. 채권자의 채무자에 대한 위 청구금액의 변제에 충당하기 위하여 별지목록 기재 부동산에 대한 강제경매절차를 개시한다.

2. 채권자를 위하여 별지목록 기재 부동산을 압류한다.
라는 재판을 구합니다.

신 청 이 유

1. 채권자는 채무자에 대하여 위 집행권원의 집행력 있는 지급명령정
   본에 의한 금 ○○○원 및 이에 대한 이에 대한 20○○. ○. ○.
   부터 다 갚는 날까지 연 ○○%의 비율에 의한 이자 및 지연손해
   금채권을 가지고 있습니다.
2. 그런데 채무자는 위 채무를 지금까지 이행하지 않고 있습니다.
3. 따라서 채권자는 위 채권의 변제에 충당하기 위하여 채무자소유의
   별지목록 기재 부동산에 대하여 강제경매를 신청합니다.

첨 부 서 류

1. 집행력 있는 지급명령정본	1통
1. 주민등록초본(채무자)	1통
1. 부동산등기사항증명서	각 1통
1. 등록면허세 영수필통지서 (등기소·시군구청통보용),	
등록면허세 영수필통지서 (등기소보관용)	각 1통
1. 법원보관금영수증	1통
1. 이해관계인목록	2통
1. 부동산목록	1통
1. 송달료납부서	1통

20○○.　○.　○.

위 채권자　○○○ (서명 또는 날인)

○○지방법원　귀중

[별 지]
경매할 부동산의 표시

1. ○○시 ○○구 ○○동 ○○○-○○ 임야 3273㎡
2. ○○시 ○○구 ○○동 ○○○-○○
   [도로명주소] ○○시 ○○구 ○○로 ○○
   브럭조 스레트지붕 단층축사
   324㎡. 끝.

2-2. 강제경매개시의 결정

① 법원은 강제경매신청서의 기재사항과 첨부서류에 따라 강제집행의 요건, 집행개시 요건 등에 관한 심사결과 그 신청이 적법하다고 인정되면 강제경매개시결정을 하는 동시에 그 부동산의 압류를 명하게 됩니다(민사집행법 제83조 제1항).

② 법원이 경매개시결정을 하면, 법원사무관 등은 즉시 그 사유를 등기부에 기입하도록 등기관에게 촉탁하고, 등기관은 경매개시결정사유를 등기부에 기입하게 됩니다(민사집행법 제94조).

③ 압류의 효력은 채무자에게 그 결정이 송달된 때 또는 경매개시결정의 기입등기가 된 때 중 먼저 된 때에 그 효력이 생깁니다(민사집행법 제83조 제4항).

2-3. 배당요구의 종기 결정 및 공고

① 경매개시결정에 따른 압류의 효력이 생긴 때에는 집행법원은 절차에 필요한 기간을 고려하여 배당요구를 할 수 있는 종기를 첫 매각기일 이전으로 정하고 압류의 효력이 생긴 때부터 1주 이내에 공고합니다(민사집행법 제84조 제1항, 제2항 및 제3항).

② 배당요구를 하지 않아도 배당을 받을 수 있는 채권자(첫 경매개시결정등기 전에 이미 등기를 마친 담보권자, 임차권등기권자, 체납처분에 의한 압류등기권자, 가압류권자, 배당요구종기까지 한 경매신청에 의하여 2중 개시결정이 된 경우 뒤의 압류채권자)가 아니면 배당요구의 종기까지 배당요구를 해야 배당을 받을 수 있습니다(민사집행법 제148조 및 민사집행규칙 제91조 제1항 참조).

③ 배당요구의 종기까지 배당요구를 해야 하는 사람은 집행력 있는 정본을 가진 채권자, 「주택임대차보호법」에 의한 소액임차인, 확정일자부 임차인입니다(민사집행법 제88조 제1항 참조).

④ 종기일까지 배당요구를 하지 않은 경우에는 선순위 채권자라도 경매절차

에서 배당을 받을 수 없게 될 뿐만 아니라, 자기보다 후순위 채권자로서 배당을 받은 자를 상대로 부당이득반환청구를 하는 것도 허용되지 않습니다(대법원 1997. 2. 25. 선고 96다10263 판결).

2-4. 매각의 준비

① 경매개시결정이 있게 되면, 집행법원은 경매 목적물의 환가(입찰의 방법으로 매각하여 매각대금을 조성함)를 위한 준비를 하게 됩니다.

② 법원은 경매개시결정일로부터 3일 내에 등기부에 기입된 부동산의 권리자 등에 대하여 채권의 원금, 이자, 비용 그 밖의 부대채권에 관한 계산서를 배당요구 종기일까지 제출할 것을 통지합니다(민사집행법 제84조 제4항).

③ 법원은 경매개시결정을 한 후 집행관에게 부동산의 현상, 점유관계, 차임 또는 임차보증금의 액수 그 밖의 현황에 관하여 조사할 것을 명하게 됩니다(민사집행법 제85조 제1항).

④ 현황조사 결과 알게 된 임차인에 대하여 즉시 배당요구의 종기일까지 법원에 그 권리신고 및 배당요구를 할 것을 통지합니다.

⑤ 집행법원은 감정인에게 경매부동산을 평가하게 하고, 그 평가액을 참작하여 최저매각가격을 정합니다(민사집행법 제97조).

⑥ 최저매각가격은 매각을 허가하는 최저의 가격으로 그 액에 미달하는 응찰에 대하여는 매각이 허가되지 않습니다(대법원 1967. 9. 26. 자 67마796 결정).

⑦ 법원은 다음의 사항이 기재된 매각물건명세서를 작성해야 합니다(민사집행법 제105조 제1항).
  - 부동산의 표시
  - 부동산의 점유자와 점유의 권원, 점유할 수 있는 기간, 차임 또는 보증금에 관한 관계인의 진술
  - 등기된 부동산에 관한 권리 또는 가처분으로서 매각에 의하여 그 효력이 소멸하지 않는 것
  - 매각에 의하여 설정된 것으로 보게 되는 지상권의 개요

⑧ 매각물건명세서·현황조사보고서 및 감정평가서의 사본을 법원에 비치하여 누구든지 볼 수 있도록 합니다(민사집행법 제105조 제2항).

2-5. 매각기일 및 매각결정기일 등의 지정·공고·통지

① 집행법원은 경매절차를 취소할 사유가 없는 경우에는 매각명령을 하고, 직권으로 매각기일을 지정하여 공고합니다(민사집행법 제104조 및 제106조).

② 매각기일은 2주 전까지 공고해야 합니다(민사집행법 제104조 제1항 및 민사집행규칙 제56조 본문).

③ 매각이 실시되어 최고가매수신고인이 있을 때 법원이 출석한 이해관계인의 진술을 듣고 매각절차의 적법여부를 심사하여 매각허가 또는 불허가의 결정을 선고하는 매각결정기일은 매각기일로부터 1주일 이내로 정하여, 공고됩니다(민사집행법 제109조 제1항).

④ 법원이 매각기일과 매각결정기일(기일입찰), 입찰기간 및 매각기일(기간입찰)을 지정하면 이를 이해관계인에게 통지합니다(민사집행법 제104조 제2항).

⑤ 통지는 집행기록에 표시된 이해관계인의 주소에 등기우편으로 발송하여 할 수 있으며, 발송한 때 송달된 것으로 간주됩니다(민사집행법 제104조 제3항 및 민사집행규칙 제9조).

2-6. 매각의 실시

① 부동산의 매각은 ㉠ 매각기일에 하는 호가경매, ㉡ 매각기일에 입찰 및 개찰하게 하는 기일입찰, ㉢ 입찰기간 내에 입찰하게 하여 매각기일에 개찰하는 기간입찰의 세 가지 방법으로 합니다(민사집행법 제103조 제2항).

② 집행관이 매각기일에 매각을 개시한다는 취지를 선언함에 따라 매각이 개시됩니다.

③ 집행관은 기일입찰 또는 호가경매의 방법에 의한 매각기일에는 매각물건명세서·현황조사보고서 및 평가서의 사본을 볼 수 있도록 하고, 특별한 매각조건이 있는 때에는 고지하여 매수가격을 신고하도록 알립니다(민사집행법 제112조).

④ 호가경매는 호가경매기일에 매수신청의 액을 서로 올려가는 방법으로, 매수신청을 한 사람은 더 높은 액의 매수신청이 있을 때까지 신청액에 구속됩니다(민사집행규칙 제72 조제1항 및 제2항).

⑤ 기일입찰은 입찰표에 사건번호와 부동산의 표시, 입찰자의 이름과 주소, 대리인을 통하여 입찰을 하는 때에는 대리인의 이름과 주소, 입찰가격을 기재하여 입찰표를 집행관에게 제출합니다(민사집행규칙 제62조 제1항 및 제2항).

⑥ 기일입찰의 입찰을 취소·변경 또는 교환할 수 없습니다(민사집행규칙 제62조 제6항).

⑦ 기간입찰은 입찰기간은 1주 이상 1개월 이하의 범위 안에서 정하고, 매각기일은 입찰기간이 끝난 후 1주 안의 날로 정해지며, 입찰표를 넣고 봉함을 한 봉투의 겉면에 매각기일을 적어 집행관에게 제출하거나 그 봉투를 등기우편으로 부치는 방법으로 입찰합니다(민사집행규칙 제68조 및 제69조).

⑧ 매수신청인은 집행법원이 정하는 금액과 방법에 맞는 보증금을 집행관에게 제공해야 합니다(민사집행법 제113조).

⑨ 호가경매와 기간입찰 및 기일입찰은 최저매각가격의 10분의 1에 해당하는 보증금액을 제공해야 하지만, 법원이 다르게 정할 수 있습니다(민사집행규칙 제63조, 제71조 및 제72조 제4항).

⑩ 집행관이 입찰을 알리는 때에는 입찰마감 시각과 개찰 시각을 고지해야 합니다(민사집행규칙 제65조 제1항 본문). 다만, 입찰표의 제출을 최고한 후 1시간이 지나지 않으면 입찰을 마감하지 못합니다(민사집행규칙 제65조 제1항 단서).
   - 집행관은 입찰표를 개봉할 때에 입찰을 한 사람을 참여시키고, 입찰목적물, 입찰자의 이름 및 입찰가격을 불러야 한다(민사집행규칙 제65조 제2항·제3항 및 제71조).

⑪ 집행관은 개찰을 시작하면서 최고가 매수신고인 및 다음 순위의 매수신

고인을 결정합니다(민사집행규칙 제66조 및 제71조).

⑫ 호가경매는 최고가 매수신고인 결정방식이 기일입찰 또는 기간입찰과는 다릅니다.

- 집행관이 매수신청의 액 가운데 최고의 것을 3회 부른 후 그 신청을 한 사람을 최고가 매수신고인으로 정하여, 그 이름과 매수신청의 액을 고지합니다(민사집행규칙 제72조 제3항).

⑬ 최고가 매수신고인 및 다음 순위의 매수신고인이 결정되면 집행관은 입찰의 종결을 고지합니다(민사집행규칙 제76조 참조).

⑭ 입찰자가 없는 때에는 입찰불능으로 처리하여 종결을 고지합니다.

⑮ 입찰종결 후 최고가 매수신고인 및 다음 순위의 매수신고인 이외의 입찰자들에게 매수보증금을 반환합니다(민사집행법 제115조 제3항).

2-7. 매각결정 절차

① 법원은 입찰기일의 종료 후 매각결정기일을 열어 매각의 허가에 관하여 이해관계인의 진술을 듣고 직권으로 법이 정한 이의사유가 있는지 여부를 조사한 다음, 매각의 허가 또는 불허가 결정을 선고합니다(민사집행법 제120조 및 제123조).

② 이해관계인이 매각허가 또는 불허가의 결정에 의하여 손해를 받는 때에는 즉시 항고할 수 있고, 또 매각허가의 이유가 없거나 허가결정에 기재한 이외의 조건으로 허가할 것임을 주장하는 매수인 또는 매각허가를 주장하는 매수인도 즉시 항고할 수 있습니다(민사집행법 제129조 및 제130조).

2-8. 매각대금의 납부

① 법원은 매각허가결정이 확정되면 지체 없이 대금지급기한을 지정하게 되며, 낙찰자는 대금지급기일에 낙찰대금을 납부해야 합니다(민사집행법 제142조 제1항 및 제2항).

② 매각대금은 지정된 기한 내에 법원에서 발급하는 납부명령서와 함께 은행에 납부해야 합니다.

③ 납부할 금액은 매각대금에서 입찰보증금으로 제공한 금액(현금 또는 자기앞수표)을 제외한 금액입니다(민사집행법 제142조 제3항).

2-9. 배당절차

① 매각대금이 지급되면 법원은 배당절차를 밟게 됩니다. 매각대금으로 배당에 참가한 모든 채권자를 만족하게 할 수 없는 때에는 법원은 「민법」, 「상법」, 그 밖의 법률에 의한 우선순위에 따라 배당합니다(민사집행법 제145조).

② 배당받을 채권자는 다음 어느 하나의 사람이 됩니다(민사집행법 제148조).
- 배당요구의 종기까지 경매신청을 한 압류채권자
- 배당요구의 종기까지 배당요구를 한 채권자
- 첫 경매개시결정 등기 전에 등기된 가압류채권자
- 저당권·전세권, 그 밖의 우선변제청구권으로서 첫 경매개시 결정 등기 전에 등기되었고 매각으로 소멸하는 것을 가진 채권자

③ 배당기일이 정하여진 때에는 각 채권자는 채권의 원금·배당기일까지의 이자, 그 밖의 부대채권 및 집행비용을 적은 계산서를 1주 안에 법원에 제출해야 합니다(민사집행규칙 제81조).

④ 집행법원은 미리 작성한 배당표 원안을 배당기일에 출석한 이해관계인과 배당요구채권자에게 열람시켜 그들의 의견을 듣고, 즉시 조사할 수 있는 서증을 조사한 다음, 이에 기하여 배당표 원안에 추가·정정할 것이 있으면 추가·정정하여 배당표를 완성·확정합니다(민사집행법 제149조 및 제150조).

⑤ 배당기일에 이의가 없는 때에는 배당표에 따라 배당을 합니다. 이의가 있더라도 이의를 정당하다고 인정하거나 다른 방법으로 합의한 때에는 이에 따라 배당표를 경정하여 배당을 실시하고, 이의가 완결되지 아니한 때에는 이의가 없는 부분에 한하여 배당을 실시하게 됩니다(민사집행법 제152조).

2-10. 소유권이전등기 등의 촉탁·부동산 인도명령

① 매수인은 매각대금을 다 낸 때에 매각의 목적인 권리를 취득하게 됩니다(「민사집행법」 제135조). 이 경우 집행법원은 매수인 명의의 소유권이전등기, 매수인이 인수하지 않은 부동산 상의 부담의 말소등기를 등기관에게 촉탁하게 됩니다.

② 매수인이 매각대금 전액을 납부한 후에는 채무자에 대하여 직접 자기에게 매각부동산을 인도할 것을 구할 수 있으나, 채무자가 임의로 인도하지 않은 때에는 대금완납 후 6개월 이내에 집행법원에 대하여 집행관으로 하여금 매각부동산을 강제로 매수인에게 인도케 하는 내용의 인도명령을 신청하여 그 명령에 의하여 부동산을 인도받을 수 있습니다(민사집행법 제136조).

Part 5. 배당요구

1. 배당요구

① 배당요구란 다른 채권자에 의해 개시된 집행절차에 참가하여 동일한 재산의 매각대금에서 변제를 받기 위해 하는 채권자의 신청을 말합니다.

② 금전 집행 절차에서 배당요구의 결과, 다수의 채권자가 경합하게 되어 매각대금으로 배당에 참가한 모든 채권자를 만족하게 할 수 없는 때에는 법원은 「민법」, 「상법」, 그 밖의 법률에 따른 우선순위에 따라 배당하게 됩니다(민사집행법 제145조).

2. 배당요구의 절차

2-1. 배당요구를 할 수 있는 채권자

집행력 있는 정본을 가진 채권자, 경매개시결정이 등기된 뒤에 가압류를 한 채권자, 「민법」, 「상법」, 그 밖의 법률에 따라 우선변제청구권이 있는 채권자는 배당요구를 할 수 있으므로 우선변제권을 취득한 임차인과 소액임차인은 다른 채권자에 의해 개시된 집행절차에 참가하여 배당요구를 할 수 있습니다(민사집행법 제88조 제1항, 주택임대차보호법 제3조의2 제2항 및 제8조).

2-2. 배당요구의 시기 및 종기

① 임차인은 압류의 효력이 발생한 이후부터 집행법원이 정한 배당요구의 종기까지 배당요구를 해야 합니다(민사집행규칙 제91조 제1항).

② 집행법원은 경매개시결정에 따른 압류의 효력이 생긴 때에는 절차에 필요한 기간을 고려하여 배당요구를 할 수 있는 종기를 첫 매각기일 이전으로 정하여 공고하고 있습니다(민사집행법 제84조 제1항).

③ 임차인이 배당요구의 종기까지 배당요구를 하지 않아 배당에서 제외된 경우, 임차인은 후순위채권자를 상대로 부당이득반환청구를 할 수 없습니다(대법원 1998. 10. 13. 선고 98다12379 판결).

④ 임차인이 임대인의 재산에 대해 경매를 신청한 경우에는 배당요구를 하지 않아도 당연히 배당에 참가할 수 있는 채권자이기 때문에 배당받을 수 있습니다. 만약, 임차인이 배당을 받아야 함에도 배당을 받지 못하고 배당을 받을 수 없는 사람이 배당을 받은 경우 임차인은 배당을 받은 사람에게 부당이득반환청구권을 가집니다(대법원 2000. 10. 10. 선고 99다53230 판결).

2-3. 배당요구의 신청

① 임차인은 채권의 원인과 액수를 기재한 서면으로 집행법원에 권리신고 및 배당요구를 해야 합니다. 이 경우 그 신청서에는 집행력 있는 정본 또는 그 사본, 그 밖에 배당요구의 자격을 소명하는 서면(임대차계약서 사본과 주민등록등본 등)을 붙여야 합니다(민사집행규칙 제48조).

② 소액임차인이 이해관계인으로서 권리신고를 한 경우에도 다시 배당요구를 해야 하나, 제출된 서류가 권리신고나 배당요구의 어느 한쪽 취지로 볼 수 있는 서면이 제출된 때에는 배당받을 수 있습니다(대법원 1999. 2. 9. 선고 98다53547 판결).

2-4. 배당 순위(민사집행법 제145조 제2항)

- 제1순위 : 집행비용(인지대, 신청서기료, 등록면허세, 송달료, 평가비용, 현황조사비용, 수수료, 공고비 등)

- 제2순위 : 제3취득자의 비용상환청구권(필요비, 유익비)

- 제3순위 :「주택임대차보호법」상 보증금 중 일정액, 「상가건물임대차보호법」상 보증금 중 일정액, 「근로기준법」상 임금채권 등 최종 3개월분의 임금 및 최종 3년분의 퇴직금

- 제4순위 : 당해세(국세〈토지초과이득세, 상속세, 증여세, 재평가세〉, 지방세〈재산세, 자동차세, 도시계획세〉)

- 제5순위 : 조세채권 등 당해세를 제외한 국세 및 지방세, 근저당권 및 전세권 등에 의해 담보된 채권, 확정일자 임차인

- 제6순위 : 각종 조세채권

- 제7순위 : 국세 및 지방세의 다음 순위로 징수하는 공과금 (의료보험료, 고용보험료 및 산재보험료)

- 제8순위 : 일반채권

2-5. 임차인의 배당액

① 대항력 및 확정일자를 갖춘 임차인
대항력 및 확정일자를 갖춘 임차인이 배당요구의 종기까지 배당요구를 한 경우에는, 그 우선변제권 발생일을 기준으로 근저당권 등 다른 배당채권자와의 선후에 따라 배당순위가 결정되고, 이에 따라 배당금이 정해집니다(주택임대차보호법 제3조의2 제2항 참조).

② 최우선변제권을 가지는 소액임차인
소액임차인이 첫 경매개시결정 등기 전에 대항요건을 갖추고 배당요구의 종기까지 배당요구를 한 경우에는 보증금 중 일정액을 다른 담보물권자보다 우선하여 배당받습니다(주택임대차보호법 제8조 제1항).

③ 임차권등기를 한 임차인
㉠ 경매개시결정 전에 임차권등기를 마친 임차인은 배당요구 없이도 당연히 배당을 받게 됩니다(민사집행법 제148조 제3호).
㉡ 경매개시결정 후에 임차권등기를 마친 임차인은 배당요구의 종기까지 배당요구를 한 경우에만 배당에 참가할 수 있습니다(민사집행법 제148조 제2호 및 민사집행규칙 제91조 제1항 참조).

2-6. 배당기일의 실시

매수인이 매각대금을 지급하면, 법원은 배당에 관한 진술 및 배당을 실시할 기일을 정하고, 이해관계인과 배당을 요구한 채권자에게 이를 통지합니다(민사집행법 제146조).

2-7. 배당표의 확정

① 법원은 채권자들이 제출한 계산서와 기록을 기초로 채권액과 배당순위를 판단하고, 배당할 금액을 계산하여 배당기일의 3일 전에 배당표의 원안을 작성하여 법원에 비치합니다(민사집행법 제149조 제1항).

② 법원은 출석한 이해관계인과 배당을 요구한 채권자를 심문하여 배당표를 확정하여야 합니다(민사집행법 제149조 제2항).

2-8. 배당표에 대한 이의

① 기일에 출석한 채무자는 채권자의 채권 또는 그 채권의 순위에 대하여 이의할 수 있습니다. 다만, 채무자는 법원에 배당표 원안이 비치된 이후 배당기일이 끝날 때까지 채권자의 채권 또는 그 채권의 순위에 대하여 서면으로 이의할 수 있습니다(민사집행법 제151조 제1항 및 제2항).

② 기일에 출석한 채권자는 자기의 이해에 관계되는 범위 안에서는 다른 채권자를 상대로 그의 채권 또는 그 채권의 순위에 대하여 이의할 수 있습니다(민사집행법 제151조 제3항).

2-9. 배당의 실시

법원은 채권자와 채무자로부처 적법한 이의가 없거나 배당기일에 출석하지 않아 배당을 실시하는 데에 동의한 것으로 보는 경우에는 배당표 원안에 따라 배당을 실시합니다(민사집행법 제153조 제1항).

3. 대항력과 우선변제권의 유지 필요

① 임차인이 대항요건(주택의 인도 + 주민등록)과 임대차계약서상에 확정일 자를 갖추고 있다면, 임차인은 경매 또는 공매절차에 참가하여 후순위 권리자 그 밖의 채권자에 우선하여 보증금을 변제받을 수 있습니다. 소 액임차인인 경우에는 최우선하여 변제를 받을 수 있습니다(주택임대차보 호법 제3조의2 제2항 및 제8조).

② 집행절차에서 우선변제를 받기 위해서는 경매의 경우 집행법원이 정한 배당요구의 종기까지, 공매의 경우 매각대금을 배분할 때까지 대항력과 우선변제권은 존속되고 있어야 합니다(대법원 1997. 10. 10. 선고 95 다44597 판결).

③ 임대차가 종료된 이후 임차인이 임차권등기명령에 따라 임차권등기를 마 친 경우에는 주거지를 다른 곳으로 옮기는 경우에도 대항력과 우선변제 권이 유지되므로, 임차권등기를 마치는 것이 안전한 방법입니다(주택임 대차보호법 제3조의3).

4. 대항력과 우선변제권의 선택적 행사

① 대항력과 우선변제권을 갖추고 있는 임차인은 대항력과 우선변제권을 선 택적으로 행사할 수 있습니다.

② 즉, ㉠ 임대주택에 대한 배당절차에 참가하여 우선변제권을 행사하여 그 주택의 환가대금에서 우선하여 변제받을 수도 있고, ㉡ 배당절차에 참가 하지 않고 임차주택의 경락인에게 대항력을 행사하여 보증금을 반환받 을 때까지 임대차관계의 존속을 주장할 수도 있습니다(주택임대차보호법 제3조 제1항 및 제3조의2 제2항).

5. 임차인의 배당요구와 임대차의 종료 여부

5-1. 임차인이 보증금 전액을 배당받은 경우

① 임차주택이 경매되는 경우에 그 주택의 양수인에게 대항할 수 있는 임차인이 임대차기간이 만료되지 않았음에도 경매법원에 배당요구를 하는 것은 다른 특별한 사정이 없는 한 이를 임대차 해지의 의사표시로 보기 때문에, 임대차관계는 경매법원으로부터 임대인에게 배당요구 사실이 통지된 때에 해지로 종료됩니다(대법원 1998. 9. 18. 선고 97다28407 판결).

② 따라서 임차보증금이 전액 변제되는 경우에는 임차권은 법률의 규정에 따라 소멸됩니다.

5-2. 임차인이 보증금 전액을 배당받지 못한 경우

① 임차권은 임차주택에 대해 「민사집행법」에 따른 경매가 행하여진 경우에는 그 임차주택의 경락에 따라 소멸하나, 보증금이 모두 변제되지 아니한, 대항력이 있는 임차권은 소멸하지 않습니다(주택임대차보호법 제3조의5).

② 따라서 임차인이 배당절차에 참여하여 보증금의 전액에 대해 배당요구를 하였으나, 우선순위에 밀려 보증금 전액을 반환받지 못하였을 때에는, 임차인은 경락인에게 보증금의 잔액의 반환을 요구할 수 있고, 보증금의 전액을 반환받을 때까지 임대차관계의 존속을 주장하여 임차주택을 사용·수익할 수 있습니다(대법원 1998. 6. 26. 선고 98다2754 판결).

6. 임차주택의 인도

① 우선변제권이 있는 임차인은 임차주택의 가액으로부터 다른 채권자보다 우선하여 보증금을 변제받음과 동시에 임차목적물을 명도할 의무가 있습니다. 즉 임차인의 임차주택명도의무와 배당청구권은 동시이행관계에 있습니다(주택임대차보호법 제3조의2 제2항 및 민법 제536조 참조).

② 따라서 경매 또는 공매 절차에서 임차인이 보증금을 수령하기 위해서는 임차주택을 명도를 증명하면 되고, 임차인의 주택명도의무가 임대인의 보증금반환의무보다 먼저 이행되어야 하는 것은 아닙니다(주택임대차보호법 제3조의2 제3항 및 대법원 1994. 2. 22. 선고 93다55241 판결).

Part 6. 임대보증금 반환자금 및 전세자금보증

1. 임대보증금 반환자금 보증제도

1-1. 보증신청대상자

주택에 대한 임대차계약의 임대인으로서 다음 어느 하나에 해당하는 경우에는 보증신청을 할 수 있습니다.

- 임대차계약의 기간 만료
- 최초 임대차계약 체결 후 2년이 경과한 경우로서 임대인과 임차인의 합의에 따른 임대차계약 해지
- 묵시적 갱신에 따른 임대차 계약의 해지
- 임차인 측의 귀책사유에 따른 임대차계약 해지

1-2. 보증대상주택

다음 요건을 모두 충족하는 주택에 대하여 보증을 실시합니다.

- 소득세법에서 정하는 고가주택이 아닐 것
- 건축물의 전부 또는 일부의 부동산등기사항전부증명서 상용도가 주택일 것
- 복합용도 건물인 경우, 총 임차면적 중 주거전용면적이 1/2 이상일 것
- 공부상 소유권에 권리침해가 없을 것
- 건물과 토지가 신청인의 소유일 것. 다만, 소유자가 상이한 경우 신청인 이외 소유자가 공동임대인으로 임대차계약을 체결할 것

1-3. 보증신청시기

임대차 종료 사유에 따른 보증신청 시기는 다음과 같습니다.

임대차 종료 사유	보증신청 시기
임대차계약기간이 만료한 경우	계약만료일 전·후 3개월 이내
(임대차계약이 중도 해지되는 경우) 임대인과 임차인의 합의에 의한 해지	계약해지일 전·후 3개월 이내
(임대차계약이 중도 해지되는 경우) 묵시적 갱신에 따른 해지	임대인이 해지통지를 받은 날로부터 6개월 이내
(임대차계약이 중도 해지되는 경우) 임차인측의 귀책사유에 따른 해지	임대인의 해지통지일로부터 6개월 경과 시점 이후 3개월 이내

1-4. 보증한도

아래 보증한도별 보증금액 중 가장 적은 금액이 보증한도입니다.

보증한도	금액
보증종류별 보증한도	2억원-기 임대보증금 반환자금 보증잔액
소요자금별 한도 (3가지 중 가장 적은 금액으로 함)	·총 임대보증금×30% ·[(주택가격×60%)+50백만원]-선순위채권액, 다만, 신청금액이 25백만원 이하일 경우 본 산식적용 제외 ·임대인 반환 예정 임대보증금
주택당 보증한도	1억원 동일목적물 기 이용 임대보증금반환자금보증잔액 ※ 보증금액이 5천만원을 초과하는 경우 보증대상목적물에 근저당권 설정

2. 일반전세자금보증

전세자금 대출 시 은행의 요청에 따라 한국주택금융공사가 담보(보증서)를 제공하는 상품입니다.

2-1. 보증대상자

다음의 요건을 모두 충족해야 합니다.

- 임차보증금이 7억원(서울, 경기, 인천 이외 소재 가구는 5억원) 이하일 것
- 임차보증금의 5% 이상을 지급한 세대주일 것
- 본인과 배우자(배우자예정자 포함)의 합산한 주택보유수가 1주택 이내일 것
- 본인과 배우자(배우자예정자 포함)가 가격이 3억원을 초과하는 투기지역·투기과열지구 내 소재 아파트의 소유권을 취득하지 않을 것
- 보증대상목적물이 노인복지주택인 경우 노인복지법에서 정하는 입소자일 것

2-2. 보증대상자금

다음 중 어느 하나에 해당하여야 합니다.

- 임대차계약을 체결하고 임차보증금을 지급하는데 소요되었거나 소요될 자금
- 이미 받은 전세자금대출(임차중도금 포함)의 상환용도로 취급하는 전세자금대출

2-3. 보증비율

대출금액의 90%(부분보증)

2-4. 보증대상목적물

다음의 요건을 모두 충족해야 합니다.

- 부동산등기사항전부증명서 상 용도가 주택 또는 오피스텔 (업무용시설)이거나 지자체에 노인복지주택으로 신고된 건축물로서 실제 주거용으로 이용할 것
- 부동산등기사항전부증명서(건물) 상 소유권에 권리침해가 없을 것

2-5. 보증신청시기

다음 중 어느 하나에 해당하여야 합니다.

- 신규 임대차계약 : 임대차계약서 상 잔금지급일과 주민등록 전입일 중 빠른 날로부터 3개월 이내
- 갱신 임대차계약 : 계약갱신일로부터 3개월 이내(주민등록 전입일로부터 3개월 이상 경과할 것)

2-6. 서류제출

다음의 서류를 필수로 제출하여야 합니다.

- 인적/본인 확인 관련 : 주민등록등본, 신분증
- 소득/재직 확인 관련 : 연간소득확인서류, 재직증명서(근로자), 사업자등록증(사업자)
- 임대차계약 확인 관련 : 확정일자부 임대차계약서, 계약금 등 지급 영수증

2-7. 보증한도

아래 ① ~ ③ 중 가장 적은 금액

① 보증과목별 보증한도 : 4억 원 - 기 이용 전세자금보증잔액
   * 본인과 배우자(배우자예정자 포함)의 합산한 주택보유수가 1주택인 자는 2억 원

② 소요자금별 보증한도 : 아래 1), 2) 중 적은 금액
   1) 임차보증금 × 80% - 기 이용 전세자금보증잔액
   2) 보증신청금액

③ 상환능력별 보증한도 : 연간인정소득 - 연간부채상환 예상액 + 상환방식별 우대금액 - 기 이용 전세자금보증잔액

2-8. 보증료율

임차보증금액, 소득 등에 따라 연 0.02% ~ 0.40% 차등 적용

Part 7. 투하비용의 회수

1. 유익비상환청구

1-1. 임차인의 유익비상환청구권

① "유익비상환청구권"이란 임차인이 임대차관계로 임차주택을 사용·수익하던 중 그 객관적 가치를 증가시키기 위해 투입한 비용이 있는 경우에는 임대차 종료 시에 그 가액의 증가가 현존한 때에 한해 임대인에게 임대인의 선택에 따라 임차인이 지출한 금액이나 그 증가액의 상환을 청구할 수 있는 것을 말합니다(민법 제626조 제2항 및 대법원 1991. 8. 27. 선고 91다15591, 15607 반소판결).

② 따라서, 유익비의 상환은 임차인이 임차기간 중에 지출한 유익비에 한하여 인정되고, 임차인이 유익비를 지출하여 증가된 가액이 임대차 종료 시에 현존해야 청구할 수 있습니다.

③ 유익비상환청구의 범위는 임차인이 유익비로 지출한 비용과 현존하는 증가액 중 임대인이 선택한 것을 상환 받으면 됩니다(민법 제626조 제2항 전단).

④ 따라서 유익비상환의무자인 임대인의 선택권을 위해 유익비는 실제로 지출한 비용과 현존하는 증가액을 모두 산정해야 합니다(대법원 2002. 11. 22. 선고 2001다40381 판결).

⑤ 유익비는 임차인이 임차물의 객관적 가치를 증가시키기 위하여 투입한 비용이어야 합니다.

⑥ 임차인이 주관적 취미나 특수한 목적을 위하여 지출한 비용은 유익비에 포함되지 않습니다. 즉, 임차인이 임차건물을 건물용도나 임차목적과 달리 자신의 사업을 경영하기 위하여 시설개수비용이나 부착한 물건의 비용을 지출한 경우 등은 유익비에 해당하지 않습니다.
   - 예를 들어, 3층 건물 중 사무실로 사용하던 2층 부분을 임차한 후 삼계탕집을 하기 위해 보일러, 온돌방, 방문틀, 주방, 가스시설, 전등 등을 설치하고 페인트칠을 한 경우, 임차인이 음식점을 하기 위해 부착시킨 간판

등 특수한 목적에 사용하기 위한 시설개수비용은 유익비에 해당되지 않습니다(대법원 1993. 10. 8. 선고 93다25738, 93다25745 판결 및 대법원 1994. 9. 30. 선고 94다20389, 20396 판결).

1-2. 유익비상환청구 시기 및 기간

① 임차인이 유익비를 지출한 경우에는 필요비를 지출한 경우와는 달리 즉시 그 상환을 청구할 수는 없으며, 임대차가 종료하여야 비로소 청구할 수 있습니다(민법 제626조 제2항 전단).

② 임차인이 유익비의 상환을 청구하면, 임대인은 이에 응하여야 하나, 과다한 유익비의 일시적인 상환의무로 곤경에 처할 수도 있기 때문에 법원은 임대인의 청구에 따라 상당기간 상환의 유예를 허여할 수 있습니다(민법 제626조 제2항 후단).

③ 유익비의 상환청구는 임대인이 임차주택을 반환을 받은 날부터 6개월 내에 해야 합니다(민법 제654조에 따른 제617조의 준용). 다만 법원이 상당기간 상환의 유예를 허락한 경우에는 그 기간이 경과한 때로부터 6개월의 기간을 기산하면 됩니다.

1-3. 유익비상환청구권의 포기

① 임차인의 유익비상환청구권은 강행규정이 아니므로 당사자 사이의 특약으로 유익비의 상환청구를 포기하거나 제한하는 것이 가능합니다(민법 제652조).

② 따라서 임차인이 임대차계약을 체결할 때 임차주택을 임대인에게 명도할 때에 일체 비용을 부담하여 원상복구를 하기로 약정한 경우에는 유익비의 상환을 청구할 수 없습니다(대법원 2002. 11. 22. 선고 2001다40381 판결).

1-4. 유익비상환청구의 효과

① 임차인은 임차주택에 대한 유익비의 상환을 받을 때까지 그 주택을 점유할 권리가 있습니다(민법 제320조 제1항). 따라서 임차인은 종전과

같이 임차주택을 점유하면서 사용·수익할 수 있습니다.

② 다만, 이때의 점유기간 동안의 차임상당액은 부당이득으로 임대인에게 반환해야 합니다.

2. 부속물매수청구권

2-1. 임차인의 부속물매수청구권

주택의 임차인이 임차주택의 사용의 편익을 위하여 임대인의 동의를 얻어 그 주택에 부속한 물건이 있거나 임대인으로부터 매수한 부속물이 있는 때에는 임대차의 종료 시에 임대인에게 그 부속물의 매수를 청구할 수 있습니다(민법 제646조).

2-2. 전차인의 부속물매수청구권

임차인이 임차주택을 적법하게 전대한 경우, 전차인이 그 사용의 편익을 위하여 임대인의 동의를 얻어 이에 부속한 물건이 있는 때에는 전대차의 종료 시에 임대인에게 그 부속물의 매수를 청구할 수 있으며, 임대인으로부터 매수하였거나 그 동의를 얻어 임차인으로부터 매수한 부속물에 대해서도 매수를 청구할 수 있습니다(민법 제647조).

2-3. 부속물의 해당 여부

① "부속물"이란 건물에 부속된 물건으로 임차인의 소유에 속하고, 건물의 구성부분으로는 되지 아니한 것으로서 건물의 사용에 객관적인 편익을 가져오게 하는 물건입니다.

② 따라서 부속된 물건이 오로지 건물임차인의 특수한 목적에 사용하기 위하여 부속된 것일 때에는 부속물매수청구권의 대상이 되는 물건이라 할 수 없습니다(대법원 1991. 10. 8. 선고 91다8029 판결).

③ 부속물에 해당하는지의 여부는 해당 건물 자체의 구조와 임대차계약 당시 당사자 사이에 합의된 사용목적, 그 밖에 건물의 위치, 주위환경 등 제반 사정을 참작하여 판단됩니다(대법원 1993. 10. 8. 선고 93다

25738, 93다25745 판결).

④ 부속물청구권을 인정한 사례
- 임차인이 비디오테이프 대여점을 운영하면서 임대인 측의 묵시적 동의하에 유리 출입문, 새시 등 영업에 필요한 시설을 부속시킨 경우(대법원 1995. 6. 30. 선고 95다12927 판결)

⑤ 부속물청구권을 부정한 사례
- 임차인이 카페영업을 위해 시설공사를 하고, 카페의 규모를 확장하면서 내부 시설공사를 하거나 창고지붕의 보수공사를 한 경우(대법원 1991. 10. 8. 선고 91다8029 판결)

2-4. 부속물매수청구권의 행사

① 행사시기
부속물매수청구권은 임대차의 종료 이후라면 행사시기에 제한이 없습니다. 따라서 임대차가 종료하여 임차주택을 반환한 이후에도 매수청구권을 포기하지 않은 이상 부속물의 매수를 청구할 수 있습니다.

② 상대방
임차인은 부속물의 부속에 동의한 임대인은 물론, 임차권이 대항력이 있는 경우에는 그 임대인으로부터 임대인의 지위를 승계한 사람에게도 청구할 수 있습니다.

2-5. 부속물매수청구권의 제한

임차인이 차임을 지급하지 않는 등 채무를 이행하지 않는 경우에는 임차인에게 부속물매수청구권이 인정되지 않습니다(대법원 1990. 1. 23. 선고 88다카7245, 88다카7252 판결).

2-6. 부속물매수청구권의 효과

① 임차인이 서면이나 구두로 부속물의 매수를 청구하면 임대인의 승낙을 기다릴 것 없이 곧바로 매매계약이 성립합니다.

② 이 경우 부속물의 매매대금은 그 매수청구권 행사 당시의 시가를 기준으로 산정됩니다(대법원 1995. 6. 30. 선고 95다12927 판결)

③ 부속물매수청구권에 관한 규정을 위반하는 약정으로서 임차인에게 불리한 것은 무효입니다(민법 제652조).

부 속 물 매 수 청 구 서

본인이 20○○년 ○월 ○일 귀하와 체결한 귀하 소유의 ○○시 ○○구 ○○동 ○○번지 대지에 관한 토지임대차계약이 20○○년 ○월 ○일의 경과로서 기간 만료 되었습니다. 또한 본인은 20○○년 ○월 ○일 귀하에게 계약의 갱신을 청구하였으나, 귀하로부터 이에 대한 거절의 통지를 받았습니다. 이에 본인은 귀하에게 위 대지상에 존재하는 본인 소유의 별지 기재 건물 및 본인이 권원에 의하여 위 대지에 부속시킨 것을 시가로 매수하여 주실 것을 청구합니다.

20○○년 ○월 ○일

임 차 인   ○   ○   ○ (서명 또는 날인)

임대인(토지소유자)   ○   ○   ○   귀 하

○○시 ○○구 ○○길 ○○

3. 장기수선충당금의 반환 청구

3-1. 장기수선충담금의 의의

"장기수선충당금"이란 300세대 이상의 아파트, 승강기가 설치된 아파트 또는 중앙집중식 난방방식의 아파트 등의 관리자가 장기수선계획에 따라 주요 시설의 교체 및 보수에 필요한 금액을 해당 주택의 소유자로부터 징수해 적립하는 것을 말합니다(공동주택관리법 제29조 제1항 및 제30조 제1항).

3-2. 장기수선충담금의 반환 청구

① 장기수선충담금은 아파트 등 공동주택의 주요시설의 보수 등을 위해 부과하는 관리비로서, 그 부담은 아파트 등 공동주택의 소유자가 부담해야 하나, 공동주택의 관리규약에 따라 임차인이 관리비와 함께 납부하는 것이 일반적입니다(공동주택관리법 제30조 제1항).

② 따라서 임차인이 아파트 등 공동주택을 사용·수익하는 동안에 납부한 장기수선충당금은 임대차 종료하는 때에 그 공동주택의 소유자에게 반환을 청구하여 돌려받을 수 있습니다(공동주택관리법 시행령 제31조 제8항 참고).

부록 : 관련법령

- 주택임대차보호법

주택임대차보호법

(약칭:주택임대차법)

[시행 2023. 7. 19.]
[법률 제19356호, 2023. 4. 18., 일부개정]

제1조(목적) 이 법은 주거용 건물의 임대차(賃貸借)에 관하여 「민법」에 대한 특례를 규정함으로써 국민 주거생활의 안정을 보장함을 목적으로 한다.

[전문개정 2008. 3. 21.]

제2조(적용 범위) 이 법은 주거용 건물(이하 "주택"이라 한다)의 전부 또는 일부의 임대차에 관하여 적용한다. 그 임차주택(賃借住宅)의 일부가 주거 외의 목적으로 사용되는 경우에도 또한 같다.

[전문개정 2008. 3. 21.]

제3조(대항력 등) ① 임대차는 그 등기(登記)가 없는 경우에도 임차인(賃借人)이 주택의 인도(引渡)와 주민등록을 마친 때에는 그 다음 날부터 제삼자에 대하여 효력이 생긴다. 이 경우 전입신고를 한 때에 주민등록이 된 것으로 본다.

② 주택도시기금을 재원으로 하여 저소득층 무주택자에게 주거생활 안정을 목적으로 전세임대주택을 지원하는 법인이 주택을 임차한 후 지방자치단체의 장 또는 그 법인이 선정한 입주자가 그 주택을 인도받고 주민등록을 마쳤을 때에는 제1항을 준용한다. 이 경우 대항력이 인정되는 법인은 대통령령으로 정한다. 〈개정 2015. 1. 6.〉

③ 「중소기업기본법」 제2조에 따른 중소기업에 해당하는 법인이 소속 직원의 주거용으로 주택을 임차한 후 그 법인이 선정한 직원이 해당 주택을 인도받고 주민등록을 마쳤을 때에는 제1항을 준용한다. 임대차가 끝나기 전에 그 직원이 변경된 경우에는 그 법인이 선정한 새로운 직원이 주택을 인도받고 주민등록을 마친 다음 날부터 제삼자에 대하여 효력이 생긴다. 〈신설 2013. 8. 13.〉

④ 임차주택의 양수인(讓受人)(그 밖에 임대할 권리를 승계한 자를 포함한다)은 임대인(賃貸人)의 지위를 승계한 것으로 본다. 〈개정 2013. 8. 13.〉

⑤ 이 법에 따라 임대차의 목적이 된 주택이 매매나 경매의 목적물이 된 경우에는 「민법」 제575조제1항·제3항 및 같은 법 제578조를 준용한다. 〈개정 2013. 8. 13.〉

⑥ 제5항의 경우에는 동시이행의 항변권(抗辯權)에 관한 「민법」 제536조를 준용한다. 〈개정 2013. 8. 13.〉

[전문개정 2008. 3. 21.]

제3조의2(보증금의 회수) ① 임차인(제3조제2항 및 제3항의 법인을 포함한다. 이하 같다)이 임차주택에 대하여 보증금반환청구소송의 확정판결이나 그 밖에 이에 준하는 집행권원(執行權原)에 따라서 경매를 신청하는 경우에는 집행개시(執行開始)요건에 관

한 「민사집행법」 제41조에도 불구하고 반대의무(反對義務)의 이행이나 이행의 제공을 집행개시의 요건으로 하지 아니한다. 〈개정 2013. 8. 13.〉

② 제3조제1항·제2항 또는 제3항의 대항요건(對抗要件)과 임대차계약증서(제3조제2항 및 제3항의 경우에는 법인과 임대인 사이의 임대차계약증서를 말한다)상의 확정일자(確定日字)를 갖춘 임차인은 「민사집행법」에 따른 경매 또는 「국세징수법」에 따른 공매(公賣)를 할 때에 임차주택(대지를 포함한다)의 환가대금(換價代金)에서 후순위권리자(後順位權利者)나 그 밖의 채권자보다 우선하여 보증금을 변제(辨濟)받을 권리가 있다. 〈개정 2013. 8. 13.〉

③ 임차인은 임차주택을 양수인에게 인도하지 아니하면 제2항에 따른 보증금을 받을 수 없다.

④ 제2항 또는 제7항에 따른 우선변제의 순위와 보증금에 대하여 이의가 있는 이해관계인은 경매법원이나 체납처분청에 이의를 신청할 수 있다. 〈개정 2013. 8. 13.〉

⑤ 제4항에 따라 경매법원에 이의를 신청하는 경우에는 「민사집행법」 제152조부터 제161조까지의 규정을 준용한다.

⑥ 제4항에 따라 이의신청을 받은 체납처분청은 이해관계인이 이의신청일부터 7일 이내에 임차인 또는 제7항에 따라 우선변제권을 승계한 금융기관 등을 상대로 소(訴)를 제기한 것을 증명하면 해당 소송이 끝날 때까지 이의가 신청된 범위에서 임차인 또는 제7항에 따라 우선변제권을 승계한 금융기관 등에 대한 보증금의 변제를 유보(留保)하고 남은 금액을 배분하여야 한다. 이 경우 유보된 보증금은 소송의 결과에 따라 배분한다. 〈개정 2013. 8. 13.〉

⑦ 다음 각 호의 금융기관 등이 제2항, 제3조의3제5항, 제3조의4제1항에 따른 우선변제권을 취득한 임차인의 보증금반환채권을 계약으로 양수한 경우에는 양수한 금액의 범위에서 우선변제권을 승계한다. 〈신설 2013. 8. 13., 2015. 1. 6., 2016. 5. 29.〉
  1. 「은행법」에 따른 은행
  2. 「중소기업은행법」에 따른 중소기업은행
  3. 「한국산업은행법」에 따른 한국산업은행
  4. 「농업협동조합법」에 따른 농협은행
  5. 「수산업협동조합법」에 따른 수협은행
  6. 「우체국예금·보험에 관한 법률」에 따른 체신관서
  7. 「한국주택금융공사법」에 따른 한국주택금융공사
  8. 「보험업법」 제4조제1항제2호라목의 보증보험을 보험종목으로 허가받은 보험회사
  9. 「주택도시기금법」에 따른 주택도시보증공사
  10. 그 밖에 제1호부터 제9호까지에 준하는 것으로서 대통령령으로 정하는 기관

⑧ 제7항에 따라 우선변제권을 승계한 금융기관 등(이하 "금융기관등"이라 한다)은 다음 각 호의 어느 하나에 해당하는 경우에는 우선변제권을 행사할 수 없다. 〈신설 2013. 8. 13.〉
  1. 임차인이 제3조제1항·제2항 또는 제3항의 대항요건을 상실한 경우

2. 제3조의3제5항에 따른 임차권등기가 말소된 경우
  3. 「민법」 제621조에 따른 임대차등기가 말소된 경우
⑨ 금융기관등은 우선변제권을 행사하기 위하여 임차인을 대리하거나 대위하여 임대차를 해지할 수 없다. 〈신설 2013. 8. 13.〉

[전문개정 2008. 3. 21.]

제3조의3(임차권등기명령) ① 임대차가 끝난 후 보증금이 반환되지 아니한 경우 임차인은 임차주택의 소재지를 관할하는 지방법원·지방법원지원 또는 시·군 법원에 임차권등기명령을 신청할 수 있다. 〈개정 2013. 8. 13.〉
② 임차권등기명령의 신청서에는 다음 각 호의 사항을 적어야 하며, 신청의 이유와 임차권등기의 원인이 된 사실을 소명(疏明)하여야 한다. 〈개정 2013. 8. 13.〉
  1. 신청의 취지 및 이유
  2. 임대차의 목적인 주택(임대차의 목적이 주택의 일부분인 경우에는 해당 부분의 도면을 첨부한다)
  3. 임차권등기의 원인이 된 사실(임차인이 제3조제1항·제2항 또는 제3항에 따른 대항력을 취득하였거나 제3조의2제2항에 따른 우선변제권을 취득한 경우에는 그 사실)

4. 그 밖에 대법원규칙으로 정하는 사항
③ 다음 각 호의 사항 등에 관하여는 「민사집행법」 제280조제1항, 제281조, 제283조, 제285조, 제286조, 제288조제1항, 같은 조 제2항 본문, 제289조, 제290조제2항 중 제288조제1항에 대한 부분, 제291조, 제292조제3항 및 제293조를 준용한다. 이 경우 "가압류"는 "임차권등기"로, "채권자"는 "임차인"으로, "채무자"는 "임대인"으로 본다. 〈개정 2023. 4. 18.〉
  1. 임차권등기명령의 신청에 대한 재판
  2. 임차권등기명령의 결정에 대한 임대인의 이의신청 및 그에 대한 재판
  3. 임차권등기명령의 취소신청 및 그에 대한 재판
  4. 임차권등기명령의 집행
④ 임차권등기명령의 신청을 기각(棄却)하는 결정에 대하여 임차인은 항고(抗告)할 수 있다.
⑤ 임차인은 임차권등기명령의 집행에 따른 임차권등기를 마치면 제3조제1항·제2항 또는 제3항에 따른 대항력과 제3조의2제2항에 따른 우선변제권을 취득한다. 다만, 임차인이 임차권등기 이전에 이미 대항력이나 우선변제권을 취득한 경우에는 그 대항력이나 우선변제권은 그대로 유지되며, 임차권등기 이후에는 제3조제1항·제2항 또는 제3항의 대항요건을 상실하더라도 이미 취득한 대항력이나 우선변제권을 상실하지 아니한다. 〈개정 2013. 8. 13.〉
⑥ 임차권등기명령의 집행에 따른 임차권등기가 끝난 주택(임대차의 목적이 주택의 일부분인 경우에는 해당 부분으로 한정한다)을 그 이후에 임차한 임차인은 제8조에 따른 우선변제를 받을 권리가 없다.
⑦ 임차권등기의 촉탁(囑託), 등기관의 임차권등기 기입(記入) 등 임차권등기명령을

시행하는 데에 필요한 사항은 대법원규칙으로 정한다. 〈개정 2011. 4. 12.〉

⑧ 임차인은 제1항에 따른 임차권등기명령의 신청과 그에 따른 임차권등기와 관련하여 든 비용을 임대인에게 청구할 수 있다.

⑨ 금융기관등은 임차인을 대위하여 제1항의 임차권등기명령을 신청할 수 있다. 이 경우 제3항·제4항 및 제8항의 "임차인"은 "금융기관등"으로 본다. 〈신설 2013. 8. 13.〉

[전문개정 2008. 3. 21.]

제3조의4(「민법」에 따른 주택임대차등기의 효력 등) ① 「민법」 제621조에 따른 주택임대차등기의 효력에 관하여는 제3조의3제5항 및 제6항을 준용한다.

② 임차인이 대항력이나 우선변제권을 갖추고 「민법」 제621조제1항에 따라 임대인의 협력을 얻어 임대차등기를 신청하는 경우에는 신청서에 「부동산등기법」 제74조제1호부터 제6호까지의 사항 외에 다음 각 호의 사항을 적어야 하며, 이를 증명할 수 있는 서면(임대차의 목적이 주택의 일부분인 경우에는 해당 부분의 도면을 포함한다)을 첨부하여야 한다. 〈개정 2011. 4. 12., 2020. 2. 4.〉

    1. 주민등록을 마친 날
    2. 임차주택을 점유(占有)한 날
    3. 임대차계약증서상의 확정일자를 받은 날

[전문개정 2008. 3. 21.]

제3조의5(경매에 의한 임차권의 소멸) 임차권은 임차주택에 대하여 「민사집행법」에 따른 경매가 행하여진 경우에는 그 임차주택의 경락(競落)에 따라 소멸한다. 다만, 보증금이 모두 변제되지 아니한, 대항력이 있는 임차권은 그러하지 아니하다.

[전문개정 2008. 3. 21.]

제3조의6(확정일자 부여 및 임대차 정보제공 등) ① 제3조의2제2항의 확정일자는 주택 소재지의 읍·면사무소, 동 주민센터 또는 시(특별시·광역시·특별자치시는 제외하고, 특별자치도는 포함한다)·군·구(자치구를 말한다)의 출장소, 지방법원 및 그 지원과 등기소 또는 「공증인법」에 따른 공증인(이하 이 조에서 "확정일자부여기관"이라 한다)이 부여한다.

② 확정일자부여기관은 해당 주택의 소재지, 확정일자 부여일, 차임 및 보증금 등을 기재한 확정일자부를 작성하여야 한다. 이 경우 전산처리정보조직을 이용할 수 있다.

③ 주택의 임대차에 이해관계가 있는 자는 확정일자부여기관에 해당 주택의 확정일자 부여일, 차임 및 보증금 등 정보의 제공을 요청할 수 있다. 이 경우 요청을 받은 확정일자부여기관은 정당한 사유 없이 이를 거부할 수 없다.

④ 임대차계약을 체결하려는 자는 임대인의 동의를 받아 확정일자부여기관에 제3항에 따른 정보제공을 요청할 수 있다.

⑤ 제1항·제3항 또는 제4항에 따라 확정일자를 부여받거나 정보를 제공받으려는 자는 수수료를 내야 한다.

⑥ 확정일자부에 기재하여야 할 사항, 주택의 임대차에 이해관계가 있는 자의 범위, 확정일자부여기관에 요청할 수 있는 정보의 범위 및 수수료, 그 밖에 확정일자부여사무와 정보제공 등에 필요한 사항은 대통령령 또는 대법원규칙으로 정한다.
[본조신설 2013. 8. 13.]

제3조의7(임대인의 정보 제시 의무) 임대차계약을 체결할 때 임대인은 다음 각 호의 사항을 임차인에게 제시하여야 한다.

1. 제3조의6제3항에 따른 해당 주택의 확정일자 부여일, 차임 및 보증금 등 정보. 다만, 임대인이 임대차계약을 체결하기 전에 제3조의6제4항에 따라 동의함으로써 이를 갈음할 수 있다.
2. 「국세징수법」 제108조에 따른 납세증명서 및 「지방세징수법」 제5조제2항에 따른 납세증명서. 다만, 임대인이 임대차계약을 체결하기 전에 「국세징수법」 제109조제1항에 따른 미납국세와 체납액의 열람 및 「지방세징수법」 제6조제1항에 따른 미납지방세의 열람에 각각 동의함으로써 이를 갈음할 수 있다.

[본조신설 2023. 4. 18.]

제4조(임대차기간 등) ① 기간을 정하지 아니하거나 2년 미만으로 정한 임대차는 그 기간을 2년으로 본다. 다만, 임차인은 2년 미만으로 정한 기간이 유효함을 주장할 수 있다.
② 임대차기간이 끝난 경우에도 임차인이 보증금을 반환받을 때까지는 임대차관계가 존속되는 것으로 본다.
[전문개정 2008. 3. 21.]

제5조 삭제 〈1989. 12. 30.〉

제6조(계약의 갱신) ① 임대인이 임대차기간이 끝나기 6개월 전부터 2개월 전까지의 기간에 임차인에게 갱신거절(更新拒絶)의 통지를 하지 아니하거나 계약조건을 변경하지 아니하면 갱신하지 아니한다는 뜻의 통지를 하지 아니한 경우에는 그 기간이 끝난 때에 전 임대차와 동일한 조건으로 다시 임대차한 것으로 본다. 임차인이 임대차기간이 끝나기 2개월 전까지 통지하지 아니한 경우에도 또한 같다. 〈개정 2020. 6. 9.〉
② 제1항의 경우 임대차의 존속기간은 2년으로 본다. 〈개정 2009. 5. 8.〉
③ 2기(期)의 차임액(借賃額)에 달하도록 연체하거나 그 밖에 임차인으로서의 의무를 현저히 위반한 임차인에 대하여는 제1항을 적용하지 아니한다.
[전문개정 2008. 3. 21.]

제6조의2(묵시적 갱신의 경우 계약의 해지) ① 제6조제1항에 따라 계약이 갱신된 경우 같은 조 제2항에도 불구하고 임차인은 언제든지 임대인에게 계약해지(契約解止)를 통지할 수 있다. 〈개정 2009. 5. 8.〉
② 제1항에 따른 해지는 임대인이 그 통지를 받은 날부터 3개월이 지나면 그 효력이 발생한다.
[전문개정 2008. 3. 21.]

제6조의3(계약갱신 요구 등) ① 제6조에도 불구하고 임대인은 임차인이 제6조제1항 전단의 기간 이내에 계약갱신을 요구할 경우 정당한 사유 없이 거절하지 못한다. 다만, 다음 각 호의 어느 하나에 해당하는 경우에는 그러하지 아니하다.

    1. 임차인이 2기의 차임액에 해당하는 금액에 이르도록 차임을 연체한 사실이 있는 경우
    2. 임차인이 거짓이나 그 밖의 부정한 방법으로 임차한 경우
    3. 서로 합의하여 임대인이 임차인에게 상당한 보상을 제공한 경우
    4. 임차인이 임대인의 동의 없이 목적 주택의 전부 또는 일부를 전대(轉貸)한 경우
    5. 임차인이 임차한 주택의 전부 또는 일부를 고의나 중대한 과실로 파손한 경우
    6. 임차한 주택의 전부 또는 일부가 멸실되어 임대차의 목적을 달성하지 못할 경우
    7. 임대인이 다음 각 목의 어느 하나에 해당하는 사유로 목적 주택의 전부 또는 대부분을 철거하거나 재건축하기 위하여 목적 주택의 점유를 회복할 필요가 있는 경우
        가. 임대차계약 체결 당시 공사시기 및 소요기간 등을 포함한 철거 또는 재건축 계획을 임차인에게 구체적으로 고지하고 그 계획에 따르는 경우
        나. 건물이 노후·훼손 또는 일부 멸실되는 등 안전사고의 우려가 있는 경우
        다. 다른 법령에 따라 철거 또는 재건축이 이루어지는 경우
    8. 임대인(임대인의 직계존속·직계비속을 포함한다)이 목적 주택에 실제 거주하려는 경우
    9. 그 밖에 임차인이 임차인으로서의 의무를 현저히 위반하거나 임대차를 계속하기 어려운 중대한 사유가 있는 경우

② 임차인은 제1항에 따른 계약갱신요구권을 1회에 한하여 행사할 수 있다. 이 경우 갱신되는 임대차의 존속기간은 2년으로 본다.

③ 갱신되는 임대차는 전 임대차와 동일한 조건으로 다시 계약된 것으로 본다. 다만, 차임과 보증금은 제7조의 범위에서 증감할 수 있다.

④ 제1항에 따라 갱신되는 임대차의 해지에 관하여는 제6조의2를 준용한다.

⑤ 임대인이 제1항제8호의 사유로 갱신을 거절하였음에도 불구하고 갱신요구가 거절되지 아니하였더라면 갱신되었을 기간이 만료되기 전에 정당한 사유 없이 제3자에게 목적 주택을 임대한 경우 임대인은 갱신거절로 인하여 임차인이 입은 손해를 배상하여야 한다.

⑥ 제5항에 따른 손해배상액은 거절 당시 당사자 간에 손해배상액의 예정에 관한 합의가 이루어지지 않는 한 다음 각 호의 금액 중 큰 금액으로 한다.

    1. 갱신거절 당시 월차임(차임 외에 보증금이 있는 경우에는 그 보증금을 제7조의2 각 호 중 낮은 비율에 따라 월 단위의 차임으로 전환한 금액을 포함한다. 이하 "환산월차임"이라 한다)의 3개월분에 해당하는 금액
    2. 임대인이 제3자에게 임대하여 얻은 환산월차임과 갱신거절 당시 환산월차임 간 차액의 2년분에 해당하는 금액
    3. 제1항제8호의 사유로 인한 갱신거절로 인하여 임차인이 입은 손해액

[본조신설 2020. 7. 31.]

제7조(차임 등의 증감청구권) ① 당사자는 약정한 차임이나 보증금이 임차주택에 관한

조세, 공과금, 그 밖의 부담의 증감이나 경제사정의 변동으로 인하여 적절하지 아니하게 된 때에는 장래에 대하여 그 증감을 청구할 수 있다. 이 경우 증액청구는 임대차계약 또는 약정한 차임이나 보증금의 증액이 있은 후 1년 이내에는 하지 못한다. 〈개정 2020. 7. 31.〉

② 제1항에 따른 증액청구는 약정한 차임이나 보증금의 20분의 1의 금액을 초과하지 못한다. 다만, 특별시·광역시·특별자치시·도 및 특별자치도는 관할 구역 내의 지역별 임대차 시장 여건 등을 고려하여 본문의 범위에서 증액청구의 상한을 조례로 달리 정할 수 있다. 〈신설 2020. 7. 31.〉

[전문개정 2008. 3. 21.]

제7조의2(월차임 전환 시 산정률의 제한) 보증금의 전부 또는 일부를 월 단위의 차임으로 전환하는 경우에는 그 전환되는 금액에 다음 각 호 중 낮은 비율을 곱한 월차임(月借賃)의 범위를 초과할 수 없다. 〈개정 2010. 5. 17., 2013. 8. 13., 2016. 5. 29.〉

  1. 「은행법」에 따른 은행에서 적용하는 대출금리와 해당 지역의 경제 여건 등을 고려하여 대통령령으로 정하는 비율
  2. 한국은행에서 공시한 기준금리에 대통령령으로 정하는 이율을 더한 비율

[전문개정 2008. 3. 21.]

제8조(보증금 중 일정액의 보호) ① 임차인은 보증금 중 일정액을 다른 담보물권자(擔保物權者)보다 우선하여 변제받을 권리가 있다. 이 경우 임차인은 주택에 대한 경매신청의 등기 전에 제3조제1항의 요건을 갖추어야 한다.

② 제1항의 경우에는 제3조의2제4항부터 제6항까지의 규정을 준용한다.

③ 제1항에 따라 우선변제를 받을 임차인 및 보증금 중 일정액의 범위와 기준은 제8조의2에 따른 주택임대차위원회의 심의를 거쳐 대통령령으로 정한다. 다만, 보증금 중 일정액의 범위와 기준은 주택가액(대지의 가액을 포함한다)의 2분의 1을 넘지 못한다. 〈개정 2009. 5. 8.〉

[전문개정 2008. 3. 21.]

제8조의2(주택임대차위원회) ① 제8조에 따라 우선변제를 받을 임차인 및 보증금 중 일정액의 범위와 기준을 심의하기 위하여 법무부에 주택임대차위원회(이하 "위원회"라 한다)를 둔다.

② 위원회는 위원장 1명을 포함한 9명 이상 15명 이하의 위원으로 성별을 고려하여 구성한다. 〈개정 2020. 7. 31.〉

③ 위원회의 위원장은 법무부차관이 된다.

④ 위원회의 위원은 다음 각 호의 어느 하나에 해당하는 사람 중에서 위원장이 임명하거나 위촉하되, 제1호부터 제5호까지에 해당하는 위원을 각각 1명 이상 임명하거나 위촉하여야 하고, 위원 중 2분의 1 이상은 제1호·제2호 또는 제6호에 해당하는 사람을 위촉하여야 한다. 〈개정 2013. 3. 23., 2020. 7. 31.〉

1. 법학·경제학 또는 부동산학 등을 전공하고 주택임대차 관련 전문지식을 갖춘 사람으로서 공인된 연구기관에서 조교수 이상 또는 이에 상당하는 직에 5년 이상 재직한 사람
2. 변호사·감정평가사·공인회계사·세무사 또는 공인중개사로서 5년 이상 해당 분야에서 종사하고 주택임대차 관련 업무경험이 풍부한 사람
3. 기획재정부에서 물가 관련 업무를 담당하는 고위공무원단에 속하는 공무원
4. 법무부에서 주택임대차 관련 업무를 담당하는 고위공무원단에 속하는 공무원(이에 상당하는 특정직 공무원을 포함한다)
5. 국토교통부에서 주택사업 또는 주거복지 관련 업무를 담당하는 고위공무원단에 속하는 공무원
6. 그 밖에 주택임대차 관련 학식과 경험이 풍부한 사람으로서 대통령령으로 정하는 사람
⑤ 그 밖에 위원회의 구성 및 운영 등에 필요한 사항은 대통령령으로 정한다.
[본조신설 2009. 5. 8.]

제9조(주택 임차권의 승계) ① 임차인이 상속인 없이 사망한 경우에는 그 주택에서 가정공동생활을 하던 사실상의 혼인 관계에 있는 자가 임차인의 권리와 의무를 승계한다.
② 임차인이 사망한 때에 사망 당시 상속인이 그 주택에서 가정공동생활을 하고 있지 아니한 경우에는 그 주택에서 가정공동생활을 하던 사실상의 혼인 관계에 있는 자와 2촌 이내의 친족이 공동으로 임차인의 권리와 의무를 승계한다.
③ 제1항과 제2항의 경우에 임차인이 사망한 후 1개월 이내에 임대인에게 제1항과 제2항에 따른 승계 대상자가 반대의사를 표시한 경우에는 그러하지 아니하다.
④ 제1항과 제2항의 경우에 임대차 관계에서 생긴 채권·채무는 임차인의 권리의무를 승계한 자에게 귀속된다.
[전문개정 2008. 3. 21.]

제10조(강행규정) 이 법에 위반된 약정(約定)으로서 임차인에게 불리한 것은 그 효력이 없다.
[전문개정 2008. 3. 21.]

제10조의2(초과 차임 등의 반환청구) 임차인이 제7조에 따른 증액비율을 초과하여 차임 또는 보증금을 지급하거나 제7조의2에 따른 월차임 산정률을 초과하여 차임을 지급한 경우에는 초과 지급된 차임 또는 보증금 상당금액의 반환을 청구할 수 있다.
[본조신설 2013. 8. 13.]

제11조(일시사용을 위한 임대차) 이 법은 일시사용하기 위한 임대차임이 명백한 경우에는 적용하지 아니한다.
[전문개정 2008. 3. 21.]

제12조(미등기 전세에의 준용) 주택의 등기를 하지 아니한 전세계약에 관하여는 이 법을 준용한다. 이 경우 "전세금"은 "임대차의 보증금"으로 본다.
[전문개정 2008. 3. 21.]

제13조(「소액사건심판법」의 준용) 임차인이 임대인에 대하여 제기하는 보증금반환청구소송에 관하여는 「소액사건심판법」 제6조, 제7조, 제10조 및 제11조의2를 준용한다. *[전문개정 2008. 3. 21.]*

제14조(주택임대차분쟁조정위원회) ① 이 법의 적용을 받는 주택임대차와 관련된 분쟁을 심의·조정하기 위하여 대통령령으로 정하는 바에 따라 「법률구조법」 제8조에 따른 대한법률구조공단(이하 "공단"이라 한다)의 지부, 「한국토지주택공사법」에 따른 한국토지주택공사(이하 "공사"라 한다)의 지사 또는 사무소 및 「한국감정원법」에 따른 한국감정원(이하 "감정원"이라 한다)의 지사 또는 사무소에 주택임대차분쟁조정위원회(이하 "조정위원회"라 한다)를 둔다. 특별시·광역시·특별자치시·도 및 특별자치도(이하 "시·도"라 한다)는 그 지방자치단체의 실정을 고려하여 조정위원회를 둘 수 있다. 〈개정 2020. 7. 31.〉
② 조정위원회는 다음 각 호의 사항을 심의·조정한다.
  1. 차임 또는 보증금의 증감에 관한 분쟁
  2. 임대차 기간에 관한 분쟁
  3. 보증금 또는 임차주택의 반환에 관한 분쟁
  4. 임차주택의 유지·수선 의무에 관한 분쟁
  5. 그 밖에 대통령령으로 정하는 주택임대차에 관한 분쟁
③ 조정위원회의 사무를 처리하기 위하여 조정위원회에 사무국을 두고, 사무국의 조직 및 인력 등에 필요한 사항은 대통령령으로 정한다.
④ 사무국의 조정위원회 업무담당자는 「상가건물 임대차보호법」 제20조에 따른 상가건물임대차분쟁조정위원회 사무국의 업무를 제외하고 다른 직위의 업무를 겸직하여서는 아니 된다. 〈개정 2018. 10. 16.〉
[본조신설 2016. 5. 29.]

제15조(예산의 지원) 국가는 조정위원회의 설치·운영에 필요한 예산을 지원할 수 있다.
[본조신설 2016. 5. 29.]

제16조(조정위원회의 구성 및 운영) ① 조정위원회는 위원장 1명을 포함하여 5명 이상 30명 이하의 위원으로 성별을 고려하여 구성한다. 〈개정 2020. 7. 31.〉
② 조정위원회의 위원은 조정위원회를 두는 기관에 따라 공단 이사장, 공사 사장, 감정원 원장 또는 조정위원회를 둔 지방자치단체의 장이 각각 임명하거나 위촉한다. 〈개정 2020. 7. 31.〉
③ 조정위원회의 위원은 주택임대차에 관한 학식과 경험이 풍부한 사람으로서 다음 각 호의 어느 하나에 해당하는 사람으로 한다. 이 경우 제1호부터 제4호까지에 해당하는 위원을 각 1명 이상 위촉하여야 하고, 위원 중 5분의 2 이상은 제2호에 해당하는 사람이어야 한다.
  1. 법학·경제학 또는 부동산학 등을 전공하고 대학이나 공인된 연구기관에서 부교수 이상 또는 이에 상당하는 직에 재직한 사람

2. 판사·검사 또는 변호사로 6년 이상 재직한 사람

3. 감정평가사·공인회계사·법무사 또는 공인중개사로서 주택임대차 관계 업무에 6년 이상 종사한 사람

4. 「사회복지사업법」에 따른 사회복지법인과 그 밖의 비영리법인에서 주택임대차분쟁에 관한 상담에 6년 이상 종사한 경력이 있는 사람

5. 해당 지방자치단체에서 주택임대차 관련 업무를 담당하는 4급 이상의 공무원

6. 그 밖에 주택임대차 관련 학식과 경험이 풍부한 사람으로서 대통령령으로 정하는 사람

④ 조정위원회의 위원장은 제3항제2호에 해당하는 위원 중에서 위원들이 호선한다.

⑤ 조정위원회위원장은 조정위원회를 대표하여 그 직무를 총괄한다.

⑥ 조정위원회위원장이 부득이한 사유로 직무를 수행할 수 없는 경우에는 조정위원회위원장이 미리 지명한 조정위원이 그 직무를 대행한다.

⑦ 조정위원의 임기는 3년으로 하되 연임할 수 있으며, 보궐위원의 임기는 전임자의 남은 임기로 한다.

⑧ 조정위원회는 조정위원회위원장 또는 제3항제2호에 해당하는 조정위원 1명 이상을 포함한 재적위원 과반수의 출석과 출석위원 과반수의 찬성으로 의결한다.

⑨ 그 밖에 조정위원회의 설치, 구성 및 운영 등에 필요한 사항은 대통령령으로 정한다.

[본조신설 2016. 5. 29.]

제17조(조정부의 구성 및 운영) ① 조정위원회는 분쟁의 효율적 해결을 위하여 3명의 조정위원으로 구성된 조정부를 둘 수 있다.

② 조정부에는 제16조제3항제2호에 해당하는 사람이 1명 이상 포함되어야 하며, 그 중에서 조정위원회위원장이 조정부의 장을 지명한다.

③ 조정부는 다음 각 호의 사항을 심의·조정한다.

1. 제14조제2항에 따른 주택임대차분쟁 중 대통령령으로 정하는 금액 이하의 분쟁

2. 조정위원회가 사건을 특정하여 조정부에 심의·조정을 위임한 분쟁

④ 조정부는 조정부의 장을 포함한 재적위원 과반수의 출석과 출석위원 과반수의 찬성으로 의결한다.

⑤ 제4항에 따라 조정부가 내린 결정은 조정위원회가 결정한 것으로 본다.

⑥ 그 밖에 조정부의 설치, 구성 및 운영 등에 필요한 사항은 대통령령으로 정한다.

[본조신설 2016. 5. 29.]

제18조(조정위원의 결격사유) 「국가공무원법」 제33조 각 호의 어느 하나에 해당하는 사람은 조정위원이 될 수 없다.

[본조신설 2016. 5. 29.]

제19조(조정위원의 신분보장) ① 조정위원은 자신의 직무를 독립적으로 수행하고 주택임대차분쟁의 심리 및 판단에 관하여 어떠한 지시에도 구속되지 아니한다.

② 조정위원은 다음 각 호의 어느 하나에 해당하는 경우를 제외하고는 그 의사에 반하여 해임 또는 해촉되지 아니한다.

1. 제18조에 해당하는 경우
2. 신체상 또는 정신상의 장애로 직무를 수행할 수 없게 된 경우
[본조신설 2016. 5. 29.]

제20조(조정위원의 제척 등) ① 조정위원이 다음 각 호의 어느 하나에 해당하는 경우 그 직무의 집행에서 제척된다.
1. 조정위원 또는 그 배우자나 배우자이었던 사람이 해당 분쟁사건의 당사자가 되는 경우
2. 조정위원이 해당 분쟁사건의 당사자와 친족관계에 있거나 있었던 경우
3. 조정위원이 해당 분쟁사건에 관하여 진술, 감정 또는 법률자문을 한 경우
4. 조정위원이 해당 분쟁사건에 관하여 당사자의 대리인으로서 관여하거나 관여하였던 경우
② 사건을 담당한 조정위원에게 제척의 원인이 있는 경우에는 조정위원회는 직권 또는 당사자의 신청에 따라 제척의 결정을 한다.
③ 당사자는 사건을 담당한 조정위원에게 공정한 직무집행을 기대하기 어려운 사정이 있는 경우 조정위원회에 기피신청을 할 수 있다.
④ 기피신청에 관한 결정은 조정위원회가 하고, 해당 조정위원 및 당사자 쌍방은 그 결정에 불복하지 못한다.
⑤ 제3항에 따른 기피신청이 있는 때에는 조정위원회는 그 신청에 대한 결정이 있을 때까지 조정절차를 정지하여야 한다.
⑥ 조정위원은 제1항 또는 제3항에 해당하는 경우 조정위원회의 허가를 받지 아니하고 해당 분쟁사건의 직무집행에서 회피할 수 있다.
[본조신설 2016. 5. 29.]

제21조(조정의 신청 등) ① 제14조제2항 각 호의 어느 하나에 해당하는 주택임대차분쟁의 당사자는 해당 주택이 소재하는 지역을 관할하는 조정위원회에 분쟁의 조정을 신청할 수 있다. 〈개정 2020. 7. 31.〉
② 조정위원회는 신청인이 조정을 신청할 때 조정 절차 및 조정의 효력 등 분쟁조정에 관하여 대통령령으로 정하는 사항을 안내하여야 한다.
③ 조정위원회의 위원장은 다음 각 호의 어느 하나에 해당하는 경우 신청을 각하한다. 이 경우 그 사유를 신청인에게 통지하여야 한다. 〈개정 2020. 6. 9.〉
1. 이미 해당 분쟁조정사항에 대하여 법원에 소가 제기되거나 조정 신청이 있은 후 소가 제기된 경우
2. 이미 해당 분쟁조정사항에 대하여 「민사조정법」에 따른 조정이 신청된 경우나 조정신청이 있은 후 같은 법에 따른 조정이 신청된 경우
3. 이미 해당 분쟁조정사항에 대하여 이 법에 따른 조정위원회에 조정이 신청된 경우나 조정신청이 있은 후 조정이 성립된 경우
4. 조정신청 자체로 주택임대차에 관한 분쟁이 아님이 명백한 경우
5. 피신청인이 조정절차에 응하지 아니한다는 의사를 통지한 경우
6. 신청인이 정당한 사유 없이 조사에 응하지 아니하거나 2회 이상 출석요구에 응하지 아니한 경우
[본조신설 2016. 5. 29.]

제22조(조정절차) ① 조정위원회의 위원장은 신청인으로부터 조정신청을 접수한 때에는 지체 없이 조정절차를 개시하여야 한다. 〈개정 2020. 6. 9.〉

② 조정위원회의 위원장은 제1항에 따라 조정신청을 접수하면 피신청인에게 조정신청서를 송달하여야 한다. 이 경우 제21조제2항을 준용한다. 〈개정 2020. 6. 9.〉

③ 조정서류의 송달 등 조정절차에 관하여 필요한 사항은 대통령령으로 정한다.

[본조신설 2016. 5. 29.]

제23조(처리기간) ① 조정위원회는 분쟁의 조정신청을 받은 날부터 60일 이내에 그 분쟁조정을 마쳐야 한다. 다만, 부득이한 사정이 있는 경우에는 조정위원회의 의결을 거쳐 30일의 범위에서 그 기간을 연장할 수 있다.

② 조정위원회는 제1항 단서에 따라 기간을 연장한 경우에는 기간 연장의 사유와 그 밖에 기간 연장에 관한 사항을 당사자에게 통보하여야 한다.

[본조신설 2016. 5. 29.]

제24조(조사 등) ① 조정위원회는 조정을 위하여 필요하다고 인정하는 경우 신청인, 피신청인, 분쟁 관련 이해관계인 또는 참고인에게 출석하여 진술하게 하거나 조정에 필요한 자료나 물건 등을 제출하도록 요구할 수 있다.

② 조정위원회는 조정을 위하여 필요하다고 인정하는 경우 조정위원 또는 사무국의 직원으로 하여금 조정 대상물 및 관련 자료에 대하여 조사하게 하거나 자료를 수집하게 할 수 있다. 이 경우 조정위원이나 사무국의 직원은 그 권한을 표시하는 증표를 지니고 이를 관계인에게 내보여야 한다.

③ 조정위원회위원장은 특별시장, 광역시장, 특별자치시장, 도지사 및 특별자치도지사(이하 "시·도지사"라 한다)에게 해당 조정업무에 참고하기 위하여 인근지역의 확정일자 자료, 보증금의 월차임 전환율 등 적정 수준의 임대료 산정을 위한 자료를 요청할 수 있다. 이 경우 시·도지사는 정당한 사유가 없으면 조정위원회위원장의 요청에 따라야 한다.

[본조신설 2016. 5. 29.]

제25조(조정을 하지 아니하는 결정) ① 조정위원회는 해당 분쟁이 그 성질상 조정을 하기에 적당하지 아니하다고 인정하거나 당사자가 부당한 목적으로 조정을 신청한 것으로 인정할 때에는 조정을 하지 아니할 수 있다.

② 조정위원회는 제1항에 따라 조정을 하지 아니하기로 결정하였을 때에는 그 사실을 당사자에게 통지하여야 한다.

[본조신설 2016. 5. 29.]

제26조(조정의 성립) ① 조정위원회가 조정안을 작성한 경우에는 그 조정안을 지체 없이 각 당사자에게 통지하여야 한다.

② 제1항에 따라 조정안을 통지받은 당사자가 통지받은 날부터 14일 이내에 수락의

의사를 서면으로 표시하지 아니한 경우에는 조정을 거부한 것으로 본다. 〈개정 2020. 6. 9.〉

③ 제2항에 따라 각 당사자가 조정안을 수락한 경우에는 조정안과 동일한 내용의 합의가 성립된 것으로 본다.

④ 제3항에 따른 합의가 성립한 경우 조정위원회위원장은 조정안의 내용을 조정서로 작성한다. 조정위원회위원장은 각 당사자 간에 금전, 그 밖의 대체물의 지급 또는 부동산의 인도에 관하여 강제집행을 승낙하는 취지의 합의가 있는 경우에는 그 내용을 조정서에 기재하여야 한다.

[본조신설 2016. 5. 29.]

제27조(집행력의 부여) 제26조제4항 후단에 따라 강제집행을 승낙하는 취지의 내용이 기재된 조정서의 정본은 「민사집행법」 제56조에도 불구하고 집행력 있는 집행권원과 같은 효력을 가진다. 다만, 청구에 관한 이의의 주장에 대하여는 같은 법 제44조제2항을 적용하지 아니한다.

[본조신설 2016. 5. 29.]

제28조(비밀유지의무) 조정위원, 사무국의 직원 또는 그 직에 있었던 자는 다른 법률에 특별한 규정이 있는 경우를 제외하고는 직무상 알게 된 정보를 타인에게 누설하거나 직무상 목적 외에 사용하여서는 아니 된다.

[본조신설 2016. 5. 29.]

제29조(다른 법률의 준용) 조정위원회의 운영 및 조정절차에 관하여 이 법에서 규정하지 아니한 사항에 대하여는 「민사조정법」을 준용한다.

[본조신설 2016. 5. 29.]

제30조(주택임대차표준계약서 사용) 주택임대차계약을 서면으로 체결할 때에는 법무부장관이 국토교통부장관과 협의하여 정하는 주택임대차표준계약서를 우선적으로 사용한다. 다만, 당사자가 다른 서식을 사용하기로 합의한 경우에는 그러하지 아니하다. 〈개정 2020. 7. 31.〉

[본조신설 2016. 5. 29.]

제31조(벌칙 적용에서 공무원 의제) 공무원이 아닌 주택임대차위원회의 위원 및 주택임대차분쟁조정위원회의 위원은 「형법」 제127조, 제129조부터 제132조까지의 규정을 적용할 때에는 공무원으로 본다.

[본조신설 2016. 5. 29.]

부칙

〈제19520호, 2023. 7. 11.〉

이 법은 공포한 날부터 시행한다.

◨ 편 저 김영만 ◨

· 1985. 충남대 법과대 법학과 졸업
· 2001. 법원주사
· 2016. 사법보좌관연수교육
· 2016. 대덕등기소장
· 2018. 사법보좌관 대전지방법원 근무

전세사기 피해예방! 주택임대차 문제!
이 책에서 모두 해결해드립니다.

2024년 4월 25일 인쇄
2024년 4월 30일 발행

편 저 김영만
발행인 김현호
발행처 법문북스
공급처 법률미디어

주소 서울 구로구 경인로 54길4(구로동 636-62)
전화 02)2636-2911~2, 팩스 02)2636-3012
홈페이지 www.lawb.co.kr

등록일자 1979년 8월 27일
등록번호 제5-22호

ISBN 979-11-93350-36-2(13360)

정가 28,000원